이현세 AI로 영생하다

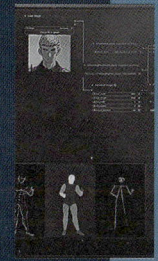

이현세 AI로 영생하다

유건식 지음

한울
아카데미

▌ 추천하며

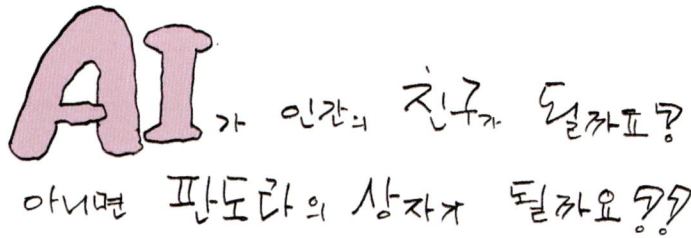

… 우리에게 달렸습니다.

2025. 8

이한

추천하며

경북연구원 원장

유철균

    이 책은 매체 연구자 유건식 박사가 이현세 작가의 만화 4,174권의 대부분을 인공지능(AI)에 학습시켜 이현세 화풍의 웹툰으로 만들어내는 '이현세 AI 프로젝트'의 전 과정을 심도 있게 다룬 창작학 연구입니다. "내가 죽어도 내 만화가 계속 생산된다면, 이게 영생 아닌가?"라는 이현세 작가의 도발적인 질문에서 AI와 예술의 공존 가능성이라는 시대적 화두를 제시한 이 책은 단순히 프로젝트 보고서를 넘어, AI 시대에 '창작'과 '예술'의 본질이 무엇인지 우리에게 깊은 질문을 던집니다. AI 시대에 창작의 의미와 미래를 고민하는 모든 이들에게 깊은 통찰을 제공하는 책입니다.

▌ 추천하며

재담미디어 대표

황남용

웹툰 제작사를 하다 보니 신작 타이틀(제목) 네이밍에 민감한 편인데, 제목부터 도발적이며 아주 인상적입니다. 『이현세 AI로 영생하다』는 한국 만화사의 거장 이현세 작가 한 인물의 작품을 넘어, 그 정신을 디지털로 계승하려는 치열한 탐색의 기록입니다. 여러 전문가 및 단체들의 노력과 협업을 거쳐 이루어진 이 프로젝트는 만화계에 그치는 것이 아니라 모든 창작 영역에서 AI의 역할과 가능성에 대해 깊은 성찰을 던져주는 듯합니다.

지속된 화두이고 논쟁거리인 'AI와 예술의 공존 가능성', 'AI가 과연 예술을 대신할 수 있는가?' 또한 '창작'의 의미를 다시 묻고 싶은 이들에게, 이 책은 나름 대답과 비전을 그리고 원칙을 다시금 재확인시켜 줍니다.

이 책을 저술한 유건식 박사는 국내 방송 및 미디어 분야의 전문가이시면서 관련 저술 활동을 왕성히 하고 계신데 탐구의 영역을 확대해 나가고 있는 모습에 감사와 존경의 마음을 보냅니다. 무엇보다 재담미디어가 추진한 '이현세 AI 프로젝트'를 세상에 드러내 준 것에 대해서 무한한 감사의 말씀을 전합니다.

이 책의 저자가 KBS 아메리카 대표로 재직할 때 〈굿닥터〉의 미국 드라마 리메이크화를 이끌어내고 가장 성공한 미국 드라마 시리즈로 자리 잡는데 큰 물꼬를 튼 것처럼 이 책이 여러 AI 화두 전쟁 속에서 괜찮은 길라잡이가 되었으면 합니다.

▌ 차례

추천하며
이현세 ········ 5
유철균 ········ 6
황남용 ········ 7

프롤로그 ········ 15

제1부 프로젝트의 시작

제1장 이현세 작가가 '이현세 AI 프로젝트'를 말하다 ········ 23

제2장 '이현세 AI 프로젝트'의 시작 ········ 47

2.1. 언론 보도로 본 '이현세 AI 프로젝트'의 경과 ········ 47
  2.1.1. 재담미디어 AI 프로젝트 제안 ········ 50
  2.1.2. 이현세 작가, 세상에 처음 알리다 ········ 52
  2.1.3. 이현세 작가 - 재담미디어 협약 체결 ········ 53
  2.1.4. 라이선싱콘 2023 라이브토크 ········ 53
  2.1.5. 국립도서관 〈이현세의 길〉 특별전 ········ 54
  2.1.6. 한국콘텐츠진흥원 'AI 콘텐츠 페스티벌' ········ 54

보론 1 이현세의 작품세계 ········ 56
  i. 이현세의 만화 세계 ········ 56
  ii. 이현세의 웹툰 세계 ········ 63

제2부 이현세 AI 프로젝트

제3장 '이현세 AI 프로젝트' 경과 ········ 67

3.1. 이현세 AI의 생성 과정 ········ 67

3.2. 카론의 새벽 리메이크 ········ 70
  3.2.1. 현장실습 ········ 70
  3.2.2. 일러스트(하계팀) ········ 84
  3.2.3. 캐릭터 바이블 ········ 86
  3.2.4. AI 콘티 이미지 제작 ········ 97
  3.2.5. 웹툰원고 ········ 99
  3.2.6. 시행착오 ········ 99

제4장 '이현세 AI 프로젝트' 진행자 인터뷰 ········· 105

4.1. 박석환 재담미디어 이사 겸 AI 웹툰연구소장과 김영근 AI 웹툰연구소 실장 인터뷰 ········· 105
4.2. 서재일 교수와 세종대 학생 인터뷰 ········· 143

보론 2 이현세 AI의 특징 ········· 164
  i. 박세현 한국만화웹툰평론가협회장 ········· 165
  ii. 김성철 타임픽서 대표(만화가) ········· 171
  iii. 최진규 옥토끼 스튜디오 대표(작가) ········· 173
  iv. 조지훈(엘프화가) ········· 176
  v. 임세준 KBS 드라마 PD ········· 182

제3부 웹툰과 AI

제5장 웹툰과 AI의 연결 ········· 187

5.1. 웹툰의 발전 ········· 187
  5.1.1 온라인 만화 ········· 191
  5.1.2. 아마추어리즘의 대두 ········· 191
  5.1.3. 일상툰의 등장 ········· 192
  5.1.4. 플랫폼 자본주의와 아마추어리즘의 공존 ········· 193
  5.1.5. 본격적인 웹툰 ········· 193

5.2. 웹툰의 특징 ········· 196

5.3. 웹툰 창작 패러다임의 변화 ········· 201

5.4. AI가 웹툰에 미치는 영향 ········· 204
  5.4.1. AI의 긍정적 영향 ········· 206
  5.4.2. AI의 한계 ········· 208

5.5. AI 웹툰 프로젝트 ········· 209
  5.5.1. 데즈카 2020 프로젝트 ········· 209
  5.5.2. 시미즈 료의 만화 ········· 212
  5.5.3. 웹툰 〈신과 함께 돌아온 기사왕님〉 ········· 213
  5.5.4. 중국 다롄이공대학과 홍콩시티대학의 영상을 만화로 자동 변환 ········· 214
  5.5.5. 웹툰 〈팝콘예술학교〉 ········· 215
  5.5.6. 만화 〈사이버펑크 모모타로〉 ········· 216
  5.5.7. 만화 〈여명의 자리야〉 ········· 218
  5.5.8. 웹툰 〈기사 가문 망나니는 10 클래스〉 ········· 220

제6장 웹툰과 AI의 미래 전망 ········ 221

감사의 글 ········ 232

부록: AI를 활용한 웹툰 도구 ········ 237

　1) 네이버 웹툰의 '웹툰 AI 페인터' ········ 238
　2) 네이버 웹툰의 '웹툰 AI 에디터' ········ 239
　3) 네이버 웹툰의 '웹툰 캐리커처' ········ 239
　4) 네이버 웹툰의 작가별 맞춤형 AI 툴 ········ 240
　5) 네이버 웹툰의 AI 기반 BGM 선곡 ········ 240
　6) 네이버 웹툰의 AI 큐레이터 ········ 241
　7) 하이프툰의 AI 기반 웹툰 제작 툴 ········ 243
　8) 라이언로켓의 '젠버스' ········ 244
　9) 툰스퀘어의 '투닝' ········ 245
　10) 셀시스의 '클립 스튜디오 페인트 EX' ········ 247
　11) 카카오엔터테인먼트의 헬릭스 ········ 248
　12) '딥툰' ········ 250
　13) 안라탄(Anlatan)의 '노벨 AI' ········ 252
　14) 어도비의 '코믹 블라스트' ········ 253
　16) 오픈AI의 '달리' ········ 255
　17) 스태빌리티 AI의 '스테이블 디퓨전' ········ 256
　18) 미드저니의 '미드저니' ········ 257
　19) '니지·저니' ········ 259
　20) 데비올렛의 '스냅툰' ········ 260
　21) 오노마에이아이의 '투툰' ········ 260
　22) 딥시크의 '야누스 AI 프로' ········ 261
　23) 모던 아츠의 '로어 머신' ········ 262
　24) 시비타이 ········ 263
　25) '오픈아트' ········ 264

참고문헌 ········ 265

10　이현세 AI로 영생하다

【그림 차례】

그림 1. 이현세 인터뷰 장면 ········ 22

그림 2. '이현세 AI 프로젝트' 구성 ········ 51

그림 3. 2022 제25회 부천국제만화축제 집담회 포스터(좌) 및 현장(우) ········ 52

그림 4. 국립중앙도서관 〈이현세의 길〉 특별전 ········ 55

그림 5. 이현세 작가가 디자인을 수정 보완한 AI 까치 캐릭터 ········ 68

그림 6. 까치 캐릭터로 보는 '이현세 AI 프로젝트' 진행과정 ········ 68

그림 7. 〈카론의 새벽〉 각색 ········ 71

그림 8. 〈카론의 새벽〉 원작과 리메이크 주인공 변화 ········ 71

그림 9. 기존 스튜디오 웹툰 vs 이현세 AI 웹툰 공정 비교 ········ 72

그림 10. 새로 만든 가상의 캐릭터 ········ 73

그림 11. 후보정 레퍼런스 사례 ········ 75

그림 12. 스케치업 배경 추출 가이드 ········ 76

그림 13. 후보정 가이드 ········ 76

그림 14. 식자 및 효과음 편집 단계 ········ 77

그림 15. 타이틀 시안 ········ 78

그림 16. 첫 번째 컷 탄생 과정 ········ 78

그림 17. 〈카론의 새벽 리메이크〉 도입부 ········ 79

그림 18. 재담미디어 피드백 사례 ········ 80

그림 19. 세부 작업 분배 ········ 80

그림 20. 인물 리터칭 ········ 81

그림 21. 맑은 하늘을 노을로 변경 ········ 82

그림 22. 분위기 표현 및 말풍선 수정 ········ 82

그림 23. 효과음 강조 수정 ········ 83

그림 24. 스케치를 활용한 AI 인물 추출 ········ 84

그림 25. 참고자료를 활용한 AI 추출 ········ 84

그림 26. 학습 데이터셋 ········ 88

그림 27. 학습 데이터셋 제작 및 학습과정 ········ 89

그림 28. Webui Automatic 1111 활용 예시 ········ 90

그림 29. ComfyUI 활용 예시 ········ 90

그림 30. 모델 제작 전 데이터셋 기획 ········ 91

그림 31. 캐릭터 제작 과정(전신) ········ 92

그림 32. 캐릭터 제작 과정(반신) ········ 92

그림 33. 캐릭터 제작 과정(포즈) ········ 93

그림 34. 캐릭터 제작 과정(표정) ········ 93

그림 35. 캐릭터 시트(스탠딩) ········ 94

그림 36. 캐릭터 시트(포즈) ········ 94

그림 37. AI 캐릭터 시트(전체, 스탠딩, 포즈) ········ 95

그림 38. 오혜성 캐릭터 시트 추출 과정 ········ 96

그림 39. 〈카론의 새벽 리메이크〉 3화 콘티 ········ 97

그림 40. 〈카론의 새벽 리메이크〉 최종 콘티 ……… 98
그림 41. 효율적인 작업 과정 ……… 101
그림 42. AI를 사용하여 작품을 제작할 시 중요한 요소 ……… 101
그림 43. 스케치를 통한 이미지 추출 방법 ……… 102
그림 44. 밑그림을 통한 이미지 추출 방법 ……… 103
그림 45. 이목구비 추출 시행착오 ……… 103
그림 46. AI로 만든 오혜성 캐릭터(가운데) ……… 106
그림 47. 작업 과정 설명 모습 ……… 107
그림 48. 라이브 드로잉 ……… 110
그림 49. 박석환 이사 인터뷰 장면 ……… 113
그림 50. '이현세 AI 프로젝트' 컨셉 기획 ……… 119
그림 51. 이현세 AI의 드로잉 프롬프트 ……… 164
그림 52. 〈카론의 새벽 리메이크〉 3화 장면 ……… 178
그림 53. AI Grok을 활용한 스토리 작성 사례 ……… 180
그림 54. 3D AI를 이용한 사례 ……… 180
그림 55. 챗GPT로 만든 4컷 만화 ……… 182
그림 56. 기존 만화와 웹툰의 차이점 ……… 189
그림 57. 웹툰으로 보는 웹툰의 역사 ……… 190
그림 58. 웹툰의 역사 ……… 194
그림 59. 웹툰 플랫폼을 중심으로 한 웹툰 생태계 ……… 195
그림 60. 웹툰 산업 규모 ……… 197
그림 61. 웹툰 이용 시 고려 기준 ……… 197
그림 62. 현재와 미래의 AI 활용 웹툰 제작 과정 비교 ……… 204
그림 63. 인공지능 모델을 활용한 웹툰 제작 프로세스 ……… 206
그림 64. 데즈카 AI의 〈파이돈〉 ……… 210
그림 65. 시미즈 료의 만화 ……… 213
그림 66. 〈신과 함께 돌아온 기사왕님〉 74화의 한 컷 ……… 214
그림 67. 만화 자동 생성 시스템의 작동 과정 ……… 215
그림 68. 하반신이 없는 〈팝콘예술학교〉의 한 컷 ……… 216
그림 69. '코믹 코파일럿'의 소개 화면 ……… 217
그림 70. 루트포트가 '미드저니'로 그린 사이버 펑크 모모타로 ……… 218
그림 71. 크리스 카시타노바의 〈여명의 자리야〉 ……… 219
그림 72. 〈기사가문 망나니는 10 클래스〉의 타이틀 ……… 220
그림 73. AI를 보조적으로 사용해 저작권을 인정받은 사례 ……… 227
그림 74. 네이버 '웹툰 AI 페인터' ……… 238
그림 75. 네이버 '웹툰 캐리커처' ……… 239
그림 76. 네이버 웹툰의 BGM 선곡 절차 ……… 241
그림 77. 네이버 웹툰의 AI 큐레이션이 선정한 작품이 노출된 화면 ……… 242
그림 78. 하이프툰의 AI 웹툰 제작 툴 ……… 243
그림 79. '젠버스'의 포트폴리오 ……… 244
그림 80. 툰스퀘어의 '투닝' 소개 화면 ……… 245

그림 81. '투닝 스튜디오' 화면 ……… 246
그림 82. '클립 스튜디오 페인트' 화면 ……… 247
그림 83. 헬릭스 쇼츠의 제작 과정 ……… 248
그림 84. 헬릭스 서비스의 컨셉 ……… 249
그림 85. '딥툰' 홈페이지 ……… 251
그림 86. '노벨 AI'가 작성한 이미지 ……… 252
그림 87. 어도비에서 공개한 '코믹 블라스트' 시연장면 ……… 253
그림 88. '세이브 더 AI 캣'의 화면 ……… 254
그림 89. 챗GPT(달리)로 생성한 이미지 ……… 255
그림 90. '스테이블 디퓨전'의 화면 ……… 256
그림 91. '미드저니'로 만든 '우주 오페라 극장' ……… 258
그림 92. '미드저니'의 화면 ……… 258
그림 93. '니지·저니'의 웹 화면 ……… 259
그림 94. '스냅툰'의 화면 ……… 260
그림 95. '로어 머신'의 홈페이지 ……… 262
그림 96. 시비타이의 'Hassaku XL' 정보 표시창 ……… 263
그림 97. '오픈아트'의 화면 ……… 264

【표 차례】

표 1. 연도별 '이현세 AI 프로젝트' 추진 경과 ……… 48
표 2. 이현세의 1980년대 작품 세계 구분 ……… 58
표 3. 이현세 만화 작품 ……… 60
표 4. '이현세 AI 프로젝트' 관련 재담미디어, 세종대 협업 단계 ……… 69
표 5. 2023년 원캠퍼스 하계/추계 조별 분담 현황 ……… 72
표 6. 하계/추계 조별 분담 현황 ……… 74
표 7. 〈카론의 새벽〉과 〈카론의 새벽 리메이크〉 타이틀 비교 ……… 85
표 8. 〈카론의 새벽〉 캐릭터 바이블 2024 하계 조별 작업 ……… 86
표 9. 네이버 웹툰의 생성형 AI 활용 서비스 ……… 203
표 10. 생성형 AI 관련 주요 이슈 및 논란 (2022년~2023년) ……… 219
표 11. '니지·저니'와 '야누스 AI 프로' 비교 ……… 261

프롤로그

AI(인공지능)에게 사망한 예술가의 작품 스타일을 학습시켜 유사한 작품을 생성하려는 시도는 이미 활발히 이루어지고 있다. 대표적인 사례로는 렘브란트 반 레인(Rembrandt Harmenszoon van Rijn, 1606~1669)과 미소라 히바리(美空ひばり, 1937~1989), 그리고 데즈카 오사무(手塚治, 1928~1989)의 프로젝트가 있다. 렘브란트는 네덜란드의 거장으로 대표작인 〈야경(夜警, De Nachtwacht)〉(1642)은 1715년 암스테르담 시청에 전시될 때 전시 공간에 맞게 그림 일부가 잘려나가 훼손되었는데, 스캔, X-레이, 528개의 디지털 노출 기법을 통해 AI를 훈련시켜 원래 크기로 복원시켰다(이정현, 2021.6.25.). 미소라 히바리는 전설적인 일본 보컬리스트로 음향 기업인 야마하가 사후 30주년을 기념하여 살아 있었을 당시에 녹음된 음성과 가사 전달 등을 바탕으로 'VOCALOID: AI' 기술을 사용하여 가창을 재현해 만든 신곡을 NHK에서 2019년 방송하였다(YAMAHA, 2019.10.8.). 데즈카 오사무는 일본의 유명한 만화가로 데즈카 프로덕션이 주가 되어 사후 31년 만에 AI를 활용하여 2020년 〈파이돈〉을 공개하고 2023년에는 〈블랙잭〉을 연재했다.

국내에서도 인물이 사망하지는 않았지만 이와 유사한 시도를 했다. 이 프로젝트는 웹툰의 종주국인 한국에서 했다는 데 의미가 깊다.

"내가 죽어도 내 만화가 계속 생산된다면 이야말로 영생 아닌가."

44년간 〈공포의 외인구단〉(1983), 〈아마게돈〉(1988) 등 만화를 창작한 이현세 작가가 '이현세 AI' 개발에 뛰어들면서 밝힌 소감이다(정상혁, 2022.11.1.). 그가 꿈꾸는 이 프로젝트의 목표는 자신의 만화 4,174권의 대부분을 컴퓨터에 학습시켜 이현세 특유의 그림체를 구사하여 영생을 누리는 것이다. 과연 그는 AI를 통해 영생할 수 있을까?

2022년 10월 1일! '이현세 AI 프로젝트'가 처음 일반에게 공개된 날이다. 제25회 부천국제만화축제 프로그램 중 하나인 전문가 집담회 〈이: 세계로의 출발 — Come together!〉에서 이현세 작가가 직접 밝혔다. 영광스럽게도 필자도 처음으로 언론에 공개하는 역사적 현장에 있었다. 이렇게 맺은 인연이 이 책을 쓰게 된 계기가 되었다. 이후 2022년 12월에 이현세 작가와 웹툰전문프로덕션 재담미디어는 '만화&웹툰 제작을 위한 AI 공동 기술개발 협약'을 체결했다.

이후 재담미디어 소속의 웹툰기술연구소(소장 박석환)와 세종대학교 융합콘텐츠연구소 및 인공지능학과가 산학협력 연구팀(책임연구원 한창완 교수)을 구성하여 '이현세 AI 프로젝트' 추진에 참여하였다. 재담미디어는 '이현세 AI 프로젝트'를 통해 '인공지능이 웹툰 창작의 도구로 활용'될 수 있는 사례를 도출하고자 하였고, '기술과 노동의 관점에서 창작활동의 수월성과 효율성 개선'을 목표로 하였다. 세종대학교는 실제 웹툰을 제작하는 작업을 진행하였다. 당시 재담미디어는 2023년 하반기에 신작이 나올 것으로 예상했으나 3년이 넘게 걸렸다.

한국의 기성 만화가로선 이현세 작가가 처음으로 AI 웹툰에 도전하지만, 일본에서는 이미 AI를 활용하고 있다. 앞에서 언급했듯이 〈철완아톰(鐵腕アトム, 우주소년 아톰)〉으로 유명한 일본 만화가 데즈카 오사무의 신작 〈파이돈〉(2020)은 사후 31년 만에 발표되었다. '데즈카 2020' 프로젝트를 통해 데즈카의 작품 65여 편을 AI가 학습하여 그가 그렸을 법한 만화 줄거리와 캐릭터를 새로 창작해 냈다. 펜의 각도와 강약 조절

로 미묘한 감정을 전달했던 작가의 작법을 살려내기 위해 관절과 감압 센서를 장착한 로봇 팔을 고안하여 만화를 그려냈다(정상혁, 2020.3.2.).

물론 AI에 대한 반대도 만만치 않다. 2022년 10월 박은혁 작가의 〈랜덤 채팅의 그녀(258회)〉는 AI를 사용한 작화 논란에 휩쓸렸고, 2023년 6월 네이버 웹툰의 '도전만화' 코너에는 '인공지능(AI) 웹툰 보이콧'이라는 제목의 만화 60여 편이 올라왔다. '도둑질로 만든 AI 웹툰'을 반대한다는 주장이다(최서인, 2023.6.8.). 그럼에도 앞으로 웹툰에서 AI의 활용은 불가피한 일이다. 피한다고 해서 될 일이 아니며 누군가는 시도하고 있다. 기존 만화가가 웹툰으로 확장하고, 거기에 더해 AI를 통한 영생은 가장 현실적인 접근이지 않을까? 인간은 항상 불로장생을 꿈꾸어 왔다. 진시황은 불로초를 구하려고 온갖 노력을 했고, 장용민 소설 『귀신나방』에는 자신의 뇌를 젊은 사람의 몸에 이식하여 영생을 누릴 수도 있다는 설정도 있다.

이현세 작가는 옛 작업 방식을 고수하는 정통 만화가이다. 웹툰 〈늑대처럼 홀로〉(2022)도 원고지에 펜으로 그린 것을 스캔해 컬러링 등 후반작업에만 컴퓨터 그래픽을 활용했다. 그는 "요즘 웬만한 만화가들은 컴퓨터로 그리고 채색한다"라면서도 그 자신은 "섬세한 그림체를 지키기 위해 손으로만 그림을 그린다"라고 했다. 그런 그가 AI와 손잡은 이유는 AI가 창작의 세계마저 잠식하고 있다는 만화계의 우려를 넘어서기 위해 AI를 활용하거나 맞설 방법을 찾겠다는 일념이었다. 그가 생각하기에 재미만 있다면 AI가 그린 웹툰이라도 찾아 읽을 것이라는 생각이다(이호재, 2023.6.20.).

이현세 작가는 새로운 시도를 지속하는 것으로 유명하다. 〈공포의 외인구단〉은 '극화'로 1980년대 한국 만화의 르네상스를 촉발했고, 만화방 만화를 일거에 극화 일색으로 바꾸었다(박인하·김낙호, 2012: 138). 1996년에는 SF 대표작 〈아마게돈〉을 애니메이션으로 제작했다. 그러나 결과는 참혹했다. 이현세 특유의 작화가 사라지고 이야기는 꼬여 버렸다는 평이다. 또한 〈천국의 신화〉(1998)가 성행위와 폭력묘사로 약식기소 당하자, 창작의 자유를 지키기 위한 6년간의 소송 끝에 무죄 판결을 받아냈다(박인하, 2018: xxi~xxii). 2016년에는 웹툰에 뛰어들었다. 웹툰에 대해 "우리는 웹툰을 창조해 냈다. 일본의 애니메이션 시장과 미국의 히어로 만화 시장, 그리고 유럽의 그래픽 노블 시장에 이어, 우리나라는 웹툰이라는 네 번째 만화 블록을 완성했다"라고 웹툰을 높이 평가하고 있다(SK텔레콤 뉴스룸, 2024.6.19.). 이제 그는 AI 시대를 맞아 아무나 할 수 없는 새로운 프로젝트에 도전했다.

이 프로젝트가 더 의미 있는 이유는, 웹툰 창작 분야에서는 AI 기술의 도입이 여전히 제한적인 상태에 있으며, 2023년 생성형 AI를 사용하여 제작한 〈신과 함께 돌아온 기사왕님〉에 대해 독자들의 비판 사건(조시형, 2023.5.24.)과 웹툰 플랫폼들은 AI 기반 작품에 대한 규제를 강화하는 등 웹툰 창작에서 AI 사용은 몇 가지 사건들로 인해 사실상 금기시되는 분위기가 형성되어 있는 상황(황선태, 2024: 3150)에서 저명한 작가가 시작했다는 점이다. 그럼에도 2023년 11월 '라이선싱콘 2023 라이브토크'에서 세종대 한창완 교수가 "AI는 어떻게 막아도 결국 담을 넘어올 것이다. 이현세 선생님이 하시는 실험은 아마 젊은 작가들한테도 AI를 두려워하지 말고, 내가 더 좋은 작품을 더 많이 더 빨리 만들 방법으로 AI를 활용해 보자는 의도(이주영, 2023.12.1.)"라고 말한 것처럼 AI는 웹툰 제작에 더욱 활용될 것이다.

'이현세 AI 프로젝트'의 진행은 두 개의 프로젝트가 진행되었는데, 이현세 작가의 과거·현재·미래의 화풍을 AI에 학습시키는 것과, AI를 통해 〈고교 외인부대〉(1984)와 〈카론의 새벽〉(1994)을 리메이크하는 것이다(김성휘, 2024.2.10.). ① 까치와 엄지, 마동탁 등 이현세 작가가 오래도록 그려 온 대표 캐릭터별로 외모와 표정 등 기초 자료를 만들면, ② 생성형 AI가 이를 학습하고, ③ 세종대의 만화 전공 학생들이 시나리오를 짜 실제 작품을 만들어내는 시도였다(인현우, 2024.11.1.).

데즈카 2020 프로젝트에 이은 이 프로젝트는 원로 작가들의 독특한 화풍과 스토리라인을 보존하면서 동시에 창의적인 새로운 작품을 만나볼 수 있는 획기적인 기회를 제공할 수 있다(김한재, 2023). 독고탁 컴퍼니는 독고탁이 가장 처음 등장했던 이상무의 〈주근깨〉를 2022년 수작업을 통해 올컬러로 웹툰화하였지만, AI를 활용하면 컬러화나 기존 작품의 리메이크 작업을 수월하게 할 수 있을 것이다. '이현세 AI 프로젝트'는 앞으로 이상무 외에도 많은 작품들을 현대에 맞게 되살려내는 초석의 의미를 지닌다.

AI는 웹툰 분야에서도 단순히 보조적인 도구를 넘어 제작과 소비의 전 과정에 깊이 관여하고 있다. 몇 가지로 분류를 해 보면, 첫째, AI가 텍스트를 이해하고 생성할 수 있다. 자연어 처리기술은 웹툰의 스토리 구상, 대사 작성, 서사 구조 설계까지 깊숙이 개입하고 있다. 둘째, AI가 이미지를 이해하고 분석하여 활용하고 있다. 딥러닝 기술의 발전으로 이미지를 생성하고 편집하는 능력을 크게 발전시켰다. 웹툰의 스타일을 학습하고, 유사한 스타일의 이미지를 생성하거나 기존 이미지를 변형하고 있다. 셋째, 번역을 통해 현지화를 쉽게 하고 있다. 넷째, 이처럼 AI를 활용함으로써 웹툰의 다양성이 증가된다(천호준, 챗GPT, 2024: 10).

한국콘텐츠진흥원에서 2024년에 웹툰 사업체들의 그림 제작에 AI 활용 경험을 조사한 결과, '경험 있음'이 27.0%로 나타났으며, 자주 활용하는 단계로는 1+2순위 기준으로 '사전 기획 및 스토리 구상 단계'가 67.4%로 가장 높은 것으로 나타났다(vii 쪽). 활용 경험이 없는 업체(n=116)를 대상으로 향후 활용 의향을 살펴보면, '향후 활용 의향 있음'이 63.8%로 높게 나타났다. 활용 의향이 있는 업체(n=74)를 대상으로 현재 도입 및 활용 수준을 조사한 결과, '도입을 고려 중인 단계'인 업체가 56.8%로, 과반수로 나타났다. 웹툰 사업체들의 AI 관련 교육 및 컨설팅 참여 의향을 살펴보면, '의향 있음'이 70.4%로 응답 업체 10개 중 7개 이상이 의향이 있는 것으로 나타났으며, 이는 전년 대비 31.0%p나 크게 증가한 것으로 나타났다. 이를 보면, 웹툰에 AI 활용은 시간이 지날수록 보편적인 현상이 될 것이다. 그런 의미에서 '이현세 AI 프로젝트'는 향후 웹툰의 영역에서 AI를 활용하는 데 매우 중요한 기록으로 역사에 남겨야 할 작업이라고 생각한다.

이 책의 내용을 간략히 설명하면, 제1장에는 이현세 작가와 인터뷰를 통해 '이현세 AI 프로젝트'에 대한 생각을 정리하였다. 그가 AI에 대해 가지고 있는 생각을 진솔하게 들을 수 있다.

제2장에는 '이현세 AI 프로젝트'의 시작 경과를 정리하였다. 재담미디어 박석환

이사의 제안으로 '이현세 AI 프로젝트'가 시작되었다. 이현세 작가가 세상에 처음 알리고, 재담미디어와 협약이 체결된 이후, 〈라이선싱콘 2023〉에서 라이브토크, 국립도서관 특별전 〈이현세의 길: K-웹툰 전설의 시작〉, 한국콘텐츠진흥원 〈AI 콘텐츠 페스티벌〉을 통해서 새로운 소식이 전해졌다. 말미에 보론으로 이현세의 만화 세계와 웹툰 세계를 정리하였다.

제3장에는 본격적으로 '이현세 AI 프로젝트'가 진행된 내용에 대해 정리하였다. 이현세 AI의 생성 과정, 이현세 AI 구성도, 이현세 AI의 특징, 〈카론의 새벽 리메이크〉, 세종대 AI 훈련에 대해 정리하였다. 세종대 학생들이 작성한 보고서를 재정리하고 참여한 학생들의 리뷰를 거쳤다.

제4장에는 '이현세 AI 프로젝트'에 참여한 재담미디어와 세종대의 인터뷰를 실었다. 프로젝트를 진행한 생생한 내용들을 담았다. 프로젝트를 진행한 당사자들의 진술한 이야기들은 향후 프로젝트를 진행하는 데 많은 참고가 되리라 생각한다. 말미에 보론2로 이현세 AI의 특징을 웹툰 전문가들의 다양한 평가를 실었다. 박세현 한국만화웹툰평론가협회장, 만화가 김성철 Time Fixer 대표, 최진규 옥토끼 스튜디오 대표, 조지훈(엘프화가), 임세준 KBS 드라마 PD 등의 진술한 의견을 들을 수 있다.

제5장에는 웹툰과 AI의 연결을 정리하였다. 웹툰이 어떻게 발전하였고, 만화와 차별화되는 특징은 무엇인지 정리하였다. AI시대가 되면서 AI가 웹툰에 미치는 영향과 AI를 활용한 웹툰 프로젝트를 정리하였다. AI를 활용한 웹툰 프로젝트에는 '데즈카 2020' 프로젝트, 시미즈 료(清清亮)의 만화, 웹툰 〈신과 함께 돌아온 기사왕님〉(2023~), 웹툰 〈팝콘예술학교〉(2023), 만화 〈여명의 자리야(Zarya of the Dawn)〉(2022) 등이 있다.

제6장에는 '이현세 AI 프로젝트'를 토대로 향후 웹툰과 AI의 미래에 대해 전망한다. 부록에는 AI를 활용한 네이버 웹툰의 AI 페인터 등 25개의 웹툰 도구를 소개하였다.

이현세 만화에서 비극적이지만 "독자들은 마치 씻김굿과 같은 집단적 치유를 경험"하다(박인하, 2018: xx). '이현세 AI 프로젝트'를 통해 어려운 시대에 치유가 지속되었으면 하는 바람이 간절하다.

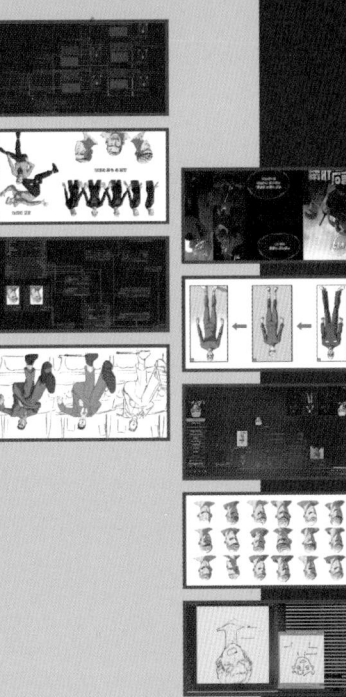

프로젝트의 시작

채니북

■ 그림 1. 이철세 인터뷰 장면

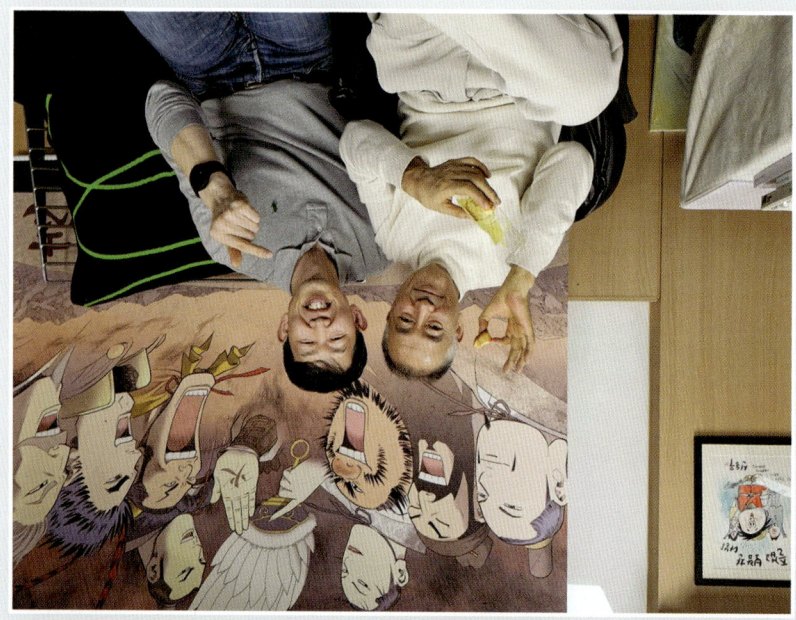

* 사진에 있어서 왼쪽: 이철세 작가의 드로잉, 이재 원장), 유간사(필자, 이재 드로잉)
* 사진: 필자 및 이철세 이사 촬영.

▌ 제1장 ▌

이현세 작가가 '이현세 AI 프로젝트'를 말하다

2025년 3월 13일 이현세 선생님의 개포동 화실에서 재담미디어 박석환 이사와 함께 찾아뵙고 인터뷰했다.

Q1 안녕하세요. 이현세 선생님, 2022년에 부천국제만화축제 프로그램에서 뵈었으니 정말 오랜만에 뵙습니다. 그럼에도 계속해서 자료를 정리하고 기사를 통해 봐서 그런지 계속 뵌 듯한 느낌입니다. 이번에 국내 웹툰 업계를 위해 정말 또 하나의 한 획을 긋는 일을 하셨습니다. 축하드리고, 감사합니다. 제일 궁금한 사항은 재담미디어가 프로젝트를 제안했을 때, 어떤 마음으로, 얼마만에 결정하셨나요?

A **이현세** 바로 결정을 했습니다. 왜냐하면 까치, 엄지를 '어떻게 하면 오래오래 영생하게 할 수 있을까?' 항상 고민하고 있었거든요. '내가 죽더라도 까치, 엄지는 어떻게 계속 살아남게 할 수 있지?'라는 건 항상 생각하던 문제였으니까. 어떤 장애물이 있더라도 이건('이현세 AI 프로젝트') 해야지. 바로 그렇게 답을 했어요.

Q2 지난해(2024년) 콘텐츠진흥원이 주최한 〈AI 콘텐츠 페스티벌〉에서 재담미디어 박석환 이사가 "선생님은 만화방에서 잡지로, 신문으로 매체가 바뀔 때마

다 늘 첫 타자로 나서 왔듯이 새로운 시도를 두려워하지 않는다"라고 말했습니다(인현우, 2024.11.1.). 이번 프로젝트도 그런 것 같은데, 전혀 부담은 없으셨나요?

A   **이현세**   왜~요. 부담이 있죠. 겁도 나고… 그리고 또 개인적으로는 디지털을 별로 좋아하는 사람도 아닌데, AI라고 그러니까 훨씬 더 끔찍하죠. 그런데 혁명은 언제나 위험한 거잖아요. 위험하다고 안 가면 혁명은 없는 거죠. 저는 어떤 선택의 문제가 아니라고 생각해요. 그런데 물론 AI가 영화나 소설, 만화에서 움직이고 그럴 때 AI 편은 아니었습니다. AI에 대해서 매우 부정적이었죠. 지금도 긍정적인 것은 아닌데, 그건 판도라의 상자라고 항상 봤죠. 인공지능이라는 것은… 터미네이터만 해도 다 그런 이야기잖아요. 이미 판도라 상자 뚜껑이 열려버렸으니까 이제 선택의 문제는 아닌 거죠.

Q3   재담미디어와 진행하면서 어떤 부분에 중점을 두었나요?

A   **이현세**   미래의 나를 만나는 거요. 박석환 이사와 처음에 세 가지의 AI 작업에 대해 이야기했어요. 리메이크 작업도 있고, 오마주 작업도 있고. 그런 건 비교적 쉬운 거죠. 그런데 오리지널을 재창조하는 작업은 진짜 내 세계, 내 만화를 다 학습하지 않으면 불가능한 거잖아요. 근데 거기에 미래의 내가 있잖아요? 그러니까 다른 두 가지 작업은 미래의 나를 만나러 가기 위한 기초 작업이라고 보고 있거든요. 오마주도 그렇고, 리메이크도 그렇고. 이 정도 이현세의 세계를 가지고 이렇게 요리할 수도 있고, 또 이렇게 다시 새로운 세대와 접근할 수 있도록 미적, 또 드라마적 요소를 바꿀 수도 있겠구나. 그걸 거치고 가야 학습된 AI를 가지고 오리지널을 만들 수 있다고 자신할 수 있겠죠. 그러니까 그런 면에서 이 작업은 미래의 나를 만난다는 게 가장 의미가 있죠.

Q4 "미래의 나를 만난다." 아주 멋있는 표현입니다. 아무나 생각할 수 없고, 누구나 만들어 낼 수 없는 작업이라고 생각합니다. 제가 잘 아는 장용민 작가라고 있는데, 소설 〈귀신나방〉을 썼습니다. 기억나는 에피소드가 있는데, 히틀러가 마지막에 어떻게 죽었는지 알려지지 않았잖아요. 작가의 상상력으로 히틀러는 다른 사람에게 뇌를 이식해서 영생을 하고 있다는 설정이 있습니다.

A **이현세** 히틀러도 나이가 들고 그러면 뇌 자체에 치매도 오고, 뇌세포가 죽어갈 텐데, 어떻게 다시 살려가는 방법이 있는지 궁금하네요. 나도 내 뇌를 젊은 사람한테 이식하면 뇌도 젊어질지 궁금해요. 늙은 사람은 뇌세포가 죽고 치매 직전에 이렇게 가는데 젊은 사람의 뇌를 꺼내고 내 뇌를 이식했을 때 내 기억도 가져가는 건지…

박석환 재담미디어가 계약한 유일한 소설가인 장용민 작가는 〈건축무한육각면체의 비밀〉(1999)이라는 영화의 시나리오 작가입니다. 이상 시인의 동명 시의 비밀을 푸는 이야기인데, 소재는 신약입니다.

이현세 그럼 보통이 아니겠구나.

Q5 다음에 작가에게 물어보겠습니다(나중에 물어보니 뇌도 늙는다고 답했다). 미국에서 처음 만났는데 자주 보거든요. 새로운 소설을 낼 때마다 '어떻게 이런 상상력을 발휘했을까?' 감탄하곤 합니다. 그 부분은 정말 AI가 쫓아갈 수 없는 부분이잖아요?

A **이현세** 그렇죠. 사실 AI를 지배하고 살려면 바로 그런 상상력과 공부가 필요한 거죠.

Q6 그런 것 같습니다. 그런 면에서 참 이 작가님도 무한한 상상력을 계속 발휘하셔서 스토리를 내고 그림도 그려내시죠.

A **이현세** 난 원래 거짓말쟁이라.

Q7   그런 면에서는 저는 그런 창의력이 되게 부족하다고 생각을 하는데, 꾸준히 창작 활동을 하시는 선생님이 참 존경스럽습니다.

A   **이현세**   기자하고 작가하고 제일 큰 차이가 기자는 사실에 입각하는데 작가는 그 사실 밑에 숨겨져 있는 진실에 집착하죠. 서로 집착하는 게 다른 거죠. 기자가 만약에 깔린 진실 같은 거에 집착하는 작가적 기질이 있으면 추측성 기사가 많이 나오기 때문이에요.

Q8   일본의 데즈카 오사무 선생님도 31년 만에 영생 프로젝트를 했었고, 선생님도 이번에 〈카론의 새벽 리메이크〉 3화까지 AI 웹툰이 나왔잖아요. 그걸 보시니까 처음에 생각하셨듯이 영생으로 조금 더 한 발짝 나가셨다고 생각이 드시나요? 어떠신가요?

A   **이현세**   확실히 들죠. 일본으로서는 만화의 신이 부활해서 그 사람의 평소 세계관에 평소 화풍을 가지고 평소처럼 연출해주니까 그 만화가 재미있던 재미없던가를 떠나서, 수많은 사람들에게는 데즈카 프로젝트가 굉장히 감동이었을 거예요. 그러다가 AI가 점점 더 발전하면 훨씬 더 좋은 작업을 할 수가 있겠죠. 개인적으로 볼 때는 그 정도면 **충분하다**는 느낌을 갖고 있습니다. 데즈카의 만화를 많이 본 사람으로서도 이 정도 재생이면 시작으로서는 충분하다고 봅니다.

Q9   〈파이돈〉이 좋다는 의미시죠?

A   **이현세**   충분하다고 생각해요. 단지 스토리 라인이라든지 캐릭터 디자인이라든지 이런 거 외에는 아직 AI의 역할보다는 사람의 손이 훨씬 더 많이 갔어요. 아직 논평하기에는 약간은 부족함이 있으나, 어쨌든 AI와 로봇팔과 데즈카 오사무 프로덕션에 있었던 제자들과 프로덕션의 기획력이 합쳐져 데즈카 오사무가 없이도 데즈카 오사무 만화를 그 정도로 묘사해 냈다는 것만으로도 충분하다고 생각합니다.

Q10 대단한 평가입니다. 대체로 다른 평가를 보더라도 〈파이돈〉을 완전한 AI 작품이라고 보기는 어렵고, 제자들의 손이 많이 들어갔다는 평들이 좀 많이 있더라고요.

A **이현세** 그럼요 그건 사실입니다. 사실, 일본은 우리보다 약간 유리한 점이 있습니다. 우리는 웹툰이니까 채색이 많은데, 일본은 흑백 만화라 제작 공정이 좀 간단하고요. 오로지 신경 쓰는 거는 펜 압이에요. 펜을 얼마나 강하게 누르고 가늘게 하고 뿌리고 멈춰주냐에 따라서 그 작가 고유의 펜 선 화풍이 나오는 것이거든요. 이 부분은 굉장히 신경을 많이 쓴 것 같더라고요. 그리고 그 부분은 어쨌든 로봇팔이 끌고 갔으니까.

Q11 네. 그것도 참 독특했던 것 같습니다.

A **이현세** 일본스럽죠. 우리는 AI 그러면, 엔지니어가 AI와 막 덤벼가지고 작업을 해 들어가는데, 일본은 아티스트가 먼저 들어가고 AI의 힘을 최소한 빌려가지고 AI가 협업한 최초의 작품을 만드는 데 방점을 둔 거에요.

Q12 그럼, 저희는 일본처럼 로봇화는 생각을 안 해보셨나요?

A **박석환** 우리도 중앙도서관에서 했죠. 일본 사람들은 이게 어떻게 구현되는지에 대해서 논리적으로 설명하는 것보다 시각적으로 설명하는 것에 더 중점을 뒀던 것 같아요. 그래서 실제 로봇 팔이 생각하면서 그린다기보다는 이미 컴퓨터에 그려져 있는 것을 그대로 그려주는 거였거든요. 저희가 했던 거는 맥락상 작가가 그린다기보다 '누구나 까치가 될 수 있다'라는 체험 작품처럼 했던 것이거든요. 그래서 이현세 선생님의 그림 스타일을 학습한 로봇이 이용자를 카메라로 사진을 딱 찍어서, 소위 기필하는 형태로 생각했습니다. 저희는 그게 이미지를 미리 학습한 모델이 어느 정도 완성도 있게 나왔을 때 가능한 것이라고 생각했고, 일본에서 했던 것은 있는 캐릭터를 그대

로 묘사한 것이거든요. 그래서 약간의 차이가 있습니다. 국립박물관 이벤트 이후로 많지는 않지만 현대백화점에도 들어가 있고, 부산, 강원도 등 세 군데에서 선생님이 현장에 계시지 않더라도 끼치 스타일로 그림을 그려줍니다. 수익금의 일정 비율은 저작권료로 선생님께 돌아갑니다.

Q13 데즈카 AI의 결과물의 퀄리티는 높게 나왔나요?

A **이현세** 개인적으로 그렇게 생각합니다.

Q14 지금까지 〈카론의 새벽 리메이크〉가 3화까지 나왔는데, 결과물에 대해 평가하신다면 어떤가요? 세종대에서 강의를 하시니 학점 주시듯이 평가하셔도 좋습니다.

A **이현세** 학점을 주자면 저는 개인적으로는 (2023년에 진행한) 오마주의 작업에 가장 학점을 높게 줍니다. 학생들이 전반적으로 한 걸 보니까 아주 생각도 신선하고, 그리고 화풍이 자유로웠어요. 화풍을 자기들 마음대로 할 수 있으니까 훨씬 풍요롭고 자유롭다고 해야 될까요? 얼굴 표정이라든지 묘사 이런 것들에 대한 감정과 감성이 훨씬 더 풍요로웠어요. A0는 줘도 되겠다.

유건식 이제 초기인데도 엄청나게 점수를 높게 주시는 것 같은데요.

이현세 네. 그리고 (2024년에 진행한) 리메이크는 한 B0. (2025년에 할) 마지막 오리지널 작업은 지금 학점을 줄 수가 없어요. 과제를 안 냈기 때문에.

Q15 지금까지 많은 학습을 했으니까 훨씬 더 좋아질 거라는 생각이 듭니다. 언제 완성되나요?

A **박석환** 2025년도에 작업을 하게 되면 스토리라인을 만들 수 있도록 할 거거든요. 지금 AI 에이전트 사업을 준비하고 있는데, 선생님이 평소에 인터뷰했거나 에세이 같은 것, 그리고 작품의 세계관 같은 것들을 AI에게 학습시키는 거죠.

그러니까 이현세라는 작가가 가지고 있는 관점을 학습시키는 건데요. 그러면 똑같은 그림이 생성이 되더라도 기존에는 그림 스타일을 복제하는 형태였다면, 앞으로는 선생님의 관념이나 사상이 들어간 형태로 그림이 생성되게 하는 게 올해 과제라고 할 수 있습니다.

Q16 올해에는 제대로 된 작품이 나오겠네요. 학생들의 프로젝트 결과 보고서를 봤는데, 학생들이 정말 열심히 했더라고요. 어떻게 하면 프로젝트 진행 프로세스를 표준화시키고, 그 과정에서 도출한 모델링 값을 축적하는 게 중요하다는 생각이 듭니다.

선생님 인터뷰와 책을 보면서 인상 깊었던 부분이 있습니다. 2023년 '라이선싱콘 2023 라이브토크'에서 "우리는 언젠가 모두 죽는다. 내가 죽어도 내 화풍이 그대로 살아남아 디즈니 할아버지처럼 내 캐릭터들이 계속해서 재창조되면 영생을 사는 것과 마찬가지다. 한낱 인간이지만 이런 얼토당토않은 야망을 가지고 올해로 70인데도 씩씩하게 살아가고 있다. 앞으로도 많이 지켜봐 주길 바란다(이주영, 2023.12.1.)." 『인생이란 나를 믿고 가는 것이다』(이현세, 2014b: 62)에서는 "만화를 그린 지 30년(이제 40년)이 넘었지만 나는 여전히 미치게 더 그리고 싶다"라고 하셨습니다. 정말로 열정이 넘치는 말씀입니다. 지치지 않는 AI와의 만남도 운명 같다는 생각이 듭니다. 2014년 책을 쓰고 10년이 지나서 만나신 거잖아요. 어떠신가요?

A **이현세** 아, 그래요? 이제 만나게 됐죠. 사람마다 작가마다 다 생각들이 다르겠지만. 저한테는 새로운 이야기를 만든다는 건, 조금 재미있게 비유하자면, 어린아이한테 새로운 게임기를 주는 것만큼이나 재미있거든요. 새로운 이야기를 만드는 것에 대한 재미가 너무 좋은 거야. 꼭 매일 먹는 밥 같은 느낌이 들어요. 때로는 진밥도 있고 때로는 설익은 밥도 있고 때로는 배가 고프지 않을 때도 있고 때로는 반찬이 맛없을 때도 있고 때로는 집에서 매일매일

주는 밥이 지겨울 수도 있지만, 다음 날 아침이 되면 또 배가 고프잖아요. 그것처럼 저한테 만화라는, 이런 이야기를 만드는 작업은 그런 것이거든요. 그래서 저한테 AI라는 것은 새로운 게임기를 하나 주는 거와 같은 거야. 그런 만큼이나 AI는 매력적입니다.

Q17 귀에 쏙 들어오는 말씀을 해 주셨습니다. 'AI는 게임기를 주는 것과 같다'라는 멋진 표현은 아무나 할 수 없죠. 이런 새로운 아이디어를 계속 발굴을 하셔야 되는데 어떻게 하시나요? 누구는 명상도 하고, 누구는 책을 읽기도 하고, 누구는 산책을 하기도 하는데 어떤 때 가장 새로운 아이디어가 나오시나요?

A **이현세** 저는 오로지 독서입니다. 저는 누구만큼 공부를 많이 한 사람도 아니고 또 바지런하게 어떤 체험을 하기 위해서 여행을 한다든지 많은 사람을 만난다든지 그런 스타일은 아니거든요. 약간은 고독한 늑대, 외로운 늑대 스타일인데 그 모든 경험을 대신해 주게 하는 건 오로지 책 하나입니다. 제 모든 상상력이나 이런 것들의 기반은 책에서 나오죠. 그래서 새로운 책을 읽고 그러면 이건 내가 여태까지 생각했던 거하고 전혀 다른 관점이잖아! 지금까지 우리가 이야기했던 게 아니야. 금지된 집안의 어떤 러브스토리라는 건 이미 고대 그리스 로마 신화에서 이미 시작이 된 거잖아요. 근데 그걸 최초로 우리 대중 콘텐츠로 풀어낸 게 셰익스피어잖아요. 로미오와 줄리엣. 지금도 거의 가족 드라마라고 하면 금지된 사랑, 뭐 젠더가 될 수도 있고 또 원수 집안일 수도 있고… 그렇지만 어쨌든 로미오와 줄리엣에서의 그 금지된 사랑에서 안 벗어난 거예요. 서사 구조는 로미오를 보는 눈, 줄리엣을 보는 눈, 그 집안의 그 가치관을 보는 눈이 시대에 따라서 바뀌어져 있는 거죠. 그때는 오로지 로미오와 줄리엣의 편이었다면 지금은 달라질 수 있죠. 저런 상황이면 둘이서 사랑을 하겠다고 억지 부리는 것 자체가 나빠. 보는

사람에 따라서 다를 수 있죠. 그런 것들이 바로 독서가 주는 최고의 장점이라고 볼 수 있죠. 정보뿐만 아니라 보는 관점, 가치도 다르게 한 번씩 각성하게 해주죠.

Q18 독서라고 하니까 기존 종이책을 좋아하실 거 같습니다. 시대가 바뀌어서 이북(ebook)도 많이 있는데 이북도 좀 보시나요?

A **이현세** 그렇죠. 종이책을 좋아합니다. 이북도 가끔 보죠. 가끔 이북으로 보게 만드는 것들이 있어가지고. 근데 정말 드라마나 영화 이런 것들은 그냥 즐거움이에요. 재미는 있습니다. 하지만 러닝 타임을 연출자나 감독이 끌고 가는 대로 내가 따라가야 되니까, 거기에는 사색이라는 공간 여분이 없죠. 그래서 나 스스로가 창의력을 가지고 생각할 수 있는 공간이 별로 없으니까 책 읽는 것만큼 그렇게 도움 되진 않습니다.

근데 한 번씩 각성은 주죠. 최근에 그 데미 무어가 나온 〈서브스턴스〉는 인간 욕망의 극대치까지 간 거더라고요. 아, 이렇게까지도 접근할 수가 있구나, 그게 뭐 무슨 화학물질을 썼는지 뭘 했는지 과학적인 근거라든지 신화라든지 하나도 없어. 그냥 어느 날 약물을 받으면서 분명히 일주일을 젊게 해주고 일주일은 늙어가도록 해줬는데도 그걸 못 기다려요. 우리 모두가 똑같지 않습니까? 그러면 이제 각성을 주죠. 임팩트를 강하게 주죠. 무섭더라고요. 야, 그렇구나, 저 스타도 욕망이라는 게 저렇게까지 가져갈 수도 있구나. 늙은 연기로 그 몸 다 보여주면서 그렇게 흉측하게 바뀌는 요구를 다 해줘요.

Q19 제가 정리하고 있는 이 책의 제목을 '이현세 AI로 영생을 살다'라고 가제를 정했는데, 어떻게 생각하시나요?

| A | 이현세 | 고맙습니다, 너무 영광이죠. 책으로 불멸의 삶을 살게 해 주시는 거에 대해서는 제가 너무 감사하죠. 너무 좋습니다.

Q20 데즈카 오사무의 AI 프로젝트 결과물인 〈파이돈〉은 보셨다고 하셨고, 2023년 프로젝트 〈블랙잭〉[1]도 보셨나요? 원작과 AI 작품을 평가 부탁드립니다.

| A | 이현세 | 그럼요. 〈블랙잭〉 팬이잖아요. 〈블랙잭〉도 완성도는 거의 〈파이돈〉과 동일합니다. 그건 아마도 데즈카 프로덕션의 어떤 자부심 같은 게 아닌가 하는 생각이 들더라고요. 그 정도 되지 않으면 발표를 안 했겠다는 생각이 듭니다. 그리고 우리 같은 경우는 '지금 AI가 어디까지 할 수 있을까'가 더 중요하다면, 그 사람들에게는 'AI가 어디까지 접근할 수 있을까'는 하나도 중요한 게 아니고 '데즈카 오사무, 만화의 신, 이분의 작품이 지금 다시 이렇게 새롭게 만들어진다'가 중요한 것이에요. 그분이 가고 없는데도 방법은 중요하지 않은 것 같아요. 제 개인적으로는 작가가 가고 없는데 그 정도 세계관과 캐릭터 감각, 그 정도 표현이면 지금 현재, 시작으로서는 충분하다고 봅니다. 〈블랙잭〉도 좋아요. 〈블랙잭〉은 더 쉬웠겠죠? 캐릭터가 일단 딱 잡혀 있는데다가 글자 하나도 안 바뀌어 〈블랙잭〉 그림만 그대로 학습해도 됩니다. 〈블랙잭〉이 괴짜 의사 이야기잖아요. 의료 이야기는 지금 전 세계적으로 모든 사람들이 다 궁금해하고 콘텐츠에 목말라 있으니까 〈블랙잭〉을 다시 제작한다는 선택은 굉장히 잘했다고 봅니다. 그리고 굉장히 잘 나왔어요. 앞에도 말씀드렸지만 흑백이니까 훨씬 더 완성도가 있는 거죠. 작업도 쉬워지고.

박석환   그 부분은 이런 예들이 좀 있어야 될 거 같아요. 데즈카 오사무 프로

---

[1] 프로젝트 〈블랙잭〉은 인공지능을 사용해 완전 기계화된 심장을 이식 받은 등장인물이 심장에 오류가 생기면서 위기에 빠지자 블랙잭에게 수술을 요청, 피노코가 블랙잭을 설득하면서 인공지능 심장을 수술한다는 내용이다.

덕션은 그림팀이 아직도 존재하는 화실이에요. 돌아가시고 나서도 거기에는 데즈카 오사무와 똑같은 그림을 그리는 사람들이 아주 많이 있어요. 이제는 문하생이라고 부르긴 그런 원로 작가들이 있는 거죠. 근데 그 원로 작가들 중에 일부가 AI를 활용할 수 있는 화실팀으로 바뀐 거예요. 그래서 거기는 사실은 스튜디오 시스템이 계속 유지가 되고 있다고 봐야 될 것 같고.

이제 작가가 영생하는 방식이 여러 가지 있을 수 있는데, 예컨대 디즈니는 엔터테인먼트 회사를 하나 만들어서 영생을 하고 있는 거고 그 뒤로도 계속 비즈니스 차원에서 나오고요. 데즈카는 프로덕션을 만들어서 지속적으로 생산될 수 있도록 한 거고. 그런데 이현세 선생님 같은 경우는 그런 화실 시스템이나 회사 시스템으로 재생산하겠다기보다는 일종의 기록물로서 소프트웨어로서 만들고 있는 겁니다.

이현세 아, 매력 있다. (1995년에 연재를 시작한) 〈황금의 꽃〉은 그 컴퓨터 사이버 세상 속에서 '레기온'이라는 인격체가 만들어져 그 인격체가 인간을 지배해 나가는 그런 이야기인데, 내가 '레기온'이겠네.

박석환 기본적으로는 기록해 놓는 거죠. 꾸준히 해왔던 작품을 찾고, 선생님의 사고방식이나 생활 태도, 습관 이런 것들을 기록하고 그것들을 현대 기술로 재현할 수 있는 선까지 해내는 게 AI 에이전트 같은 역할이고, 지금보다 좀 더 높은 기술 수준이 만들어진 미래에는 도서관에 책이 꽂혀 있는 것처럼 이 AI가 꽂혀 있어야 되고. 그러면 일종의 '사람 도서관' 같은 거예요. 사람 도서관처럼 이 사람의 사상과 이 사람의 태도 이런 것들을 집대성해서 도서관에 꽂혀 있을 거예요. 그러면 미래에 어떤 사람이 사람 도서를 꺼내다가 재생시킬 수도 있고 그 당대의 기술로 작품을 할 수도 있게 하는 게 저희가 초기에 생각했던 겁니다.

Q21 〈파이돈〉은 데즈카 사망 이후에 나온 작품입니다. 지금 선생님은 현재 살고 계시잖아요? 살아계시니까 선생님이 직접 그리신 웹툰하고 이렇게 AI를 통해서 만든 작품이 어떻게 보면 경쟁도 될 수도 있을 것 같은데, 과연 어느 편을 들 거 같나요? AI를 통해서 나온 작품도 내 새끼고, 내가 직접 그린 것도 내 새끼일 텐데, 현재 사시면서 볼 때는 약간 다른 감정이 생길 수 있을 것 같습니다.

A **이현세** 당연히 제가 직접 하는 내 새끼가 애정이 가고 또 귀하죠. 이거는 사람의 작업이니까요. 그러니까 인공지능이 아무리 가도(좋아져도) 인공지능의 작업인 거고.

박석환 한참 작업을 할 때, 선생님의 프로덕션이 있었어요. 선생님이 지금 그리는 건 선생님의 최신 화풍으로 그리는 것이고, 우리가 지금 작업하고 있는 것들은 선생님의 과거 관점에 들어가 있는 작품입니다. 둘이 똑같을 순 없어요.

유건식 그럴 수 있겠네요. 〈복면가왕〉을 보면 노래를 부를 때 과거에 녹음된 노래를 듣고 연습해 가지고 가짜가 우승하는 경우도 있습니다. 현재의 가수는 현재 목소리를 갖고 있으니까 사람들이 헷갈려합니다.

이현세 가끔은 그렇게 옛날 창법을 가지고 부르는 노래가 진짜 같은 재미가 있어요. 그러니까 AI하고 이현세도 그런 부분이 있을 거예요. AI는 과거 화풍을 학습하므로 이현세 정점의 화풍 같은 느낌은 AI가 더 줄 수도 있어요. 사람은 변화를 계속하지만, 그 변화가 계속 좋다고만은 할 수 없거든요. 그리고 또 많은 독자들은 옛날에 봤던 그 화풍이 또 그리울 수도 있고요.

Q22 저도 그렇습니다. 〈카론의 새벽 리메이크〉 3화까지 봤는데, 흑백톤의 그 묵직한 느낌이 안 나서 '야, 이거 잘 모르겠다' 그런 생각이 좀 들긴 하거든요. 워낙 과거에 그린 흑백톤의 만화를 컬러로 리메이킹했잖아요. 흑백의

원작과 컬러의 AI 작품을 봤을 때 맛이 다를 텐데 선생님의 현재 생각이 궁금합니다.

A **이현세** 되게 어려울 거 같아요. 우리가 옛날 흑백 영화에 억지로 채색을 입혀봤을 때, 보면 좋다는 느낌이 하나도 안 들잖아요. 근데 지금 현재 시장이 채색이 아니면 과거 콘텐츠로 생각하고, 이 시장 자체를 지배하는 소비자가 10대, 20대, 30대 젊은이들이잖아요. 그 친구들은 제 만화를 안 보고 성장했죠. 이들은 다 태어나서부터 채색 컬러만 봤으니까. 흑백 만화에 대해서 일단 비호감을 가지고 있는데 특별한 경우가 아니면 AI로 흑백 만화를 그리는 경우는 그렇게 많지는 않겠죠. 제 개인적으로 옛날에 나왔던 만화는 어떤 형태로 서비스하든 그대로 흑백으로 서비스를 하고 싶지 요즘 유행에 맞춰가지고 그걸 채색을 입혀서 서비스하고 싶은 생각은 없습니다. 지나간 작가들이 플랫폼에 연재하기 위해서 채색을 하는 경우가 꽤 많거든요. 근데 독자들이 약간 접근을 잘할 수 있을지는 모르겠는데 제가 봤을 때는 흑백 만화에 채색을 입혔을 때는 전부 별로 보기가 안 좋더라고요. 그런데 또 어느 시점이 되면 그게 필요할 때도 있겠죠? 이 콘텐츠를 옛날 흑백 스타일로 서비스하고 싶다 하면, AI가 우리 신화를 흑백 작업할 수도 있죠. 그래서 저는 콘텐츠는 특별히 미래를 예측해서 '이건 되고, 이건 안 되고, 이럴까요? 저럴까요?' 그런 것에 대해서는 별 의미를 두고 있지 않습니다. 어차피 그건 시대 흐름에 따라서 작가 또는 연출에 따라서 얼마든지 새로운 시도가 다시 시작되고 그러니까요.

Q23 네. 그 시점의 콘텐츠 창작자에 맡기면 될 것 같은 생각이 듭니다. '이현세 AI 프로젝트'를 하면서 좋았던 부분은 어떤 게 있을까요?

A **이현세** 액션 연출이 가장 좋다는 느낌을 가지고 있습니다. 만족할 만한 액션이 나올 때까지 수만 장 수십만 장을 그리거든요. AI가 명령만 내리면 그중에

가장 좋은 한 장을 뽑아내는데, 인간이 직접 그릴 때는 그 작업을 그렇게 할 수 없거든요. 그게 최고의 매력인 것 같아요. 정면에서 뛰어오르면서 때리는 액션을 연출하는 데 수십만 장을 그려가지고 그중에서 하나를 선택을 하는 것이거든요.

박석환 혁신이란 게 그런 것 같습니다. 디지털화되고 나서 화실에 지우개똥이 다 사라졌어요. 디지털화되면서 지우개가 없어지고 수정이 되게 용이해지죠. 그런데 AI는 아예 덩어리째 생성하니까 접근하는 방식이 되게 다른 거죠.

Q24 그럼, 프로젝트를 하면서 아쉬웠던 부분도 있을 것 같습니다.

A **이현세** 아! 물론 있죠, 사실 AI에 자연 배경의 학습이 거의 되어 있지 않다는 거예요. 자동차, 물건, 집, 먹거리, 풍경, 건물. 이런 모든 것은 학습이 워낙 많이 돼 있으니까 정말 잘 나오거든요. 인간의 힘으로는 따라갈 수 없을 정도의 비주얼이 나오는데 숲, 나무, 돌, 바위, 물 이런 것들은 그렇게 풍요롭지 않습니다. 예를 들어 바다 정경은 일정 부분 되어 있는데, 우리가 자연 배경을 쓸 때는 되게 부분적으로 섬세하게 쓰거든요. 아파트 건물이 쫙 나오는데 아파트는 아주 정교하게 나오지만, 아파트에 심어져 있는 나무는 대충 그려져 퀄리티가 급격하게 떨어져요.

박석환 만화는 원래 상징적 묘사가 장점이죠. 강을 강처럼 그리지 않고 선 하나로 표현하는 거여서 AI가 학습을 한다 하더라도 그런 자연물을 은유적으로 묘사한 거를 인식하지 못하죠.

유건식 인식의 차이네요.

박석환 그리고 또 어색하고 그대로 자연물을 그대로 사진처럼 재현하면 되게 재미없을 것 같아요.

이현세 인간의 자긍심이 산다고 그럴까? 그래 맞아. 얘는 아직 여기는 이렇게 좀 멍청한 데가 있지. 아쉬우면서도 아~ 이건 왜 이러지. 그러나 약간은 다행이라는 생각이 들어요.

박석환   저런 산 묘사를 할 때, 선생님은 특유의 펜 선의 느낌을 갖고 있는 거고요. 그래서 거대한 산처럼 보이는 거잖아요. 그런데 실제로는 조그맣게 그려져 있어서 AI가 해석할 때 차이가 생기는 거죠.

Q25   지난해 머니투데이와 인터뷰에서 "인공지능에 대한 선택권은 인간에게 이미 없다. 인공지능과 전쟁을 치른다(김성휘, 2024.2.10.)"라고 하셨는데, 여전히 그러신가요? 아직 프로젝트가 다 끝나지는 않았는데 현시점에서 봤을 때, 어느 정도 이 전쟁에서 승리하셨다고 생각하시나요?

A   **이현세**   작가의 작업 스타일에 따라서 차이가 많이 나겠죠. 아주 간단한 둘리와 이두호 선생의 임꺽정을 AI가 추가할 때는 아주 많이 다르죠. 그런데 제 경우만은 보면 아직은 인간의 승리인 것 같습니다. AI가 많이 접근해 왔지만 아직은 엔지니어들의 역할이 되게 많이 들어가거든요. 개인적으로는 미래에도 인간이 AI를 지배하는 세상이었으면 좋겠어요. 만약에 그 반대가 되면 인간의 재앙이 시작되겠죠. 저는 항구적으로 인간이 AI를 계속 지배하기를 기대하죠.

박석환   이 작업을 하면 다른 데도 마찬가지지만 기술 수준이 하루아침에 계속 달라져요. 어느 날 어떤 마니아 한 명이 새로운 방식을 학습하는 방식을 하나 발견해서 저녁에 인터넷 같은 데 올리면 갑자기 한 1년, 5년 확 올라가요. 이렇게 기술 수준은 계속 발전하는데, 인간이 이 기술을 따라잡고 계속 갱신하는 것보다는 어느 지점에 베이스캠프를 차리고 이때 이 정도의 기술을 활용해서 작품을 하느냐를 결정해야죠. (이현세 그게 중요한 것 같다고 공감) 2023년에는 기술이 진짜 많이 나왔죠. 우리가 뭘 하려고 하면 다음날 새로운 기술이 나와서 이쯤에서 끝내자 하고 가는 거죠.

이현세　기억 재생 기술은 이제 인간의 영역이 아닌 것 같아요. 인간의 능력은 생각의 영역만 남아 있는 거지. 그걸 수행하는 능력은 이미 AI에게로 넘어간 것 같아.

Q26　비슷한 질문입니다. 지난해 SK와 인터뷰에서 이번 프로젝트를 하면서 "작업 만족도는 '아직'입니다. 재미있는 건, 뒤로 갈수록 작업 속도가 빨라지고 완성도가 높아진다는 점입니다. 이게 바로 AI의 장점이랄까요?(SK텔레콤 뉴스룸, 2024.6.19.)"라고 했던 것도 기억납니다. 인간이 이만큼 할 수 없는 거죠?

A　이현세　없죠. AI 최고 장점은 잠들지 않는다는 거예요.

Q27　앞에서 비슷한 말씀을 하셨는데, 인간의 장점은 어떤 상상력, 사고력 부분이고, 말씀하셨던 대로 인간의 수작업은 영원히 갈 수밖에 없지 않을까하는 생각이 듭니다. 이 모든 것을 AI를 통해서 하고 있습니다. AI가 콘티도 짜고, 영상도 만들고 있습니다. 차이점을 더 설명해 주신다면?

A　이현세　앞으로 로봇 팔을 이용해 가지고 페인팅도 하겠죠. 인간과 AI의 제일 큰 차이점이라면 인간은 잠을 자야 되고 AI는 잠들지 않는 것 그게 제일 큰 차이고요. 두 번째는 인간은 생각을 하는 존재고 AI는 수행을 하는 존재겠죠. 그 차이가 현재 구분을 할 수 있는 가장 큰 차이점이죠.

박석환　약간 다르지만 AI는 제안을 하지만 선택은 못하죠. 수많은 장치로 만들어서 제안을 주면 결정과 선택은 사람이 해야겠죠.

Q28　네, 알겠습니다. 지난해 국립중앙박물관 〈이현세의 길: K-웹툰 전설의 시작 특별전〉 개막행사에서 "AI로 인해 콘텐츠를 만드는 사람은 수천 명의 보조작기를 갖게 되는 셈"이라고 설명했습니다. 선생님은 어떤 AI 에이전트를 사용하시나요?

A **이현세** 지금은 서사를 꾸밀 때 AI의 도움을 많이 받습니다. 제가 대한민국 아니 전 세계에 있는 모든 소설이나 다큐를 다 볼 수는 없으니까. AI는 그걸 다 가지고 있거든. 아까 박 이사도 잠깐 이야기했는데 어떤 상황에서 러브스토리를 좀 짜고 싶다. 예를 들면 '통일신라시대 때 이런저런 얼개를 가지고 왕과 신하 사이에서 교리를 두고 첨예하게 부딪칠 수 있는 부분은 어떤 것들이 있지?'라고 하면 도교하고 불교하고 이런 대립관을 자기 나름대로 짜내요. 근데 제가 더 정보를 많이 알고 있어서 또 세심하게 명령을 내리면 또 세심하게 답을 내죠. 전체 이야기 서사 구조를 짜는데 AI가 최고 적격인 거 같고요. 그 외에 뭐 이런저런 질문을 하면 자기가 아는 한도 내에서는 성실하게 답을 해요. 제가 질문을 하려면 그만큼 공부를 해야 하고, 그래야 같이 대화가 돼요. 안 그러면 나중에 내가 말문이 막혀.

유건식 질문이 핵심입니다.

이현세 그 도움을 제일 많이 받죠. 그리고 그림 작업을 할 때 캐릭터 디자인의 도움을 많이 받을 수 있죠. 예를 들면 가장 심술궂은 얼굴들만 다 모아줘. 가장 활달하게 웃는 얼굴을 다 모아줘. 세계의 유명한 대머리들 다 모아줘. 이렇게 이용해요.

유건식 AI를 잘 쓰시네요. 젊은 사람보다 훨씬 더 잘 쓰시는 것 같은데 AI 에이전트도 여러 종류들이 있잖아요. 챗GPT도 있고, 제미나이도 있고, 딥시크도 있습니다. 특별히 서사를 꾸밀 때 더 잘 쓰시는 그런 게 있나요?

이현세 저는 챗GPT가 제일 잘 맞는 것 같아요. 그런데 그것도 나중에 구글이나 핀터레스트처럼 스타일이 또 구분되겠죠? 예를 들면 뚜렷하게 구분은 안 되어 있는데, 오래 쓴 직감으로 알게 됩니다. 낡아빠진 화장실을 한번 보고 싶다. 그럼 이거는 구글에서 확인해야지 핀터레스트에는 없어요. 예쁘고 우아하고 화려하고 어딘지 뭔가 폼 나는 건 핀터레스트가 가지고 있고 뭔가 자질구레하고 막 잡다한 거는 구글이 갖고 있는 거예요. 그런 것처럼 앞으로 인공지능도 자기들이 살기 위해서 영역이 어느 정도 특화될 수밖에 없겠죠. 그렇기 때문에 AI를 훨씬 더 재미있게 쓸 수 있을 것 같습니다.

Q29 저도 여러 개 써보면 각자 특성들이 있어서 그에 맞게 활용을 합니다. 2023년 동아일보 인터뷰에서 "만화에서 인공지능(AI)은 선택의 문제가 아닙니다. 오히려 AI가 생각해내지 못하는 작가만의 '오리지널리티(예술의 독창성과 신선함)'가 필요한 때죠(이호재, 2023.6.20.)"라는 말씀도 하셨습니다. 이번 프로젝트를 하면서 AI를 통해 뭔가 새롭게 배웠다던가 느낀 게 있으신가요?

A **이현세** 제일 큰 게 그겁니다. 독서를 더 많이 해야 되겠죠. AI와 앞으로 경쟁하면서 얘를 적으로 두는 게 아니라 내 친구로 두려면 내가 더 책을 많이 읽어야 되겠다. 그건 AI에 대한 책일 수도 있고요, 다른 여러 가지 제 취향에 대한 재미에 대한 책일 수도 있겠지만, 나이 72살이 된 사람으로서 책 외에도 AI와 전쟁을 하는 데 도움을 받을 수 있는 거 같습니다.

유건식 젊은 친구들이 많이 그 말씀을 귀담아듣고 책을 봐야 되는데, 요즘 책들을 안 읽는다고 하잖아요.

이현세 작가는 봐야 되죠. 작가는 독자가 아니잖아요. 제가 볼 때 독자들은 바쁜 세상에 읽기 싫은 걸 억지로 읽을 수는 없겠죠. 그렇지만 우리는 독자하고는 다른 사람들이잖아요. (작가는) 독자를 속여야 되는 사람이에요.

Q30 지금부터는 선생님 관련 자료를 보면서 궁금했던 사항들에 대해 여쭤보겠습니다. 선생님 책 『인생이란 나를 믿고 가는 것이다』(2014)에 보면, 중학교 2학년 때, 책상 위에 '나는 자유로운 의지다'라는 글귀를 붙여놓았고(28쪽), 이 글귀가 격렬한 이데올로기의 시대 속에서 치우치지 않고 중도를 걸어올 수 있었던 나를 만들었고(31쪽), 나는 그때마다 내 눈에 보이는 대로 세상을 그린다(194쪽)고 하셨습니다. 앞으로 이현세 AI도 이런 톤으로 작품을 쓰기를 바라시나

A		요? 아니면 어떤 변화를 주었으면 좋을까요?
	이현세	뭐가 뭔지도 모르면서 붙여 놓은 거죠.
	유건식	중2 때 이런 생각을 갖고 있는 거 보통 범상한 인물이 아니거든요.
	이현세	사람들이 인연이라는 게 있는데, '자유로운 의지'라는 것은 우연히 부산에서 책을 읽다가 그 문구를 접하게 됐는데, 뚜렷하게 작가의 어려운 사상은 모르겠지만 그 단어 문장이 머리에 탁 꽂혔어요. 어쨌든 어린 시절에는 부족한 것투성이고, 그때는 어린이들의 인격이라는 건 없던 시대죠. '너네들이 무슨 불만이 있어? 밥 먹여줘, 학비 다 대줘, 학교 가서 공부만 하고 오면 되는데 왜 불만이 많냐?' 이랬던 시대니까. 나는 '자유로운 의지다'라는 건 어려운 집안에서 나를 아주 깊이 있게 알지는 못하지만 나를 위로해 주던 말이었죠.
	유건식	어떻게 보면 그때 책상에 붙여놨던 문구가 선생님 인생을 계속 끌고 간다는 느낌이 들더라고요.
	이현세	경주(작가의 출생지)가 굉장히 보수적인 데잖아요? 또 서울에 올라와서 어울리는 작가는 굉장히 진보적인 성향이잖아요. 그러니까 경주에 내려갔을 때 친구들하고 대화할 때 하고. 서울에서 작가들하고 술자리에서 이야기할 때 하고는 이게 완전히 가치관들이 다른 거니까. 중심을 잡아야 되는데 그때 정신 줄 안 놓게 해주는 (역할을 한 거 같아요.)

Q31 그 책에도 있지만 그래서 중도를 걸어올 수 있었다고 이야기를 하시고, 그때마다 내 눈에 보이는 대로 세상을 그린다고 말씀을 하셨습니다. 지금 AI 프로젝트를 하고 있는데, 미래의 이현세 AI도 그런 자유 의지를 갖고 살아가기를 원하시나요?

A 이현세 저는 바랍니다. 그러니까 어떤 특별한, 위대한 이현세 AI가 나오기를 원하는 게 아니고 자유로운 영혼으로 (살기를 원합니다.)

유건식   저는 그게 작가의 삶인 것 같습니다. 어떤 무한한 상상력이 정말 작가의 힘이라고 생각합니다.

이현세   그렇게 가고 싶습니다. 그래서 저는 종교도 일정한 부분 종교에 귀속돼 있지는 않습니다. 저는 모든 구속으로부터 자유롭고 싶어서. 조금 뭐 이런 정도. 사자처럼 용감하게, 그물에 걸리지 않는 바람처럼.

Q32   또한, 지금까지 작품을 하면서 갖고 있는 철학이 "독자를 즐겁게 해줄 한 가지 답으로 한 번 다룬 소재는 다시 다루지 않는 것이다(2014: 200)"라고 했고, "롱런의 전략으로 선택한 것이 바로 '익숙한 캐릭터'와 '낯선 소재'인 셈이다(2014: 204)"라고 했습니다. 또한, "새로운 작품을 그릴 때마다 소재를 바꾸는 것이 내 습성이지만 거의 모든 작품에 공통적으로 나타나는 특징도 있는데, 바로 '남자 이야기'다(이현세, 2014b: 189)"라고도 했죠. AI는 대량 생산을 할 수 있는데, 이현세 AI도 '어떤 남자 이야기' 풍을 계속 가져갔으면 하시나요? 아니면 AI가 확장을 해서 로맨스 같은 장르로 확장을 하기를 원하시는지요?

A   **이현세**   전 그냥 남자 이야기로 계속 가기를 원합니다. 남자 이야기가 특별한 이야기가 아니라 그냥 사람의 이야기이거든요. 여자는 그렇게 어렵게 살았는데, 잘 모르겠어요. 예를 들어서 절체절명의 순간에 딱 부딪히면, 제가 남자 같으면 여기서 절벽에서 뛰어내려야지 딱 답이 나오는데, 여자 같은 경우는 그렇지 않아요. 그게 궁금해서 스티븐 킹(Stephen King)의 소설을 아주 좋아하거든요. 그의 소설을 보면 기본적인 소재가 그거지 않습니까? 수많은 SF 호러물, 오만가지 다 했는데도 항상 그 사람이 노리는 건 절체절명의 순간에 부딪쳤을 때의 인간의 행동과 언어를 그 사람은 제일 중시하잖아요. 그렇게 봤는데도 여자는 잘 모르겠어요. 그 사람 첫 스타트 성공작 『캐리(Carrie)』라는 소설을 보면, 분노하는 캐리가 여자로서 첫 성징이 터져 나오는 날, 피 보고 놀라

초능력, 염력이 뛰쳐나오는 이야기인데 여전히 여자는 모르겠더라고요. 영원히 남자 이야기만 하다가 산 사람이니까, 그 뒤로도 여전히 사람은 살아 있을 거니까. 누군가 남자 이야기를 해야죠.

박석환 여자 주인공 작품들도 꽤 하셨어요. 그리고 이때 그 주변에 남자들만 부각되고 그 여자가 코스프레한 남자로 보이게 된다고 하죠.

이현세 어우 진짜 못하겠다. 어서 버려야 돼.

Q33 "복잡한 어린 시절을 보내면서 늘 갑갑증을 느끼던 나는 '행동하는 양심'이 극대화된 캐릭터가 가지고 싶었다(2014: 215)"라고 하셨는데, 그런 의미에서 이현세 AI도 계속하고 있는 거고요.

A **이현세** 저는 사실은 행동하지 못하는 양심이잖아요.

유건식 오랫동안 하셨죠.

이현세 이전에 행동하는 욕심은 부렸죠. 앞으로도 이현세 만화에서는 AI가 계속 행동하는 양심 또 자유로운 영혼으로 모든 걸 다 생각하고 상상하고 이야기를 만들어주면 저는 뭐 더 바랄 게 없죠.

Q34 한국콘텐츠진흥원 'AI 콘텐츠 페스티벌'에서 "내가 죽어도 까치, 엄지, 마동탁이 살아서 만화 속에서 활동한다면 멋진 일 아니겠어요?(인현우, 2024.11.1.)"라고 하셨는데, 지금 보더라도 AI 프로젝트 속에서 계속 살기를 원하시나요?

A **이현세** 아, 그럼요. 그럼요. 익숙한 저 캐릭터는 나중에 제가 없더라도 그냥 그 캐릭터들은 성격을 그대로 가지고 갔으면 좋겠습니다. 까치가 나오면 얘는 자유로운 영혼, 마동탁이 나오면 얘는 학구적이고 이성적이지만 굉장히 이기적인 사람, 그리고 엄지는 언제나 메시아죠. 첫사랑 같은 그런 느낌으로 있으면 좋겠다. 그리고 그 시대에 맞춰가지고 낯선 새로운 소재들을 가지고 이야기를 하겠죠.

저는 그러니까 새로운 캐릭터가 창조되는 것보다는 그런 만들어진 정형화된 내 캐릭터들이 계속 새로운 세상을 만나고 살면 좋겠습니다.

Q35 시작부터 끝까지 일맥상통하신다는 느낌입니다. 마지막입니다. 만화·웹툰은 한마디로 '이야기' 산업입니다. 그런 의미에서 AI는 혁명, 그 자체라고 말할 수 있습니다. 작가는 AI에게 더 나은 질문을 하기 위해 끊임없이 공부해야 한다고도 말씀하셨습니다. 지난해 한국콘텐츠진흥원 'AI 콘텐츠 페스티벌'에서 AI 시대에 작가는 '질문자'가 될 것이라고 말씀하셨습니다(SK텔레콤 뉴스룸, 2024.6.19.). 지금 웹툰을 지망하는 후배들은 선생님의 상황과 많이 다를 것 같습니다. 새로 공부하는 학생들 아니면 학생들과 또 웹툰산업, 만화산업이 계속 성장을 해야 되는데, 그렇게 가기 위해서 웹툰을 진흥하는 정부관계자들에게 하고 싶은 이야기가 있다면 허심탄회하게 들려주세요.

A **이현세** 아직은 학교에서 학생들을 만나는 관점에서 보면요. 그 학생들을 데리고 또 지옥 캠프로 가서 학생들을 작가로 데뷔시키기도 하고 그러는데, 역시 학생들한테 작가가 되려면 '독서가 필수다. 책을 많이 읽으라'고 이야기하고 싶고요. 그다음에 '작가는 예술적인 접근을 준비해야 된다'고요. 지금은 이야기 산업이니까, 웹툰이 이야기를 제공하는 산업으로 확산하면서 발전해 나가고 있지 않습니까? 그러면 AI와 같이 자기가 어떤 이야기를 계속 만들어 가려면 AI를 부릴 만큼 자기 준비가, 소양이 돼 있어야 되거든요. 이런 건 좋은 예가 될 수 있죠. 요양병원이나 이런데 응급실에서 필요한 것들은 AI한테 물으면 다 나오겠지만 AI가 제공하지 못하는 건, 거기에 응급실에서 근무하면서 본인이 체험한 것은 AI가 거기까지 다 도와줄 수는 없거든요. 그다음에 이제 예술적으로는 아무리 그렇다 해도 웹툰을 그리는 작가들은 절반은 화가들이에요. 화가는 결국은 아무리 AI가 앞으로 나와서 그림을 도와주고 자기가 로봇팔로 그린다 해도 인간이 그리므로 해서 이것은 가치가

있다는 예술성은 여전히 살아남거든요. 다 전시돼 있는데 훨씬 더 화려한 게 AI의 것이라도 이건 인간이 그린 거야, 그건 다른 가치를 갖게 되거든요. 그래서 예술적으로도 좀 공부를 했으면 좋겠다. 독서와 예술에 대한 접근, 미술에 대한, 미학이라고 그래야 되겠죠?

그다음에 정부한테는 이야기 산업에 투자를 많이 하는데 그건 제가 볼 때 정부가 해야 될 일이 아니에요. 이야기 산업은, 웹툰은 자본을 따르는 시장에서 자연히 자생적으로 성장하게 돼 있습니다. 웹툰의 대중성, 상호성은 정부의 도움 없이도 만들어져서 여기까지 온 거잖아요. 거기에 숟가락을 얹어 놓을 생각을 하지 마시고, 똑같은 이유로 정부는 예술적이고 문학적이고 작가주의적인 작품을 개발하면서 지원을 해야 돼요. 새가 두 날개로 날아야 되는데 여기에는 시장에서 투자를 안 해줍니다. 나는 작업을 해봤기 때문에 아는데, 상업주의 작가들에게 '아 이런 것도 있네', '이런 접근도 있네', '이런 시도도 있는데'라는 각성은 작가주의 작가들이 주는 거예요. 대중에게는 인기가 없어도 상업주의 작가들한테는 부끄러움도 주고 깨우침도 주고 하는 게 작가주의 작품이거든요. 근데 이 작가주의 작품은 시장에서 독자들이 안 먹여 살려주니까 정부가 살려줘야 된다는 거죠. 그게 결국은 웹툰산업을 지원하는 거하고 같은 개념이죠.

유건식 저도 그런 생각을 많이 하는데, 요즘은 너무 상업적인 부분에 정부에서 지원을 많이 한다는 생각이 드는 부분이 있습니다.

이현세 일반적으로 정부는 자기들이 생색나는 데다가 얹어 주는 거고요. 그것은 어쩔 수가 없는데 그래도 조금은 진지하게 작가주의 작품에 지원을 해줄 필요가 있죠. 그 사람들이 점점 상업주의 작가들한테 밀려가지고 결국 없어지면, 상업주의 작품도 결국 나중에, 홍콩 영화가 몰락한 것처럼, 우리 웹툰도 몰락하게 돼 있어요. 그런데 상업주의 작가들은 냄비 속에 들어 있는 개구리이기 때문에 모르고 나중에 삶아지는 거죠. 그걸 정확하게 알 수 있는 작가들은 거의 없다고 봅니다. 오늘 하루 내일 하루 또 큰돈이 또 중요하니까. 제작사도 역시 마찬가지죠. 플랫폼도 역시 마찬가지고.

유건식 제가 궁금했던 사항은 다 여쭤봤습니다. 오늘 장시간 시간 내 주시고, 진솔하게 말씀해 주셔서 너무 감사드립니다.

이현세 고맙습니다. 좋은 책 나오기를 기대합니다.

■ 제2장 ■

'이현세 AI 프로젝트'의 시작

2.1. 언론 보도로 본 '이현세 AI 프로젝트'의 경과

'이현세 AI 프로젝트'는 2022년부터 시작되어 현재 진행형이다. 〈표 1〉에 정리를 했고, 언론에 기사화가 된 부분은 기록 차원에서 시간순으로 정리했다.

'이현세 AI 프로젝트'는 재담미디어와 세종대학교 융합콘텐츠연구소 만화애니메이션텍학과와 인공지능학과가 주축이 되어 진행한 프로젝트이다.

재담미디어 웹툰기술연구소는 이현세 작가의 작품인 〈카론의 새벽〉과 〈고교외인부대〉을 분석하고, 이미지를 정제한 후 학습하여 개발한 '이현세 AI 모델'과 리메이크 콘티를 제공하고 기술을 지원하였다.

웹툰작가 출신 세종대 서재일 교수와 그림생성 AI 개발자 서동인 니무스 대표가 세종대 만화애니메이션텍 학생들과 팀을 이뤄 재담미디어의 리메이크 콘티를 웹툰으로 생성하는 제작을 진행하였다. 서동인 대표팀은 〈고교외인부대〉 리메이크의 등장인물 12명분의 캐릭터 바이블 세트를 제작 완료하였다. 서재일 교수팀은 재담미디어 현장실습에 참여했던 세종대 학생들의 〈카론의 새벽 리메이크〉의 캐릭터 바이블 세트를 기반으로 〈카론의 새벽 리메이크〉 프로젝트 3화분을 제작 완료하였다.

그동안의 '이현세 AI 프로젝트'의 경과를 연도별로 정리하면 다음과 같다. 재담미디어는 2022년 12월 이현세 선생과 재담미디어는 '만화&웹툰 제작을 위한 AI 공동

■ 표 1. 연도별 '이현세 AI 프로젝트' 추진 경과

연도		내용
2022	8월 30일	이현세 작가, 세종대학교 융합콘텐츠연구소 한창완 소장 등에 사업 설명 및 협약 기본안 마련
	10월 1일	부천국제만화축제 집담회 시, 이현세 작가 관련 내용 공표
	10월 26일	이현세 만화&웹툰 제작을 위한 AI 공동 기술 개발 협약 체결
		재담미디어 부설 웹툰기술연구소 설립, 생성예술연구자 선발, 생성예술 분야 관련 기업 협력라인 구축 등
2023	7월 5일	피씨엔, 재담미디어, 세종대학교 융합콘텐츠연구소(만화애니메이션텍 학과+인공지능학과) 컨소시엄, 한국지능정보사회진흥원, 인공지능 학습용 만화웹툰 데이터 구축 연구 사업(34억 규모) 유치
		이현세 작가 등 200명의 만화 및 웹툰작가 작품 인공지능 학습용 데이터셋으로 개발
		재담미디어 부설 웹툰기술연구소, 이현세 AI 1차 모델 개발, AI 활용 리메이크 작품 선정, 〈카론의 새벽〉(각색 작가 이도경), 〈고교외인부대〉(각색 작가 이순기) 콘티 제작
		한국콘텐츠진흥원, 콘텐츠 원캠퍼스 사업, 세종대학교+재담미디어, 인공지능 웹툰 제작 프로세스 진행 전문인력 양성('이현세 AI 프로젝트' 참여를 중심으로) 사업 선정, 이현세 AI 2차 모델 활용, 이현세 걸작 만화 오마주 작업 진행, 사용자의 그림을 실시간으로 이현세 화풍으로 그려주는 'AI 라이브 드로잉' 이벤트 진행
2024	5월 10일	국립중앙도서관에서 이현세 특별전 개최, 엑스오비스 업무 협력, 이현세 그림 스타일 캐리커처 그려주는 로봇(스케쳐엑스) 시연 (강릉, 부산 등 이동 이벤트 진행)
	10월 31일	한국콘텐츠진흥원 AI콘텐츠페스티벌, 오노마에이아이 업무 협력, 이현세 AI 3차 모델 활용, 웹기반 명령어를 통해 이현세 그림 생성 서비스 시연, 'AI 라이브 드로잉' 2차 이벤트 진행
		한국콘텐츠진흥원 콘텐츠 원캠퍼스 사업에 세종대학교와 재담미디어의 "생성형 AI 캐릭터 바이블 제작을 통한 웹툰 창작 프로젝트(이현세 AI Advanced를 중심으로)" 사업선정, 이현세 AI 3차 모델, 〈카론의 새벽〉 등장인물별 캐릭터 바이블 제작, 3화 분량의 웹툰 제작
2025		재담미디어 부설 웹툰기술연구소, 〈카론의 새벽_AI 리메이크〉 후속 회차 작업 라인 정비 중
		재담미디어, 이현세 작가 〈블루엔젤〉 리부트(일반저인 창직 웹툰) 프로젝트 선진행, AI 작업 속도 조절 중(제작 결과의 만족도, 제작 공정의 특수성, 제작 비용의 적합성 능의 이유 포함)

* 자료: 재담미디어 제공

기술개발 협약'을 체결하고 프로젝트를 진행했다.

2022년 말에는 재담미디어 웹툰기술연구소를 설치하여 이현세 AI 개발을 위한 '인공지능 학습용 데이터 수집, 분류, 정제' 작업을 진행하여 1세대 모델을 개발하였다. 한국지능정보사회지능원은 인공지능이 학습하고 활용할 수 있는 데이터를 공공 측면에서 수집하고 활용될 수 있도록 데이터를 수집하는데, 재담미디어가 '만화웹툰 인공지능 학습용 데이터 구축 사업'을 유치하여 완료하였다. 한국콘텐츠진흥원의 콘텐츠원캠퍼스 1차 사업에 세종대학교 융합콘텐츠연구소가 주관기관, 재담미디어가 참여기관으로 진행한 AI 모델 생성 및 활용 인재 양성 사업을 완료하였다. 1차 사업은 세종대 학생들이 재담미디어가 개발한 모델을 기반으로 기존 이현세 만화를 오마주하는 형식으로 진행됐다. 인물과 설정 등을 기반으로 1화분 분량의 웹툰을 자유롭게 생성하는 작업이었다.

2024년에는 이현세 AI 모델을 활용한 상품화 모델을 구현하였다. 국립중앙도서관 이현세 디지털아카이브 구축 사업 지원하여 작품데이터, 생애데이터, 평판데이터 등을 수집하고 가공하였다. 중앙도서관은 매년 역사적 의미가 있는 테마를 선정해서 이를 디지털 자료로 재정비하는 작업을 진행하고 있다. 기존의 수집 자료를 집대성하고 새로운 관점에서 이를 재구성하여 디지털 자료로 공개하는 한편, 기념 전시 등을 진행하고 있다. 현대사 인물 중에는 이어령 선생이 처음이었고 생존 인물 중에서는 이현세 선생님이 처음으로 선정되어 진행했다. 이현세 AI 2세대 모델을 개발하고, 엑스오비스(XORBIS)의 혁신적인 로보틱스 제어 기술과 인공지능 기반 드로잉 생성 기술을 결합하여 실시간으로 사용자의 얼굴을 다양한 스타일로 표현하는 로봇화가 스케쳐엑스(https://xorbis.com/sketcherx)에 탑재하였고, 엑스오비스는 까치 스타일의 캐리커처를 제작하였다. 또한, 이현세 AI 3세대 모델을 개발하고, 오노마에이아이(Onoma AI, https://onomaai.com/)의 생성형 웹툰제작툴 투툰(Tootoon)에 탑재하였고, 오노마에이아이가 AI콘텐츠페스티벌에서 시연하였다. 이현세 AI 모델은 1, 2, 3세대를 거치면서 모델 개발 도구가 업그레이드되고 파인튜닝 과정이나 방식에 따라서 생성 그림이 정교화되었다. 한국콘텐츠진흥원의 콘텐츠원캠퍼스 2차 사업에 세종대학교가 주관기관, 재담미디어가 참여기관으로 진행한 AI 캐릭터 바이블 제작 및 생성형 웹툰 제작을 완료하였다. 2차 사업은 이미지 생성과 웹툰 컷의 퀄리티를 좀 더 높이고, 상업적으로 활용할 수 있는 수준을 맞추기 위해 고민했다. 이를 위해 전체 등장인물의 캐릭터바이블을 제작하고 이를 다시 학습시키는 방식으로 이미지 생성 시의 일관성을 높였고 기성 작가가 리메이크 형식으로 제공한 콘티를 기반으로 웹툰 컷 생성을 하고 후반 작업은 사람이 진행하는 방식으로 완성도를 높였다.

2025년에도 재담미디어는 AI 생성형 웹툰 제작 인재 및 협력 사업자의 풀을 확보하고, 제작 및 운영 관리 모델을 수립할 예정이다. 자체 웹툰 콘텐츠 개발 및 운영 관리를 통해 양성 인재 사업에 참여하고, 〈카론의 새벽 리메이크〉 프로젝트를 고도화할 계획이다. 기술 과제 중심의 정부 지원에 지원하여 AI 웹툰 콘텐츠 제작 및 활용 사례를 확대할 예정이다.

○ 2.1.1. 재담미디어 AI 프로젝트 제안

'이현세 AI 프로젝트'는 재담미디어 박석환 이사가 한국영상대학교 교수로 재직할 때 고민했던 기획으로 재담미디어로 이직하면서 첫 과업으로 제안하고 선정되었다.

재담미디어는 '이현세 AI 프로젝트' 계획을 세웠다. 프로젝트의 시작은 2022년 "45년간 작화 스타일의 변화를 통해 성장과 변신을 거듭해 온 이현세의 작품을 디지털로 전환하고 기계학습을 시킨다면" 어떨까라는 질문이었다. 프로젝트는 AI가 작가의 작품을 학습하고, 작가가 AI를 활용하여 창작하고, 편집자가 AI 에디팅을 통해 최종 작품을 만드는 과정이다. 2022년 최초 기획안 최종 목표는 '이현세'선생님은 언제니 처럼 작품을 기획 창작하고, '이현세 화실'은 스토리작가와 이현세 AI를 통해 신작을 연재하고, '재담미디어'는 연도별 이현세 AI를 대상으로 기획 작품을 제작하고, '세종대학교'는 이현세 AI를 바탕으로 '저작도구'를 개발하는 협업 프로젝트였다.

■ 그림 2. '이현세 AI 프로젝트' 구성

AI가 작가의 작품 학습(자료 보존)
이현세, 1978년 데뷔, 현재까지 5,000여 권 분량의 작품 창작 (만화규장각 등록 기준), 창작시기별 기계학습 및 분류

작가가 AI를 활용 창작(작법 전승)
학습된 데이터를 기반으로 인물/표정/상황/동작/의상/소품/구도/배경 등에 따른 데생 도출(간단한 스케치 및 텍스트 입력으로 벡터 이미지 자동 생성)

편집자가 AI 에디팅(강화 활용)
생성된 이미지를 기반으로 작가가 수작업 후보정, 편집자의 지침에 따른 AI 자동 보정 및 가공, 작가 최종 결과물 검수 및 제출

* 자료: 이현세 AI 프로젝트 제안(재담미디어, 2022.7.22.).

그리고 이를 추진하기 위해 디지털만화 제작 프로세스 연구를 지속해온 박석환 이사를 기업 부설 연구소장으로 임명하고 관련 개발자와 제작PD 등으로 전담팀을 구축했다. 박소장은 '이현세 선생님이 인공지능을 가르치고 인공지능이 선생님의 후속 창작 활동을 지원하게 될 것'이라며 '대학 및 공공기관, 민간연구소 등과 연구 네트워크를 구축하고 한국 극화풍 만화의 스타일 아카이브를 구축해 한국만화의 DNA를 보존하는 한편 영구 활용 기반을 마련하겠다'고 말했다(이남경, 2022.10.28.).

2024년 10월 31일 한국콘텐츠진흥원이 개최한 'AI콘텐츠 페스티벌'에서 박석환 이사는 "이현세라는 작가는 늘 새로운 플랫폼이나 새로운 세상이 열리면 맨 앞에서 첫 작품을 도전적으로 내오셨던 분이다. 그러면서 기대 이상의 성과를 내오셨다. AI라는 새로운 시대가 열리면 만화 쪽에서 첫 타자가 나와야 하는데, 웹툰계에서 누가 있을지 고민을 하고 있었는데 작가님이 늘 첫 타자라서 이번에도 첫 시작을 해도 되겠다는 생각을 해서 제안을 드렸다. … 누구나 생성형 AI를 가지고 예술을 할 수 있을 거다. 드로잉도 할 수 있는데, 누구나 아티스트가 되는 건 아니다. 그렇기 때문에 오히려 창작자들이 더 적극적으로 AI를 도구로 활용하는, 또는 자신의 조수로서 활용하는 방식을 찾으면 좋을 것 같다. 저희는 그런 에이전시로 그런 역할을 하려고 한다. 이현세 작가님의 조수 1,000명을 만들어 드릴 것"이라고 덧붙였다.

■ 그림 3. 2022 제25회 부천국제만화축제 집담회 포스터(좌) 및 현장(우)

* 자료: BICOF(2022.9.28.).

이현세 작가도 "46년 만화를 그리면서 수많은 세계관이 존재하는데 세계관을 AI가 학습해 까치와 엄지가 그대로 살아남아서 저 대신에 만화를 그려주고 이야기해준다면 멋진 일이지 않을까 생각했다. 이걸 박석환 재담미디어 이사가 건의를 했고, 수락을 했다"라고 밝혔다(이지은, 2024.10.31.).

○ 2.1.2. 이현세 작가, 세상에 처음 알리다

2022년 10월 1일! '이현세 AI 프로젝트'가 처음 일반에게 공개된 날이다. 제25회 부천국제만화축제 프로그램 중 하나인 전문가 집담회 〈'이: 세계로의 출발 - Come together!'〉(〈그림 3〉)에서 직접 밝혔다. 집담회에 참석하기 전에 황남용 재담미디어 대표에게서 직접 들었는데, 영광스럽게도 이현세 선생님으로부터 처음 언론에 공개하는 역사적 현장에 있었다.

이현세 작가는 "이현세 AI 프로젝트라는 작업을 시작하려고 하거든요. 궁극적인 목표는 제가 이 세상에 없어도 만약 여전히 살아있고 쭉 성장했다면 이런 그림체로,

이런 작업을 그리지 않았을까 하는 것을 '이현세 AI'가 (구현하기를) 꿈꾸고 있습니다"라고 밝혔다(김경윤, 2022.10.1.).

○ 2.1.3. 이현세 작가 – 재담미디어 협약 체결

부천 국제만화축제 프로그램의 집담회가 있은 지 한 달이 안 된 2022년 10월 26일 이현세 선생과 재담미디어는 '만화&웹툰 제작을 위한 AI 공동 기술개발 협약'을 체결했다. 재담미디어는 이현세 작가가 44년간 창작한 만화 및 웹툰 작품 4,174권 분량의 대부분을 '인공지능 학습용 데이터셋'으로 구축하고 이를 기반으로 '지능형 만화&웹툰 창작을 위한 저작도구 개발 및 제작 공정 수립 연구'를 추진하기 시작했다(이지은, 2024.10.31.). AI가 이현세 작가의 만화를 학습하여 새로운 스토리에 맞게 그리겠지만 저작권은 이현세 작가에게 귀속되고 사업권은 이현세·만화기획사·AI 개발사가 나눠 갖는 구조이다(정상혁, 2022.11.1.).

이현세 작가는 "작품에 따라 작풍을 바꾸기도 했지만 10년쯤 주기로 그림 스타일이 크게 바뀐 것 같다. 어떤 소재의 경우는 과거 스타일로 그려보고 싶기도 하고 어떤 작품의 경우는 요즘 스타일로 그려보고 싶기도 하다"라며 인공지능 기반 창작활동에 기대감을 표했다.

재담미디어는 이현세 작가 명의 작품에 대한 데이터 획득, 정제, 라벨링 과정을 거쳐 학습용 데이터를 저장하고 이를 인공지능 디퓨전 모델에 적용하여 창작 과정에 활용 가능한 신규 이미지 데이터를 추출하였다.

○ 2.1.4. 라이선싱콘 2023 라이브토크

2023년 11월 30일 열린 '라이선싱콘 2023 라이브토크'에서 이현세의 차세대 IP 플랜을 주제로 토크쇼가 있었다. 여기에서 '이현세 AI 프로젝트'를 주도하고 있는 박석환 재담미디어 이사는 만화는 창작에 시간이 오래 걸려서 "이제는 손을 덜 쓰는 선생님께 AI가 필요한 시기가 아닐까 생각해 학습용 데이터를 요청 드렸고, 흔쾌히 가져가라고 자료를 내주셨다"라고 말했다. 이현세 작가도 "나는 죽어도 내 세계관과 그림, 생각은 살아남아 50년, 100년 뒤에도 그 시대 사람들과 소통을 이어 나가는 것은 매우 통쾌하고 신나는 일"이고, 또 "젊은 작가들이 AI를 반대하고 나를 배신자라고 이야기해도 밀어붙이는 이유는 자동차 놔두고 소달구지 타고 다닐 이유가 없는 것과 같다. … AI와 전투를 하든지 적응해서 이용하든지 해야지, 피해서 될 문제는 아니다. 그것이 AI를 선택한 이유"라고 밝혔다(이주영, 2023.12.1.).

○ 2.1.5. 국립도서관 〈이현세의 길〉 특별전

2024년 5월 9일부터 국립중앙도서관에서 이현세 디지털 컬렉션을 최초로 구축한 것을 계기로 〈이현세의 길: K-웹툰 전설의 시작 특별전〉이 열렸다(〈그림 4〉). AI 라이브 드로잉 체험이 있었는데, 로봇 얼굴이 관객의 얼굴을 찍고 분석한 뒤(인식 20초), 펜을 쥔 로봇 손이 직접 이를 이현세 스타일로 캐리커처를 그려 나갔다(그림 약 2분). 이처럼 스토리만 있으면 이현세 풍의 만화가 그려질 수 있다.

○ 2.1.6. 한국콘텐츠진흥원 'AI 콘텐츠 페스티벌'

2024년 10월 31일 한국콘텐츠진흥원이 개최한 'AI 콘텐츠 페스티벌'에서 이현세 작가는 AI 프로젝트로 3가지 목표를 달성하려 한다고 소개했다. 첫 번째는 "나 대신 AI가 창작해주는 것인데, 좀 오래 걸릴 것"이고, 두 번째는 "세종대 학생들이 제 만화를 재해석해서 (AI로) 작업하는 것"이고, 세 번째는 "재담미디어에서 제 예전 작품인 '아마겟돈'이나 '공포의 외인구단'을 리메이크하는 것"이라고 밝혔다(김경윤, 2022.10.1.). 세종대와 함께하는 프로젝트는 ① 까치와 엄지, 마동탁 등 이현세 작가가

■ 그림 4. 국립중앙도서관 〈이현세의 길〉 특별전

* 자료: 필자 촬영.

오래도록 그려 온 대표 캐릭터별로 외모와 표정 등 기초 자료를 만들면 ② 생성형 AI가 이를 학습하고 ③ 세종대의 만화 전공 학생들이 시나리오를 짜 실제 작품을 만들어내는 시도다(인현우, 2024.11.1.).

보론 1 이현세의 작품세계

i. 이현세의 만화 세계

한국 만화의 시초는 1909년 6월 2일 창간된 《대한민보》에 연재된 이도영(1884~1934)의 시사만화로 본다. 1948년 9월 15일 만화가 김용환(1912~1998)이 한국 최초의 만화잡지 《만화행진》을 창간하였지만 아쉽게도 필화사건으로 2호 만에 폐간되었다. 1960년대에는 만화방이 한국 만화를 주도했으나, 정부의 사전검열로 쇠락했다. 70년대는 고우영의 〈임꺽정〉, 〈수호지〉 등 성인(어른)만화가 인기를 끌었고, 80년대에 들어서 〈공포의 외인구단〉이 인기를 끌면서 만화방 만화의 새로운 약진, 만화 전문 잡지, 성인만화의 등장과 정착이 동시다발적으로 진행되었다(박인하, 2018: 3~9).

이현세는 대학 입시에서 적록색약으로 미대에 진학하지 못했다. 절망 끝에 1974년 상경해 만화가 화실부터 시작했다. 《새소년》에 일본 만화를 베껴 그리는 작업을 하던 김동명 화실에 들어가 극화체 만화를 그릴 수 있었다. 이 과정에서 일본 극화의 장점을 차근차근 흡수해 자기화하여 1980년대 이현세 만화의 장점들을 싹 틔워냈다(박인하, 2018: 18~24).

제2차 세계대전 패전 후 일본의 만화는 데즈카 오사무가 주축을 이루었다. 그는 1947년 1월 액션모험 만화 〈신 보물섬(新寶島)〉을 출간한다. 기존의 만화 평면적 연출이 아니라 클로즈업이나 줌인, 줌아웃 같은 영화적 기법을 도입하여 일본 만화를 혁신한 인물로 꼽힌다. "데즈카 오사무 만화는 풍부한 스토리, 반전과 휴머니즘 테마, 다양한 장르, 월트 디즈니 풍으로 친근하게 디자인된 캐릭터, 영화적 화면 연출 등 전전(戰前) 만화와 완전히 다른, 전후 일본 만화의 표준이 되었다"(박인하, 2018: 18~19).

그러나 1950년대에 다츠미 요시히로(辰巳ヨシヒロ, 1935~2015)를 주축으로 한 오사카의 젊은 작가들은 탐정만화, 범죄만화 등의 장르를 통해 인간의 어두운 면을 가감 없이 담아내는 새로운 '극화'를 추구했다. 시라토 산페이(白土三平, 1932~2021)의 1960년대 초반 소작 농민들의 계급투쟁을 힘 있는 필치로 그린 〈닌자후게이초(忍者武芸帳)〉가 극화 붐을 확산시키는데 큰 역할을 했다(박인하, 2018: 20). 이현세는 실제로 만화에 대한 철학은 일본 농민 봉기를 정면에서 다룬 〈적목(赤目)〉의 작가인 시라토 산페이의 영향을 제일 많이 받았을 것이라고 한다(이현세, 2014b: 255~256).

극화란 "스토리를 지닌 만화 중 선이 동적이고, 화면의 원근을 잡는 방법과 배경을 그리는 방법 등이 사실적인 것, 줄거리의 재미와 현실성을 주된 목적으로 한다(디지털 대사전, 小學館). 극화의 특징은 인물의 묘사나 배경 등을 사실적으로 그렸고, 농민 봉기나 투쟁 등의 극한 대립을 형상화하거나 룸펜(Lumpenproletariat)이나 노동자 등 당대의 비주류 인물들의 이야기를 다루기도 했고, 세계와 투쟁에서 파멸하는 주인공을 주로 다뤘다(박인하: 2018: 21).

이현세는 1978년 베트남 전쟁을 다룬 〈저 강은 알고 있다〉로 데뷔했다. 1981년 5월 출간된 〈격정의 까치머리〉가 '극화'의 정서와 표현 양식을 한국만화에 접목하겠다는 선언적 작품이다. 주인공 오혜성은 "성장하지 않(못하)는 소년"이다. 이 테마는 데즈카 오사무 〈철완 아톰〉에서 시작한다. 성장하지 않(못하)는 소년의 슬픔과 아픔을 담은 만화이기 때문이다(박인하, 2018: 27~30).

한국 만화가 1980년대 들어 완전히 새롭게 거듭났다. 1980년대가 1970년대와 다른 점을 극화 양식의 도입으로 보고 있다(박인하, 2018: 47)

만화방, 잡지 등 여러 영역에서 활성화되었고, 그 중심에 이현세가 있었다(박인하, 1). 이현세의 1980년대 자신의 작품을 3기로 구분하였다. 1기는 자기가 생각한 그림을 얼마나 완벽하게 표현하는지 고민하는 시기이고, 2기는 그림은 생각나는 대로 그려지지만, 표현의 방식에 대해 고민하는 시기, 3기는 작품의 컬러를 고민하는 시기이다〈표 2〉).

■ 표 2. 이현세의 1980년대 작품 세계 구분

구분	특징	작품
1기	자기가 생각한 그림을 얼마나 완벽하게 표현하는지 고민하는 시기	격정의 까치머리(1981), 제5계절(1981), 국경의 갈가마귀(1982)
2기	그림은 생각나는 대로 그려지지만, 표현의 방식에 대해 고민을 하는 시기	공포의 외인구단(1983), 지옥의 링(1983), 제왕(1986), 사자여 새벽을 노래하라(1987)
3기	작품의 컬러를 고민하는 시기	며느리 밥풀꽃에 대한 보고서(1988), 아마게돈(1988)

* 자료: 박인하(2018: xx-xxi) 정리.

1974년 《새소년》 8, 9월호 부록으로 연재된 〈살아있는 인형〉은 와타나베 마사코(わたなべまさこ, 1929~) 스타일의 순정만화였다(박인하, xv). 힘들었던 시기였지만 《새소년》으로부터 미국, 일본에서 유행하는 최신 그림을 받아보면서 그림에 대한 포용력이 넓어졌고 이현세 만화의 기틀이 됐다(장상용, 2004: 98~99)

〈국경의 갈가마귀〉는 이현세 작가가 가장 신이 나서 한 작품이다. 스토리와 그림 전체를 혼자서 다 그리는데 보름이 안 걸렸을 정도다(이현세, 2014b: 95). 이 작품은 이성보다 감성에 호소하고, 명확한 선묘적 데생보다는 동적 형태나 강렬한 명암의 대비를 선호하고, 과장이나 불균형의 운동감을 보여 준다(박인하, 2018: 45). 역사허구물은 "가치관의 혼란이 극심해지는 시기나 급격한 지각변동 앞에서 현재의 위치를 가늠하기 힘든 시기에 유행한다(대중서사장르연구회, 2009: 13~14)"라고 했는데, 시대에 부응하는 작품을 내놓았다.

〈공포의 외인구단〉은 "극화체 양식을 매우 적극적인 연출 기법으로 발전시킨 작품이었다. … 발전 단계를 비약적으로 뛰어넘어 연출 기법의 최고 수준에 다가섰다(최열, 1995: 155)." "1980년대 독자들을 위로한 새로운 영웅 신화였으며, 만화 독자층을 성인으로 확대시킨 작품이다(박인하, 2018: 48)." 이 작품의 놀라운 성공은 이후 만화를 장편화시켰고, 극적인 구도를 만들어 내도록 했으며 주인공에게 강인한 성격을 불어넣어 주었고, 스펙터클적인 요소를 강화시켰다(박인하·김낙호, 2012: 141~142).

〈공포의 외인구단〉을 둘러싼 담론으로는 첫째, 격렬한 충동을 불러일으키는 극화체 양식의 연출 기법, 둘째, 지금까지 볼 수 없었던 에너지를 지닌 반항적 주인공, 셋째, 신파처럼 삼각관계가 나오지만, 자기 연민으로 끝나지 않고 성공해서 복수하겠다는 자본주의적 세계 전유 방식의 등장, 넷째, 어린이 중심의 만화방에 성인 독자 유입, 1970년대와 달라진 1980년대 만화방 만화의 변화와 작가진의 세대교체이다(박인하, 2018: 50).

〈공포의 외인구단〉은 "극화체 양식을 매우 자극적인 연출 기법으로 발전시킨 작품이다. … 발전 단계를 비약적으로 뛰어넘어 연출 기법의 최고 수준에 다가섰던 것이고, 따라서 그것은 격렬한 충동을 불러일으킬 수 있었다. 시각적 격동, 폭발하는 영상의 운율은 대단히 매력적인 요소였다(최열, 1995: 155~156).

《어깨동무》에 1983년 2월호부터 연재한 〈떠돌이 까치〉와 1984년 11월호부터 연재한 〈내 멋에 산다〉는 1970~1980년대 유행한 만화방용 명랑만화와 유사하다(박인하, 2018: xiv).

1987년 《주간만화》 창간호부터 연재된 〈며느리 밥풀꽃에 대한 보고서〉는 성인만화 잡지나 스포츠신문에 연재된 이현세식 성인만화의 장을 연 만화이며 1980년대 만화방으로 발표된 이현세 만화들과 캐릭터, 연출, 작화의 측면에서 완전히 다른 스타일을 보여 준 작품이다(박인하, 2018: 59).

이현세의 캐릭터를 따서 1980년대 만화방 만화의 주인공을 낭만주의적 인간형의 오혜성, 자본주의적 인간형의 마동탁, 세력 균형의 변화에 휩쓸리는 현실적 인간형의 엄지로 구분한다(정준영, 1994: 142~143).

이현세 만화 스타일은 1990년대로 접어들며 빗금과 짙은 음영과 같은 거친 선이 지속적으로 더 가늘고 섬세하게 변한다(박인하, 2018: xiv).

1995년 광복 50주년을 맞아 100권을 목표로 〈천국의 신화〉를 시작한다. 6권이 출간된 1997년 검찰은 음란성과 폭력성이 문제가 된다며 이현세를 소환하고, 1998년 2월 약식기소하고 2000년 7월 18일 법원은 1심에서 유죄 판결을 내렸다. 2003년

▌표 3. 이현세 만화 작품

연도	작품	비고
1979년	저 강은 알고있다	데뷔작
	시모노세키의 까치	
1980년	그라운드에 부는 바람	최초의 야구만화
	포화 속을 뚫고	
	지하동굴의 비밀	최초의 SF만화
1981년	시모노세끼의 마지막 불빛, 까치의 제5계절	
1982년	까치의 푸른 능금, 국경의 갈가마귀, 공포의 외인구단	
1983년	야성의 링, 까치의 유리턱	
1984년	까치의 양지, 불새의 투혼	
1985년	고교외인부대, 해빙, 지옥의 링, 해왕도의 비극, 네온싸인	
1986년	활(일본어 판), 뛰어!, 제왕, 공포의 외인구단(영화화)	
1987년	사자여 새벽을 노래하라, 격정의 까치머리, 겨울에 피는 코스모스, 철부지 까치, 억세게 재수없는 녀석들, 까치의 날개, 떠돌이까치	
1988년	며느리 밥풀꽃에 대한 보고서 두목, 아마게돈, 블루엔젤,	
1989년	춤추는 애벌레, 카론의 새벽(영화〈테러리스트〉)	
1990년	병아리 광시곡, 애수의 하모니카	
1991년	부사리 까치, 두목, 일리아드 오딧세이	
1992년	엔젤 딕, 와룡의 제국	
1993년	남벌	
1994년	초애, 폴리스, 레베카 파일, 마이다스	
1995년	황금의 꽃(경향신문), 러브 컬렉션	
1997년	천국의 신화, 흑월, 아르테미스, 검은천사, M.버터플라이, 얼쑤공화국, 내가 사랑한 킬러	
1998년	몰래맨(미스터블루 연재), 촌놈, 아버지, 흑기사(스포츠 서울 연재), 퇴마사	
1999년	개미지 (스포츠 서울 연재), 까치병장	
2000년	다크드래곤	
2001년	천국의 신화	
2004년	동물드로잉	
2005년	늑대의 피, 한국사	
2007년	버디(스포츠 서울)	
2008년	창천수호위	
2009년	비정시공(만화포털 툰도시, 스포츠서울), 창천수호위(스포츠동아)	
2010년	레드파탈(스포츠서울), 한국사 바로보기	
2011년	세계사 넓게보기	
2013년	이현세 만화삼국지	
2014년	굿바이 썬더, 코리안 조	
2015년	천국의 신화 6부(네이버 웹툰)	웹툰
2020년	바스락	웹툰
2022년	늑대처럼 홀로	웹툰
2024년	명품시대	웹툰

* 자료: 만화규장각, 이현세 화실.

1월 24일 대법원에서 2002년 헌법재판소가 '미성년자보호법'에 있는 '불량만화' 조항을 위헌으로 판결한 것을 근거로 최종 무죄판결을 받았다. 참고로 1996년 11월 3일 '만화심의 철폐를 위한 범만화인 결의대회'를 계기로 2001년부터 11월 3일을 만화의 날로 기념하고 있다(박인하, 2018: 82).

2000년대에는 학습만화인 〈한국사 바로보기〉, 〈세계사 넓게 보기〉를 그렸고, 2014년 7월부터 네이버에 만화 연재를 하기로 결정했다(이현세, 2014b: 278).

"이현세 만화가 당대의 다른 인기 만화와 달리 한국 만화의 틀을 흔들 수 있었던 이유는 전 세대의 만화와 완전히 다른 만화였기 때문이다. 70년대 만화와 상반된 어둡고 비극적인 정서를 보여 주었다." 또 하나는 "갈등이 복합적으로 전개된다." 그래서 "독자들의 마음에 맺힌 시대의 한을, 더욱 처절하게 망가지고 고통받는 주인공을 통해 극복하도록 했다(박인하, 2018: 10~16).

이현세는 한마디로 그의 만화를 "불가능한 줄 알면서도 온몸으로 세상에 부딪쳐 은하수처럼 부서지는 캐릭터, 그런 남자를 그리는 만화"라고 말한다(김선하, 2011. 10.22.).

"이현세 만화의 힘은 크게 서사의 힘과 캐릭터의 힘으로 나눌 수 있다. 이현세 만화는 스포츠, 기업, 범죄, 폭력, 전쟁, SF 등 거의 모든 장르를 포괄하며 프로야구, 권투, 조직폭력배처럼 만화에서 일반적으로 다뤄지던 주제는 물론 국악[〈명인〉(1992)]이나 중동의 건설 현장[〈남과 남〉(1996)], 잡범들의 범죄 이야기[〈봉짝〉(1992)]까지 다양한 소재를 넘나든다. 장르와 소재의 다양성을 보면, 이현세 만화를 끌어가는 힘이 서사에서 나온다고 생각할 수 있다. 하지만 다양한 장르와 소재들이 작품 안에서 캐릭터로 집중된다. 서사보다 캐릭터가 우위에 있다는 말이다. 야구를 하건, 국악을 하건, 중동에서 일을 하건 오혜성은 서사나 소재를 넘어 오혜성 그 자체로 독자들에게 다가온다(박인하, 2018: viii)."

'이현세 만화'하면 자연스럽게 강렬한 붓 터치로 완성된 더벅머리, 음영 짙은 눈, 무엇보다 불가능함에 자신을 내던지는 캐릭터 '오혜성(혹은 까치)', 반짝이는 눈을 지닌 미모의 캐릭터 엄지, 안경으로 눈을 숨겨 표정이 읽히지 않는 냉철한 엘리트 마동탁 그리고 오혜성의 가장 친한 친구로 나오는 거나 때론 경쟁자로 나오는 커다란 덩치의 백두산 등이 떠오른다(박인하, 208: ix).

이현세의 반항아 '까치'를 낳게 한 소설은 1964년 구멍가게 여주인인 미우라 아야코(三浦綾子, 1922~1999)가 아사히 신문의 공모전에 투고하여 총 731편의 투고 작품 중 최고로 선정된 〈빙점(氷點)〉이다. 어릴 때 큰집으로 양자로 간 작가는 이 소설에 공감하고 미우라 아야코처럼 자신의 이야기를 쓰고 싶었다고 한다(이현세, 2024a).

"내가 딱히 더 천재적이지도 않고 더 생각이 깊지도 않은데, 그럼에도 롱런하려면 어떻게 해야 하지 고민을 많이 했다. 그래서 내린 결론이 '이 작가는 다음 책을 보기 전까지는 예상을 못 할 정도로 다양한 이야기를 하는 작가구나'라고 생각할 만큼 다양한 소재와 영역을 건드리는 쪽으로 정했다(김태훈, 2021.3.6.)."

"시장이 커지면서 누구든 돈벌이 수단으로만 접근하고 있는데 하나의 예술로서 만화의 가치를 지원해야 하는 게 무엇보다 정부의 역할이다. 배고픈 예술가, 가난한 창작자들도 살아남을 수 있어야 산업 생태계가 더 오래 유지되는 법이다(김태훈, 2021.3.6.)."

이현세 작가는 〈내 인생의 책 이현세 편〉에서 잭 런던(Jack London, 1876~1916)의 〈야성의 부름(The Call of the Wild)〉을 소개했는데, 주인공 벅의 여정을 생동감 있게 펼쳐졌다. 이현세 만화에 나오는 야성과 개들의 모티브가 그대로 재현되는 듯하다. 소설은 '방랑을 향한 오랜 동경이 약동하며, 관습이 사슬에 분노하자, 야성의 피는 다시 동면에서 깨어난다.'로 시작한다.

ii. 이현세의 웹툰 세계

이현세 작가는 2016년 천국의 신화 6부를 네이버의 요청으로 처음으로 웹툰계에 발을 디뎠다. 그는 "출판만화가 공간예술이라면 웹툰은 스크롤로 내려 보는 시공간 예술이죠. 연출이 중요해요. 그림체에도 변화를 줬습니다. 강하게 직선으로 그렸는데, 이젠 전체적으로 둥글게 그린다"라고 웹툰의 특징을 설명했다(김윤종, 2016.1.20.).

2020년에는 성남시문화재단의 지원으로 남한산성 전투에서 활약한 독립운동가 의병대장 김하락의 이야기를 모티프로 웹툰 〈바스락〉을 EBS툰(카카오웹툰은 2021.10.10.~2022.3.13.)에 연재했다. 남한산성 인근에 살면서 『남한산성을 걷다』(2022)를 쓴 저자로서 더 공감이 된 웹툰이다. 12.3 계엄에 따른 파면 요구가 빗발치던 시기인 1월 1일, 이 웹툰을 접한 필자의 마음에 다가오는 글귀가 있었다. "저들이 욕망에 목숨을 걸 때 우리는 진심에 목숨을 걸 것이며, 저들이 불의의 칼을 휘두를 때 우리는 정의에 몸을 던지는 것이다(이상훈·이현세, 2021)." 정말 우리 정치인이라면 가슴에 꼭 새겨야 할 말이다.

2022년부터 새로운 웹툰 〈늑대처럼 홀로〉(2022.1.31. ~ 2023.3.20.)를 연재했다. 제25회 부천국제만화축제 프로그램 중에 만났을 때 연재하고 있을 때였다. 그는 손으로 만화를 그린 후 스캔해서 컴퓨터를 통해 컬러링 등 후반작업을 한다. 반면, 환갑이 넘어 웹툰작가로 변신한 장태산 작가는 종이 대신 태블릿을 사용한다(남은주, 2019.10.19.). 2015년 1월 8일 시작한 〈몽홀〉은 2025년 7월 25일 현재 시즌2 제67화로 총 512화를 진행하고 있다.

이현세 작가는 〈늑대처럼 홀로〉의 후기에서 제자들이 아직도 이 힘든 작업을 하고 싶은지 궁금해 한다고 하면서 "내게는 세상에서 제일 재미있는 일이 쓰고 그리는 일"이라고 답한다. 그리고 "나이가 든다는 건 화가 납니다. 갈수록 기억력은 떨어지고 손목의 지구력도 빨리 지칩니다. 그래도 세상에서 가장 좋아하고 잘하는 일이 만화라서 죽는 날까지 쓰고 그리고 싶습니다."라고 피력한다. 정말로 만화는 그에게 먹어도 먹어도 또 먹고 싶은 '밥'으로 지금 이 시간에도 웹툰 작업을 하고 있다. 결국 〈늑대처럼 홀로〉 후기의 "세상으로부터 도망친 게 아니라 나 자신에게서 도망치려 했다는 것을. … 도망자의 헛된 시간들과 결별하고…. 다시 만난다, 원래의 나를"은 결국 본인의 만화에 대한 사랑에 다름 아니다.

2024년부터는 영화감독 곽경택과 함께 하나의 시나리오로 OTT(동영상 스트리밍) 영상과 웹툰을 동시에 만드는 프로젝트로 〈명품시대〉를 연재하기 시작했다. 이현세 작가는 "짝퉁은 누가 만들고, 유통은 어떻게 하는지 등이 궁금했는데 이를 다룬 '명품시대'라는 제목의 웹툰을 만들게 됐다"라고 밝혔다. 이현세 작가는 2024년 5월 작업을 거의 끝냈고, 제작사 레드아이스에서 채색과 후반 작업을 맡아 하고 있다(김경윤, 2024.5.9.). 곽경택 감독의 OTT 시나리오는 불발됐지만, 웹툰〈명품시대〉는 네이버 웹툰에서 2024년 9월 12일 연재를 시작하여 2025년 7월 10일 45화로 완결되었다. 후기에서 마지막이라는 "절박한 심정으로 최선을 다했"고, 산행을 하다 만난 불국사 부처님께 "죽을 때까지 만화를 그릴 수 있게 해달라"는 소원을 빌었다고 적었다. 앞으로도 많은 작품을 보기를 기대한다.

이제 이현세는 AI를 통해 영생을 꿈꾸고 있다.

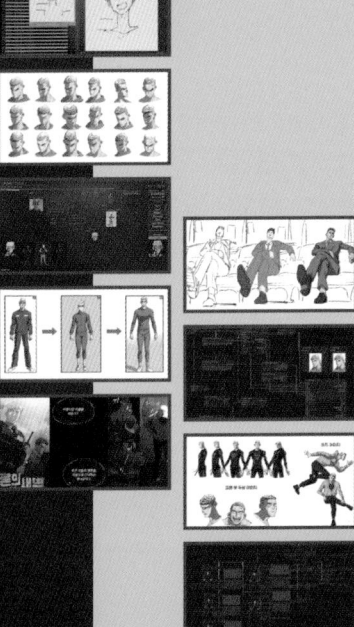

제2부
이현세 AI 프로젝트

제3장
'이현세 AI 프로젝트' 경과

3.1. 이현세 AI의 생성 과정

재담미디어는 이현세 작가의 기존 작품을 이미지로 입력한다. AI가 이를 바탕으로 '까치'를 그리면 이 작가가 수정 보완해서 다시 모델링한다. AI는 다시 이전 작품들과 현재 모델링한 부분을 학습, 더 나은 캐릭터 모습을 도출해 낸다(《그림 5》). 이 작가는 이런 과정을 거쳐 자식과도 같은 캐릭터들을 웹툰 시대에 걸맞게 재창조하였다(김성휘, 2024.2.10.).

까치 캐릭터를 통해 '이현세 AI 프로젝트'의 진행과정을 보면 크게 5단계로 이루어진다. 1단계는 AI가 이현세 만화가의 과거 작품을 학습해서 생성하고, 2단계에서 이현세 만화가가 AI 캐릭터를 보고 다시 직접 그리고, 3단계에서 다시 AI가 2단계 그림을 학습하고, 4단계에서 AI가 이현세 만화가의 과거와 최근 그림을 학습하고, 5단계에서 최종 이현세 AI가 새로운 까치 캐릭터를 생성해 낸다(《그림 6》). '데즈카 2020' 프로젝트에서도 처음에 AI가 그린 그림이 데즈카 오사무의 그림과는 거리가 전혀 멀었던 것처럼 이런 과정을 거쳐야 한다.

▌그림 5. 이현세 작가가 디자인을 수정 보완한 AI 까치 캐릭터

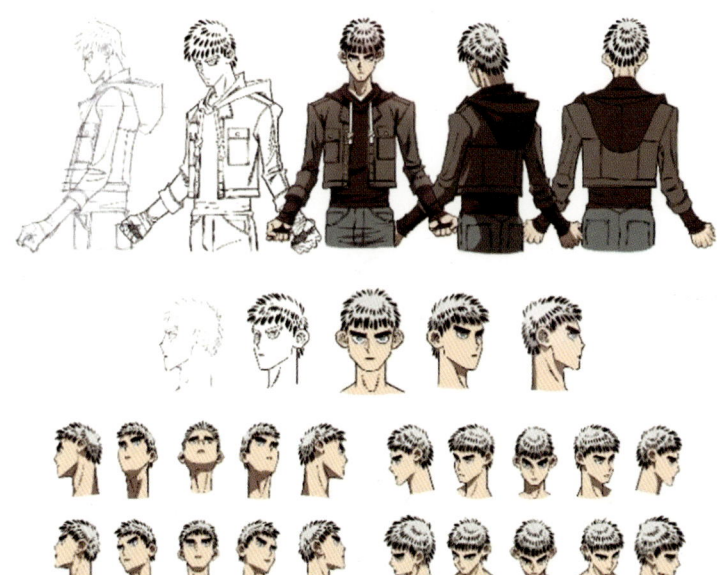

* 자료: 재담미디어 제공.

▌그림 6. 까치 캐릭터로 보는 '이현세 AI 프로젝트' 진행과정

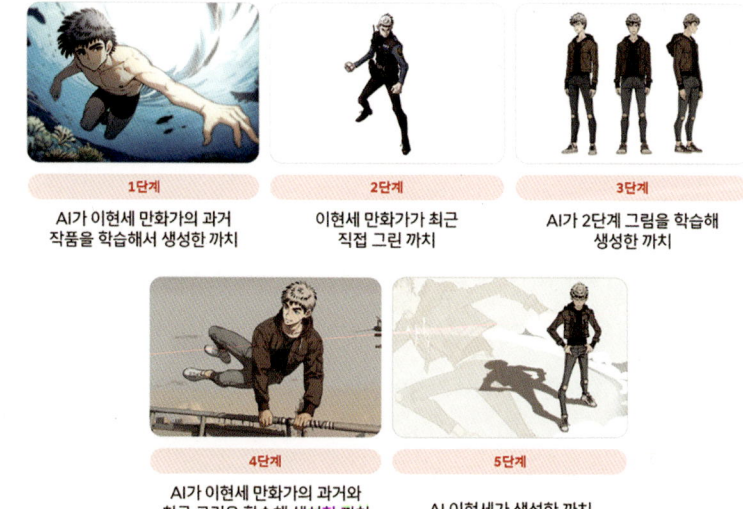

1단계
AI가 이현세 만화가의 과거 작품을 학습해서 생성한 까치

2단계
이현세 만화가가 최근 직접 그린 까치

3단계
AI가 2단계 그림을 학습해 생성한 까치

4단계
AI가 이현세 만화가의 과거와 최근 그림을 학습해 생성한 까치

5단계
AI 이현세가 생성한 까치

* 자료: SK텔레콤 뉴스룸(2024.6.19.).

■ 표 4. '이현세 AI 프로젝트' 관련 재담미디어, 세종대 협업 단계

구분	연도	프로젝트명	재담미디어	세종대	비고
1차	2023년 하계/추계	NIA(한국지능정보사회진흥원) AI 데이터 구축 사업	원천 데이터 확보	데이터 가공/ 정제 (만화애니메이션텍학과), AI 모델 개발 (인공지능 학과)	피씨엔 (사업 총괄 및 응용 서비스), 비투엔 (품질관리 실무책임)
2차	2023년 하계	콘진원 콘텐츠원캠퍼스 사업	AI 모델 개발 및 교육	학습용 데이터 셋 가공 제작	재담미디어 현장실습
3차	2023년 추계	콘진원 콘텐츠원캠퍼스 사업	작품 관리 및 교육 참여	이현세 명작선 오마주 AI 웹툰 제작	서재일/김영근 강의
4차	2024년 하계	콘진원 콘텐츠원캠퍼스 사업	AI 모델 개발 및 교육, 데이터셋 구축	AI 캐릭터 바이블 제작(주연)	재담미디어 현장실습
5차	2024년 추계	콘진원 콘텐츠원캠퍼스 사업	이현세 AI 리메이크 스토리 콘티 제작, 작품 관리 및 교육, 제작 참여	이현세 리메이크 생성형 AI 웹툰 제작 및 후보정, 타이틀 제작 AI 캐릭터 바이블 제작(조연)	
6차	2024년 동계	콘진원 콘텐츠원캠퍼스 사업	작품 관리 및 가이드	수정 및 리터칭	

* 자료: 차수별 보고서 정리.

재담미디어와 세종대학교에서 진행한 프로젝트는 여러 차례에 걸쳐 진행되었다. 2023년에 이현세 AI 모델 개발과 이현세 만화 4작품을 선정하여 오마주 AI 웹툰을 제작했고, 2024년에는 AI 캐릭터 바이블과 생성형 AI 이현세 리메이크 웹툰을 제작하고, 후보정과 타이틀을 제작한 후에는 수정과 리터칭을 통해 완성을 했다.

3.2. 카론의 새벽 리메이크

"〈카론의 새벽〉은 일제강점기 친일파들의 조직인 '극진회'가 한국 현대사의 어두움 속에서 다시금 부활하여 현재까지도 악(惡)의 뿌리로 활동하고 있다는 설정 하에, 그들의 무시무시한 힘에 의연히 맞서는 '현대판 무사(武士)'들의 활약을 다룬 액션극화다. 작품의 주인공인 오혜성과 그의 형 오영웅은 둘 다 경찰로, 오영웅은 경찰대를 수석으로 졸업하고 현장에서 수많은 전공을 세운 엘리트이고, 오혜성은 대학생 시절 자신의 애인이 눈앞에서 강간당해 죽는 참극을 경험한 후 대학을 중퇴, 경찰에 투신한 의기 넘치는 청년이다. 〈카론의 새벽〉은 고아원에서 같이 자란 우애 깊은 형제가 '경찰과 테러리스트'로 맞서게 되는 비극적 운명을 차분히 풀어나가면서도, 대한민국의 밤을 지배하는 거대 조직 'Z'를 파헤치는 형제의 활약상을 긴장감 넘치는 드라마로 구성해 독자들의 많은 사랑을 받았다."(석재정, 2010.8.24.)

〈카론의 새벽 리메이크〉의 스토리는 재담미디어에서 작가들이 현대에 맞게 창작하였다. 여기에는 AI를 활용하지 않았다. 주인공 오혜성이 거대한 범죄 내의 폭력배들을 만난 뒤 신념을 지키고자 한다는 내용이다. 원작과 유사한 내용이지만 범죄가 일어나고 있는 클럽 설정이 추가되고, 캐릭터들이 현대 상에 맞게 수정되었다(〈그림 7〉, 〈그림 8〉).

세종대학교 만화애니메이션텍학과와 인공지능학과 학생들을 A, B, C, D조로 나누어 컨셉과 타이틀 일러스트와 웹툰 원고를 제작하였다.

○ 3.2.1. 현장실습

한국콘텐츠진흥원의 콘텐츠원캠퍼스 1차 사업에 세종대학교융합콘텐츠연구소가 주관기관(책임 연구원 한창완 교수), 재담미디어가 참여기관으로 진행한 AI 모델 생성 및 활용 인재 양성 사업을 완료하였다. 1차 사업은 세종대 학생들이 재담미디어가

▌ 그림 7. 〈카론의 새벽〉 각색

* 자료: 재담미디어 제공.

▌ 그림 8. 〈카론의 새벽〉 원작과 리메이크 주인공 변화

오혜성(경찰), 오영웅(경감)
원작 설정과 큰 변화가 없음

황연지(검사), 길인옥(기자)
황연지는 기자에서 검사,
길인옥은 기자로 변경됨

* 자료: 재담미디어 제공.

개발한 모델을 기반으로 기존 이현세 만화를 오마주하는 형식으로 진행됐다. 인물과 설정 등을 기반으로 1화분 분량의 웹툰을 자유롭게 생성하는 작업이었다.

한국콘텐츠진흥원의 콘텐츠원캠퍼스 2차 사업에 세종대학교 융합콘텐츠연구소가 주관기관, 재담미디어가 참여기관으로 진행한 AI 캐릭터 바이블 제작 및 생성형 웹툰 제작을 완료하였다. 2차 사업은 이미지 생성과 웹툰 컷의 퀄리티를 좀 더 높이고, 상업적으로 활용할 수 있는 수준을 맞추기 위해 고민했다. 이를 위해 전체 등장인물의 캐릭터바이블을 제작하고 이를 다시 학습시키는 방식으로 이미지 생성 시의 일관성을 높였고 기성 작가가 리메이크 형식으로 제공한 콘티를 기반으로 웹툰 컷 생성을

▌그림 9. 기존 스튜디오 웹툰 vs 이현세 AI 웹툰 공정 비교

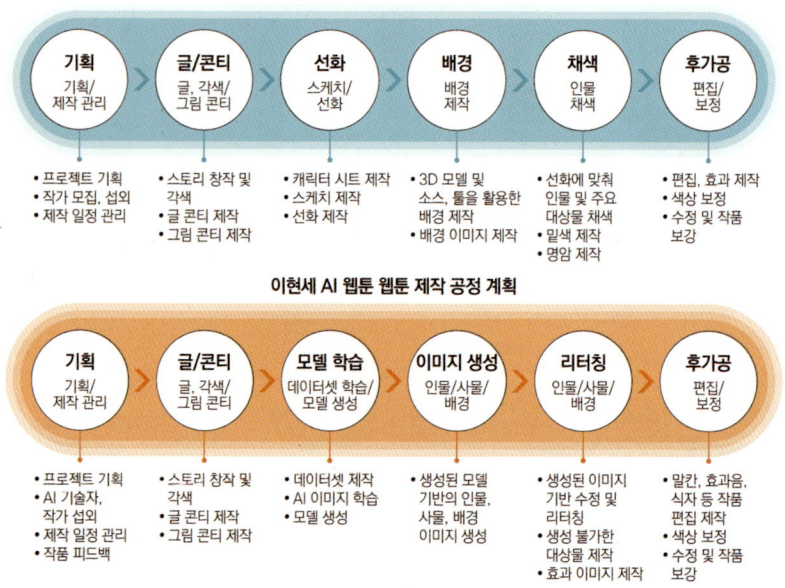

* 자료: 재담미디어 제공.

▌표 5. 2023년 원캠퍼스 하계/추계 조별 분담 현황

구분	A조	B조	C조	D조
시나리오/글콘티	이유민	장서연	주이레	김연주, 김해아
그림 콘티	박혜린	류소영	전유민, 박유진	송하은
캐릭터 시트	박혜린, 이재원, 김민지	이선화	양도열	김해아
엔지니어	이혜경	진형민, 이병언	양도열, 주이레, 전유민, 박유진	김미소, 김해아, 도건우
배경	이유민	장서연, 이병언	전유민, 박유진	김미소

* 자료: 재담미디어 제공.

하고 후반 작업은 사람이 진행하는 방식으로 완성도를 높였다.

　기존 공정과 차이는 선화, 배경, 채색 작업 대신에 학습한 AI 모델을 활용하여 이미지를 생성한 후 리터칭 과정을 거친다는 점이다(〈그림 9〉).

▎그림 10. 새로 만든 가상의 캐릭터

* 자료: 재담미디어 제공.

　2023년에는 하반기 동안 웹에이전시 회사인 피씨앤, AI와 빅데이터 전문기업 비투엔, 세종대학교 융합콘텐츠연구소, 재담미디어가 참여하여 데이터 구축 사업을 진행했다. 피씨앤이 사업을 총괄하고 비투엔이 품질관리를 맡았다. 재담미디어는 데이터를 수집하고, 세종대학교 융합콘텐츠연구소는 데이터를 가공하고 정제하여 AI 모델을 구축하였다. 이현세 작가의 작품을 포함한 10만 장의 원천 데이터를 획득하여 AI 모델을 구축하였다. 세종대학교 전문애니메이션텍과 인공지능학과에서 학생들을 A~D조로 나누고, 조별 역할은 시나리오/글콘티, 그림 콘티, 캐릭터 시트, 엔지니어, 배경 구분하여 2024년 7월 1일부터 12월 31일까지 진행하였다(〈표 5〉).

　동시에 이 시기에 세종대 원캠퍼스를 통해 '이현세 AI 프로젝트' 오마주 제작을 진행하였고, 4개 작품을 제작하는 과정에서 세종대 학생들이 까치와 엄지의 2세(검지)라는 설정으로 가상의 캐릭터도 만들었다(〈그림 10〉). 〈고교 외인부대〉와 〈카론의 새벽〉의 작품을 대상으로 재담미디어가 AI 모델을 만들고, 이현세 화실에서 AI 프로젝트용 캐릭터 시트를 제작하였다. 〈고교 외인부대〉는 까치 전신 7개, 상반신 6개, 어려운 자세 9개, 두상 25개, 표정 112개를 만들었고, 동탁과 엄지도 비슷한 분량을 제작하였다. 〈카론의 새벽〉은 오영웅 전신 5개, 상반신 5개, 어려운 자세 7개, 두상

■ 표 6. 하계/추계 조별 분담 현황

구분	A조	B조	C조	D조
PD 및 조장	장현지	김미소	이현진	정다은
엔지니어	도건우/정태윤/안시연	김다소/김예서/김예지/엄수경	이윤제/조효상	윤예나/박은서/정수영
작화	박채영/천지연	진새연/전유민	김예린/이나경	김나린/이도희/변지언
카론의 새벽	오리온, 손병도	황연지, 길인옥	오영웅, 오혜성(경찰복)	오혜성, 오혜성(죄수복), 오광남
고교 외인부대	오혜성, 구반도, 마도사	배도협, 교장, 최동탁	장대장, 백두산	엄지, 박찬욱, 백곰치

* 자료: 재담미디어 제공.

20개, 표정 56개를 만들었고, 황연지, 오혜성, 오리온도 비슷한 분량을 제작하였다.

세종대학교 융합콘텐츠연구소는 학생들을 A~D조로 나누고, 조별 역할은 PD 및 조장, 엔지니어, 작화로 구분하여 2024년 하계에는 7월 1일부터 7월 31일까지, 추계에는 9월 2일부터 12월 31일까지 프로젝트를 진행하였다. 〈카론의 새벽〉은 추출까지만 하계팀이 편집, 배경, 후보정 및 수정은 추계팀이 진행했다(〈표 6〉). 도건우와 전유민은 2023년에도 참여하였다.

작업 진행 절차는 첫째, 작업 시작 전에 추진 일정과 개인별 역할을 분담 계획을 수립하여 작업 진도표를 구글 시트[2]나 노션(Notion)[3]에 공유하면서 진행하였다.

둘째, 후보정 가이드 작성으로 레퍼런스, 스케치업[4] 추출, 후보정 레이어, 식자

---

[2] 엑셀과 거의 동일한 기능으로 구글에서 만든 스프레드시트로 인터넷에서 파일을 실시간으로 공유할 수 있다.

[3] 메모, 문서, 지식 정리, 프로젝트 관리, 데이터베이스, 공개 웹사이트 등의 기능을 하나로 통합한 서비스로 인터넷에서 공유하여 사용할 수 있다.

■ 그림 11. 후보정 레퍼런스 사례

* 자료: 재담미디어 제공.

편집 가이드를 제작하였다.

레퍼런스에 적합한 웹툰 작품들을 분석하여 레퍼런스 분석표를 제작하였다. 레퍼런스로는 〈명품시대(곽경택, 이현세)〉 등이 채택되었다. 효과음, 액션, 펜터치 묘사, 한색 분위기 톤 등 레퍼런스도 선정하였다.

A조 조장 장현지는 세종대학교 만화애니메이션텍학과에서 운영하는 '세칸 스튜디오'에서의 실무 작업 경험이 있는 박채영 학생이 후보정 가이드를 제작하는 데 매우 큰 역할을 했다고 의견을 주었다. 추계 프로젝트부터 참여했지만, 세칸 스튜디오뿐만 아니라 다른 회사에서도 일을 한 경험이 있었고, 그 노하우를 많이 활용해주었다. 후보정 가이드를 제작하며 가장 고민했던 부분이 경험 없는 후배들을 위해 '쉽게 전달하는 것'이었다(〈그림 11〉).

---

4 트빌블사의 3D 모델링 프로그램 '스케치업(Sketchup)'으로 작업한 3D 모델이나 이미지를 다른 파일 형식으로 저장하거나, 특정 부분을 분리하여 추출하는 것을 의미한다.

▎그림 12. 스케치업 배경 추출 가이드

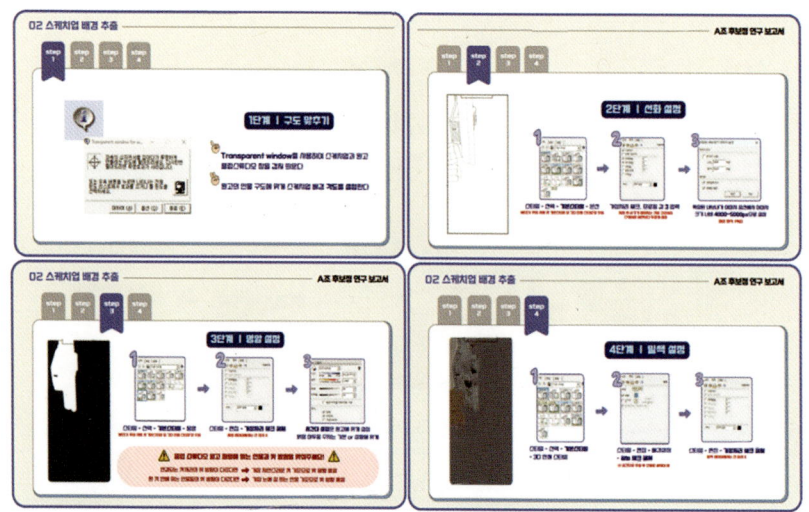

* 자료: 재담미디어 제공.

▎그림 13. 후보정 가이드

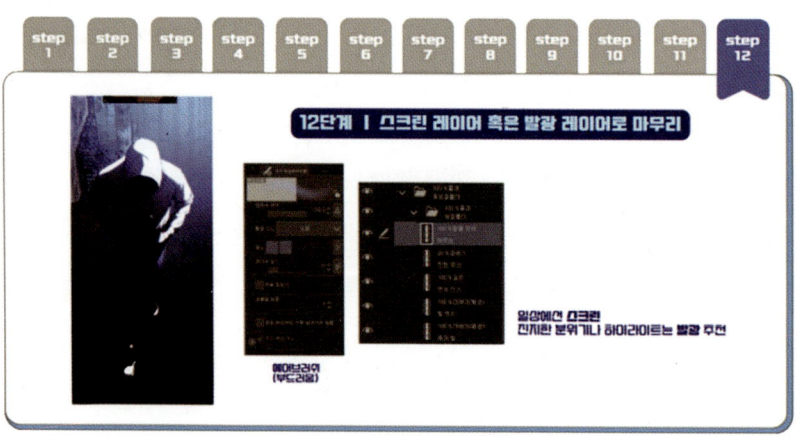

* 자료: 재담미디어 제공.

스케치업 추출 가이드는 1단계 구도 맞추기, 2단계 선화 설정, 3단계 명암 설정, 4단계 밑색 설정으로 구성되어 있다(〈그림 12〉).

■ 그림 14. 식자 및 효과음 편집 단계

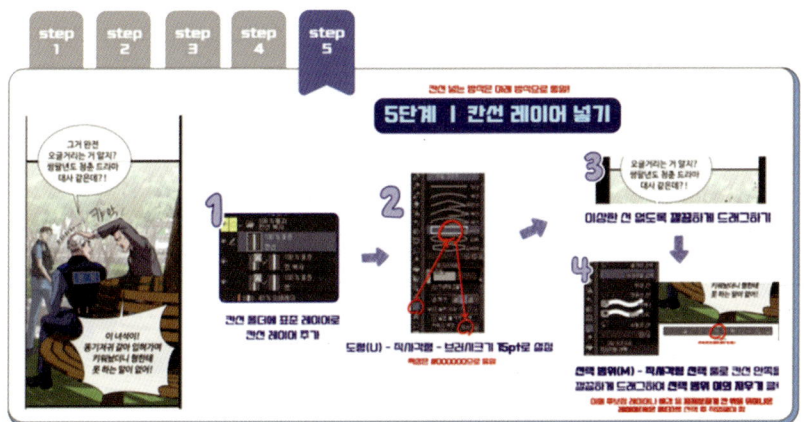

* 자료: 재담미디어 제공.

    후보정 레퍼런스 가이드는 12단계로 구성되어 있다. 각 단계별 내용은 1단계 스케치업 배경 넣기, 2단계 오버레이로 분위기톤 깔기, 3단계 오버레이 추가 후 에어브러시로 빛 어둠 나누기, 4단계 더하기(발광) 레이어로 추가 빛 깔아주기, 5단계 중앙(후보정) 폴더에 곱하기 레이어로 인물 그림자 넣어주기, 6단계 오버레이 또는 소프트라이트 레이어 등으로 배경 텍스쳐 넣기, 7단계 상황에 맞게 기타 소품 추가하기, 8단계 인물 해칭 / 그림자 수정 등 밀도 올리기 , 9단계 인물과 배경 분리(화이트), 10단계 더하기(발광) 레이어로 빛 영역 엣지 주기, 11단계 날아다니는 먼지, 연기, 집중선 등 소재 넣기, 12단계 스크린 레이어 혹은 발광 레이어로 마무리하기이다〈그림 13〉).

    식자 편집 가이드는 말풍선 꼬리, 꼬리 폭, 형태, 서체, 글자 굵기, 글씨체 다운로드 링크, 효과음 등에 대한 자세한 정보로서 5단계로 구성하였다. 단계별로는 1단계 상황에 맞는 말풍선 넣기, 2단계 대사 성격에 맞게 텍스트 편집, 3단계 작품 특성에 맞게 담백한 흰색&검은색 효과음, 4단계 소재나 브러시를 사용해 효과 넣기, 5단계 칸선 레이어 넣기이다〈그림 14〉).

▎그림 15. 타이틀 시안

* 자료: 재담미디어 제공.

▎그림 16. 첫 번째 컷 탄생 과정

* 자료: 재담미디어 제공.

    셋째, 타이틀 디자인이다. 타이틀 아이디어로 원작 표지의 이미지와 글씨체를 참고하여 캘리그래피와 글꼴로 된 타이틀 시안을 냈다. 타이틀 디자인도 후보정 가이드처럼 각조에서 2개씩 8개의 시안을 제작했다. 시안1은 원작 〈카론의 새벽〉 표지를 참고하여 캘리그래피 형식으로 제작하였다. 시안2는 주요 웹툰 플랫폼들에서 액션

■ 그림 17. 〈카론의 새벽 리메이크〉 도입부

* 자료: 재담미디어 제공.

느와르 장르 웹툰들의 타이틀을 분석하여 최근 트렌드에 맞게 제작했다. 가독성이 좋은 폰트, 액션 장르 타이틀 특유의 강력하게 깨지는 효과, 타이틀에 과하게 이미지나 효과를 넣지 않음으로써 깔끔하게 보이도록 디자인, 색상을 과하지 않게 사용하기, 작품 전체의 분위기톤으로 선정한 푸른빛을 넣어 분위기 보여주기 등 여러 요소들을 고려하여 제작한 시안이었다(〈그림 15〉).

넷째, 첫 번째 컷 연구이다. AI 출력 이미지를 검토하여 개선하기 위해 연구하였다. 아이디어를 스케치하고, 채색/이미지를 개발하고, 배경 레퍼런스를 참고하여 컷을 완성하였다(〈그림 16〉).

다섯째, 중간결과물로 1차 원고를 완성했다.

여섯째, 수정 작업이다. 중간 결과물에 대한 피드백을 받아 수정작업을 했다.

일곱째, 최종 원고를 완성한다(〈그림 17〉).

■ 그림 18. 재담미디어 피드백 사례

* 자료: 재담미디어 제공.

■ 그림 19. 세부 작업 분배

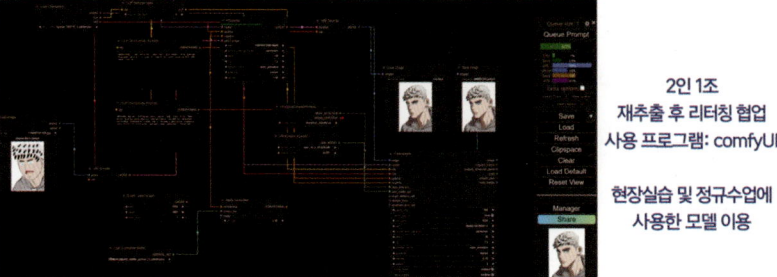

* 자료: 재담미디어 제공.

2024년 동계에는 재담미디어의 3차에 걸친 피드백을 받아 이를 수정하는 작업을 통해 웹툰을 완성하였다(〈그림 18〉). 12월 20일부터 2025년 1월 9일까지 인물팀과 배경후보정팀으로 나누어 작업을 했다. 인물제작팀은 1~3화까지 인물을 재추출하여 리터칭 작업을 했고, 배경보정팀은 배경을 새추출하여 리터칭했다.

▎그림 20. 인물 리터칭

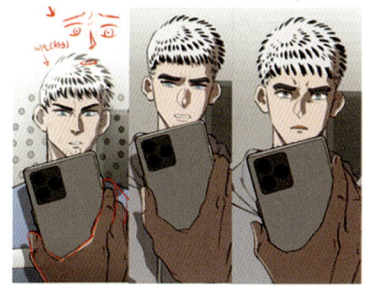
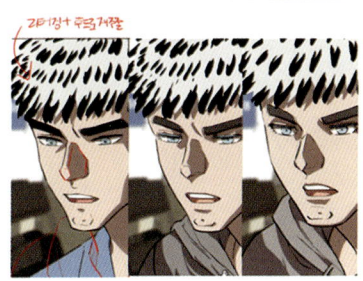

* 자료: 재담미디어 제공.

　세부 작업은 스테이블 디퓨전과 같은 텍스트-이미지 생성 모델을 활용하기 위해 개발된 사용자 인터페이스인 ComfyUI를 활용하여 진행하였다(〈그림 19〉).

　인물제작팀은 포즈, 투시, 연출의 미흡본을 추출하여 리터칭 작업을 하고, 추가 리터칭 뒤 후보정팀에 전달하였다(〈그림 20〉).

　후보정팀은 인물 리터칭의 피드백 누락 사항을 체크하여 보완하고, 배경 보정, 말풍선 식자 및 효과음 등을 수정하였다(〈그림 21〉, 〈그림 22〉, 〈그림 23〉).

■ 그림 21. 맑은 하늘을 노을로 변경

* 자료: 재담미디어 제공.

■ 그림 22. 분위기 표현 및 말풍선 수정

* 자료: 재담미디어 제공.

학생들은 <카론의 새벽>을 '정의감이 투철한 주인공 오혜성이 경찰 복무 중 자신의 신념을 지키기 위해 폭력배를 직접 단죄하게 되고 그 이유로 교도소에 들어가서 무인의 달인을 만나고 난 뒤, 이 사회를 어둠의 세계에서 조종하는 범죄 조직에 맞서 싸우게 된다'는 이야기로 정리했다.

▌그림 23. 효과음 강조 수정

* 자료: 재담미디어 제공.

〈카론의 새벽 리메이크〉는 '정의감이 투철한 주인공 오혜성이 경찰복무중 수상한 클럽의 참혹한 내면을 발견하고 그 주축에 있던 자들을 직접 단죄하게 되고 그 이유로 교도소에 들어가서 무인의 달인을 만나고 난 뒤, 이 사회를 어둠의 세계에서 조종하는 범죄 조직에 맞서 싸우게 된다'는 이야기로 각색됐다.

작업에 참여한 장현지는 이야기가 현대식으로 각색되면서 실제 사건을 모티브로 했다는 점이 인상 깊었고, 버닝썬 사건을 모티브로 작품을 각색하면서 현대 시대상을 과감히 담고자 했던 점이 좋았다고 언급했다.

작업은 주연 데이터 리뉴얼, 조연 데이터 제작, AI 캐릭터 바이블 제작, 인물 생성 및 편집 리터칭을 했다.

▎그림 24. 스케치를 활용한 AI 인물 추출

* 자료: 재담미디어 제공.

▎그림 25. 참고자료를 활용한 AI 추출

* 자료: 재담미디어 제공.

○ 3.2.2. 일러스트(하계팀)

세종대학교는 학생들을 A~D조로 각종 컨셉 작업을 거쳐 확정하고, 화별로 타이틀 작업도 나누어 진행하였다.

일러스트는 선정된 아이디어 스케치를 기반으로 ComfyUI를 이용하여 AI 인물을 추출하였다. 처음 도출된 이미지에서 천천히 디노이즈(denoise) 값을 수정하여 발전시켰다. 디노이즈 값이 과하면 가운데처럼 붕대가 합쳐지는 경우가 발생하기도 하여 프롬프트 조정과 리터칭을 이용하여 수정했다. 그 다음 배경 작업 및 분위기에 맞게 후보정 작업을 하였다(〈그림 24〉).

■ 표 7. 〈카론의 새벽〉과 〈카론의 새벽 리메이크〉 타이틀 비교

* 자료: 재담미디어 제공.

참고자료를 활용하여 배경을 합성한 다음 AI로 추출 후 리터칭을 하기도 했다〈〈그림 25〉〉.

1~4화는 4개의 팀이 작업을 해서 그런지 다양한 컨셉의 타이틀을 보여준다. 1, 4화는 이현세 작가의 전형적인 까치머리가 보인다〈〈표 7〉〉.

일러스트 제작은 아이디어를 구상하여 제작한 후 분위기에 맞지 않는 얼굴 수정 등을 거친다. AI 추출, 무전기, 인체, 복장 등을 리터칭하고, 후보정을 실시했다. 배경은 1회 도입부가 짙은 안개가 깔린 저승의 검은 바다이기에, 먹구름 배경이 잘 어울린다고 생각하였다. 배경을 복잡하지 않게 하여 인물이 잘 보일 수 있도록 하고, 전체적으로는 푸른 톤을 깔았다.

■ 표 8. 〈카론의 새벽〉 캐릭터 바이블 2024 하계 조별 작업

A조	B조	C조	D조
오리온, 손병도	황연지, 길인옥	오영웅, 오혜성(경찰복)	오혜성, 오혜성(죄수복), 오광남

* 자료: 재담미디어 제공.

O 3.2.3. 캐릭터 바이블

2024년 콘텐츠원캠퍼스 1차 사업의 하계 세종대학교 현장실습은 〈카론의 새벽 리메이크〉 웹툰 원고는 3화까지 진행되었다. 포맷 판매에서 바이블이란 방송 프로그램의 전체 구성부터 타이틀 컴퓨터그래픽, 시청률까지 프로그램에 대한 모든 정보와 노하우를 집대성한 제작 지침서이다. 이처럼 웹툰을 제작할 때 캐릭터를 어떻게 만들었는지 설명하는 바이블이 필요하다. 이를 통해 다음에 동일한 작업을 할 수 있기 때문이다.

캐릭터 바이블은 프로필, 학습 데이터셋, 학습 데이터셋 제작 및 학습과정, 학습도구 및 정보, 모델 제작 전 데이터셋 기획, 캐릭터 제작 과정(전신, 반신, 포즈, 표정), 캐릭터 시트(스탠딩, 포즈), AI 캐릭터 시트(전체, 스탠딩, 포즈)로 구성되어 있다.

모든 캐릭터는 동일한 구성으로 바이블이 정리되어 있다. 성형 후 오리온 사례를 대표로 소개한다.

【 프로필 】

1. 이름: 오리온(오혜성의 성형 수술 후 캐릭터)

2. 나이: 28세

3. 키: 183cm

4. 자주 짓는 표정: 분노, 정색

5. 특징: 보육원에서 고아로 자라 명문대에 합격한다. 20대 중반에 갑자기 대학을 중퇴하고 경찰 시험에 합격 경찰이 된다. 강남서 순경으로 근무 중 특정 사건에 휘말리게 되는데, 그 건은 마약과 미성년 약취 등 범죄를 저지르면서 정재계의 인맥으로 무마시키던 클럽 라이징 썬 사건이었다. 라이징 클럽 뒤에 있는 카르텔에 의해 사건이 조작되어 과잉진압, 과실치사 혐의로 3년 형을 받고 복역하게 된다. 이후 교도소 안에서의 기연을 만나 무술을 수련하고 협력자들을 만난 뒤 출소 법이 건드리지 못하는 범죄자들을 단죄하는 자경단 활동을 시작한다. 이후 성형을 하고 신분을 바꿔 카르텔의 중심부로 잠입한다.

6. 특기: 눈 깜짝할 새 상대를 다운시킨다.

7. MBTI: ESTP (위험을 기꺼이 감수하는 성격으로, 영리하고 에너지 넘치며 관찰력이 뛰어남)

【 학습 데이터셋 】

▎그림 26. 학습 데이터셋

* 자료: 재담미디어 제공.

학습 데이터셋은 전신 이미지, 반신 이미지, 표정 및 두상 이미지, 포즈 이미지 등으로 구성되어 있다. 이미지와 프롬프트를 같이 AI에 학습시켜주어야 하는데, 100장, 200장이 넘는 데이터를 하나하나 라벨링 할 수 없었기에 WD Tagger의 기능을 활용했다. 해당 기능은 이미지에서 텍스트 프롬프트를 자동으로 추출해주는 기능이다.

【 학습 데이터셋 제작 및 학습과정 】

▌그림 27. 학습 데이터셋 제작 및 학습과정

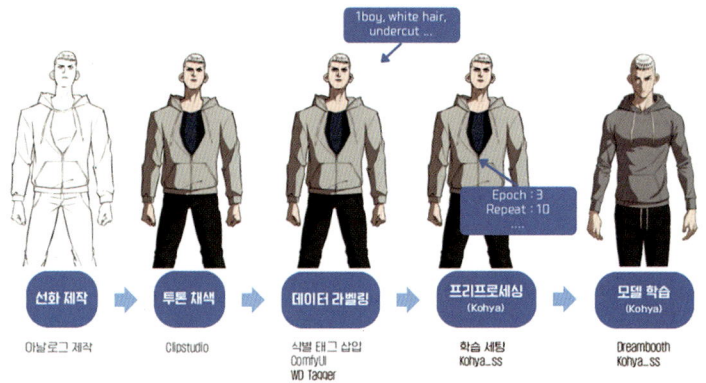

* 자료: 재담미디어 제공.

캐릭터를 만들기 위해 선화로 제작하고, 투톤으로 채색하고, 데이터를 라벨링하고, 프리 프로세싱을 거쳐 모델을 학습하는 과정을 거친다.

【 학습 도구 및 정보 】

■ 그림 28. Webui Automatic 1111 활용 예시

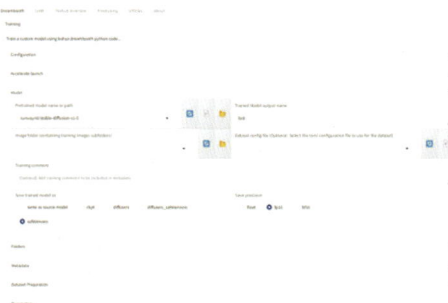

학습 정보 (예시)

- Tool : Kohya_ss Dreambooth
- Image Repeats : 8
- Batch size : 8
- Epoch : 10
- LR Scheduler : cosine
- Optimizer : AdamW8bit
- Learning Rate : 0.000005
- Learning Rate TE : 0.000005
- Max resolution : 1024
- Enable Buckets
- Shuffle Caption

* 자료: 재담미디어 제공.

■ 그림 29. ComfyUI 활용 예시

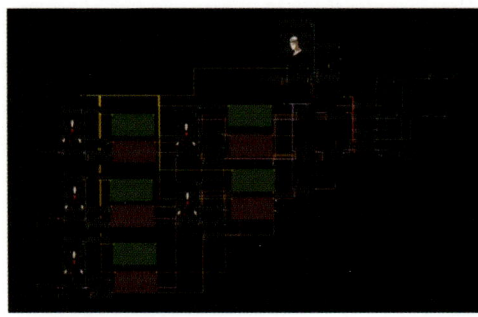

학습 정보

Tool : Comfy UI

Checkpoint: hyunse_240712_4

Ksamler
Sampling steps:20
CFG: 7
Sampler name: euler_ancestral
Schedular: normal

Controlnet strength : 0.5

* 자료: 재담미디어 제공.

스테이블 디퓨전 기반 ComfyUI를 활용하였다.

【 모델 제작 전 데이터셋 기획 】

▌그림 30. 모델 제작 전 데이터셋 기획

전신: 10장 턴어라운드
반신: 5장 턴어라운드
포즈: 12종
두상: 각도별 턴어라운드 20장
표정: 14종

* 자료: 재담미디어 제공.

전신, 반신, 포즈, 두상, 표정 모델을 제작하기 위해 데이터셋을 기획한다.

【 캐릭터 제작 과정(전신, 반신, 포즈, 표정) 】

■ 그림 31. 캐릭터 제작 과정(전신)

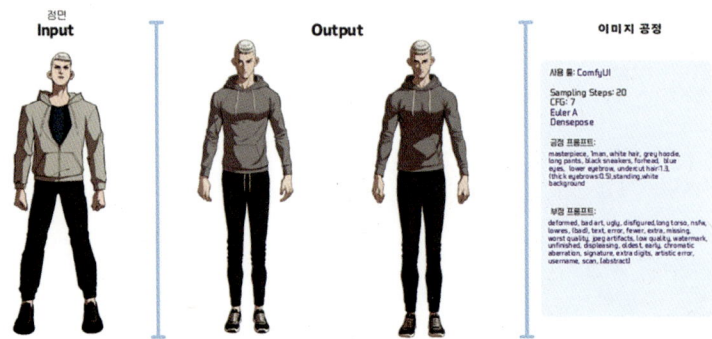

* 자료: 재담미디어 제공.

■ 그림 32. 캐릭터 제작 과정(반신)

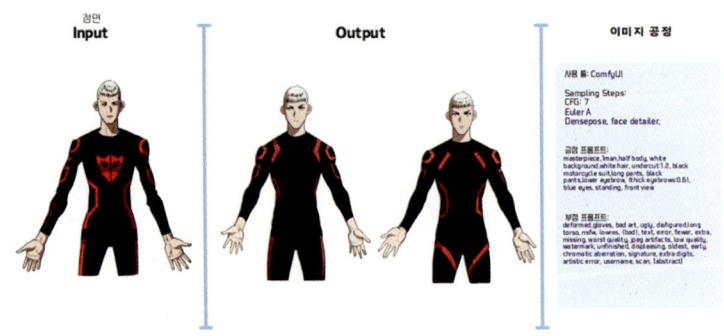

* 자료: 재담미디어 제공.

ComfyUI를 통해 캐릭터의 전신, 반신, 포즈, 표정을 제작한다.

■ 그림 33. 캐릭터 제작 과정(포즈)

* 자료: 재담미디어 제공.

■ 그림 34. 캐릭터 제작 과정(표정)

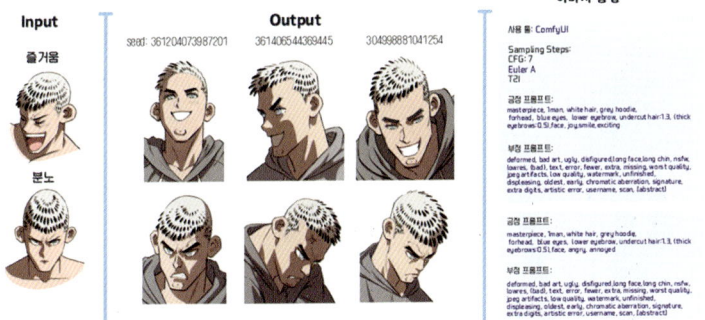

* 자료: 재담미디어 제공.

【 캐릭터 시트 (스탠딩, 포즈) 】

▎그림 35. 캐릭터 시트(스탠딩)

* 자료: 재담미디어 제공.

▎그림 36. 캐릭터 시트(포즈)

* 자료: 재담미디어 제공.

제작된 캐릭터를 이용하여 스탠딩과 포즈를 생성한다.

【 AI 캐릭터 시트(전체, 스탠딩, 포즈) 】

▌그림 37. AI 캐릭터 시트(전체, 스탠딩, 포즈)

* 자료: 재담미디어 제공.

본격적으로 〈카론의 새벽〉을 위한 AI 캐릭터 시트를 제작한다.

【 오혜성 캐릭터 추출 】

■ 그림 38. 오혜성 캐릭터 시트 추출 과정

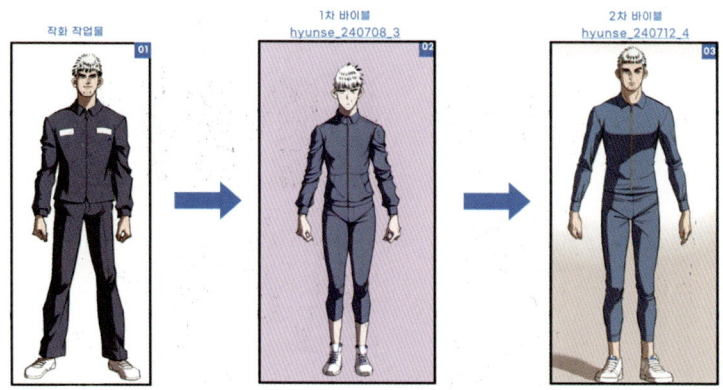

* 자료: 재담미디어 제공.

오혜성은 〈카론의 새벽〉의 주인공으로 까치집 같은 산발머리가 특징이다. 원작은 캐릭터는 덩치가 있는 근육질 체형인데, 리메이크는 슬렌더 체형이다. 사전작업 되어 있던 경찰복의 레퍼런스를 따르되, 몸에 딱 붙지 않는 죄수복의 특성을 살렸다. 먼저 작화를 하고 채색하고, 인체비율 및 손가락 등의 디테일을 수정하여 작화 캐릭터 시트를 제작하고, AI 캐릭터 시트를 추출한 다음 다시 캐릭터 시트를 재추출하였다.

■ 그림 39. 〈카론의 새벽 리메이크〉 3화 콘티

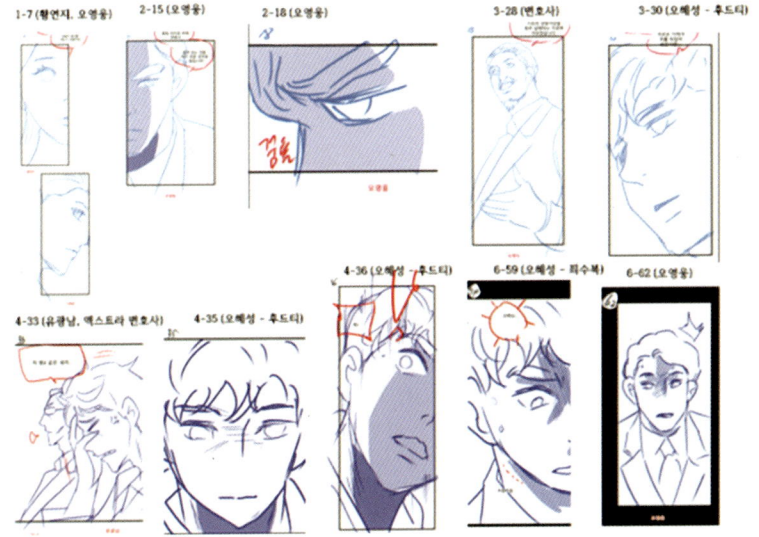

* 자료: 재담미디어 제공.

○ 3.2.4. AI 콘티 이미지 제작

콘티를 선정하여 3D 모델링과 i2i[5]를 이용하여 AI 콘티를 작성하였다(〈그림 39〉).

콘티에 대해 AI는 정확한 포즈 인식이 잘 안됐고, 콘티를 바탕으로 추출한 이미지를 형태 파악이 안 되고, 채색이나 명암 구분을 못 했다. 예를 들어 청중을 향해 손을 뻗는 포즈는 누군가를 설득시킬 때 효과적인 포즈이나 AI가 인식하기엔 쉽지 않았다. 각 컷 별로 3D 모델을 생성하고, 데이터셋 자료를 활용하여 퀄리티는 올라갔으나 정확한 포즈 인식은 어려웠다. 콘티를 채색하고 명암을 넣고, 데이터셋에서

---

5   i2i는 'image to image'의 약자로, 입력된 이미지를 참고하여 AI가 유사한 형태의 그림을 그리는 기능이다.

■ 그림 40. 〈카론의 새벽 리메이크〉 최종 콘티

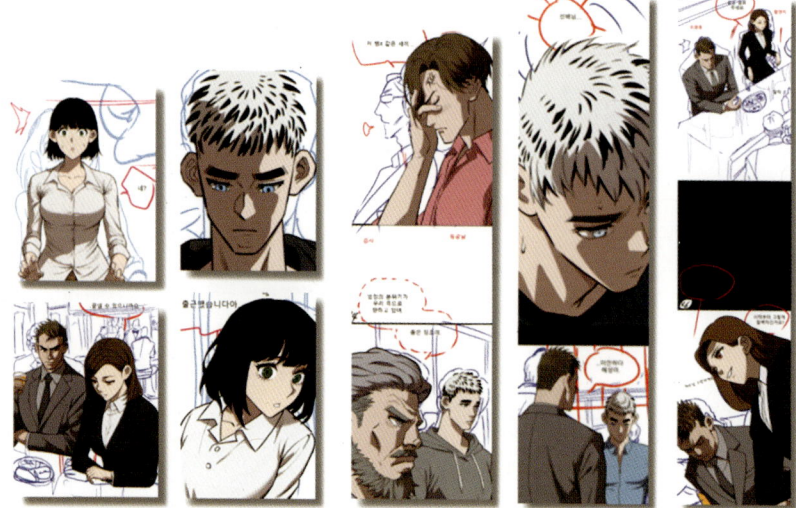

* 자료: 재담미디어 제공.

각도가 비슷한 이미지를 찾아 해당하는 부분을 합성하여 i2i로 리터칭이나 디노이즈 값을 조절(0.3~0.7)하여 퀄리티가 높은 1차 AI 이미지를 생성한 후, 다시 i2i로 최종 이미지를 생성하였다. 콘티 인식이 어렵거나 콘티가 잘려있어 사용이 어려운 경우 작화자들이 추가 콘티를 제작하기도 했다. 콘티만으로도 추출할 수 있으나 정리가 되어있는 스케치의 정확도가 더 높았기 때문에 작화자의 추가 작화 과정도 있었다.

해상도가 낮은 부분은 업 스케일링하여 포즈 인식의 정확도를 높이고 i2i의 인식률을 높여 최종 콘티를 완성하였다.

i2i는 이미지를 한번 가공하여 다시 추출해서 이미지로 변환하는 기능이다. 이 과정에서 디노이즈 수치를 조절할 수 있는데, 디노이즈 수치를 높이면 입력한 기존 이미지에서 변형도가 높아지고 수치가 낮아지면 기존 이미지에서 변형되는 정도가 낮아진다. 따라서 원하는 스케치에서 과히게 변형되지 않게, 그러나 적당히 예쁘게 변형되도록 디노이즈 수치 값을 조절하는 과정이 어려웠다고 장현지는 언급했다(〈그림 40〉).

○ 3.2.5. 웹툰원고

〈카론의 새벽 리메이크〉 웹툰 원고는 4화까지 완성되었다. 웹툰은 재담미디어의 중단편 구독제 플랫폼 '재담쇼츠'(https://www.shortz.net/)를 통해 공개될 예정이다.

원작과 리메이크 두 작품을 비교해 보면, 일단 원래의 만화가 흑백인데 비해 〈카론의 새벽 리메이크〉는 컬러로 리메이크라는 느낌이 분명히 드러난다.

원작이 카론을 텍스트로 길게 설명하면서 시작하였다면 리메이크는 대화체로 설명한다. 분명히 만화책과 웹툰의 차이를 보여준다. '그들이 서로를 향해 던져대는 동전은, 죽은 이들을 위로하는 예우가 아닌 서로를 저승으로 보내려는 저주가 되었다네'라는 지문은 현재 극한으로 치닫는 정국을 대변하는 듯해 애달프다.

○ 3.2.6. 시행착오

처음으로 하는 AI 작업을 하면서 겪는 시행착오는 매우 중요하다. 무수한 시행착오를 거쳐서 안정된 작업을 할 수 있기 때문이다. 테슬라나 구글 웨이모가 헤아릴 수 없는 시행착오 경험을 통해 완전한 자율주행을 완성해 나가는 과정과 동일하다. '이현세 AI 프로젝트'의 시행착오는 향후 진행할 프로젝트에 커다란 도움이 될 것이다.

첫째, 구체적 가이드 작성이다. A조가 스케치업 가이드를 만들면서 단순히 프로파일 값을 기재했으나, B조처럼 파일 형식, 픽셀 크기, 프로필 값 체크 이유, 인물과 빛의 방향 통일, 그림자 밝기 등을 기재했다. 세부적으로 기재할수록 공동 작업이나 향후 작업에서 동일한 효과를 얻을 수 있다.

둘째, 사용 도구에 대한 이해이다. 인물 구도에 맞는 배경 삽입은 창을 투명화해주는 프로그램인 Transparent window를 활용하고, 텍스쳐/선/그림자는 웹툰 상생프로젝트인 WEEX, 루비를 활용하였다. Lineart는 소품이나 인물 클로즈업샷에 좋다. 하나의 개체로 인식되기 어려울 정도의 샷사이즈인 경우 적합하다. i2i는 퀄리티를 높이기 위해 출력한 이미지를 기반으로 재출력하기 좋다. 그 외에도 액션신이나 소품 클로즈업샷 등 출력이 어려운 신에 사용하기 좋다. 컨트롤넷의 Densepose는 동작이 어렵지 않은 전신 풀샷이나 미디엄샷의 경우 3D 모델에 이용하는 것이 좋으며, 캐릭터의 신체적 특징(깊이+외곽 형태) 보완에 적합하다. 캐릭터 이미지가 어릴 경우 캐릭터 체형이나 나이대가 바뀌는 경우가 있다. OpenPose는 캐릭터의 시선 방향 조정에 적합하다. Depth는 손에 들고 있는 물체의 깊이나 형태를 보완하기에 적절하여 사용하면 손에 들고 있는 물체를 잘 인식한다. WebUI로 오혜성을 캐릭터를 만들때 Lora 값을 0.8로 낮추었을 때 일정한 모습이 나왔다.

셋째, 컬러 팔레트 세팅이다. 야외/밤, 클럽, 경찰서, 야외/낮 별로 분위기톤, 빛 어둠, 추가 빛, 빛 엣지, 마무리에 대한 컬러 팔레트를 낮과 밤 배경으로 구분하고 시공간도 추가하여 설정하였다.

넷째, 효과음 서체 지정이다. 효과음을 직접 쓰면 통일성에 문제가 있을 수 있어 2가지 서체를 선정하였다.

다섯째, 가독성이다. 타이틀을 만들 때 가독성을 위해 작품 밀도보다 너무 높아지지 않게 해야 한다.

여섯째, 협업의 중요성이다. 여러 명이 작업을 하면 통일성 유지가 관건이다. 빠른 피드백과 체계적인 분업과 협업이 필요하다.

일곱째, 분량이 적은 인물의 일관성이다. 보통 엑스트라여서 캐릭터 바이블이 없는 경우, 분량이 적은 인물의 경우 일관적이지 않고 계속 형태가 무너졌다. 전체적으로 보완이 필요한 인물의 경우 AI로 재추출했다. 상황에 맞지 않는 포즈나 심심한 앵글은 AI로 재추출하고 리터칭했다. 이에 대해 장현지는 다음과 같이 언급했다. 분량이 적은 캐릭터는 따로 캐릭터 데이터셋을 학습시키지 않아 발생하는 문제점이었다. 주요 캐릭터 데이터셋만 만들어 학습한 체크포인트였기 때문에, 학습되지 않은 엑스트라를 추출할 때 학습된 데이터가 없어 AI가 자꾸만 주조연 데이터 셋을 기반으로 출력했었다. 그래서 엑스트라의 외형이 주조연과 너무 닮아지는 문제점이 있었다.

여덟째, 효율적인 작업 과정으로는 콘티 기획, 3D 콘티, 밑색 작업(가성비 입히기), 인물 출력, 리터칭 순이 바람직하다. 가성비 입히기는 '색상과 형태를 알아볼 수

▎그림 41. 효율적인 작업 과정

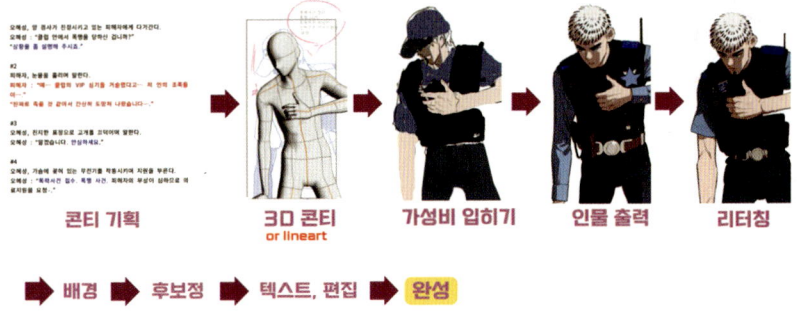

* 자료: 재담미디어 제공.

▎그림 42. AI를 사용하여 작품을 제작할 시 중요한 요소

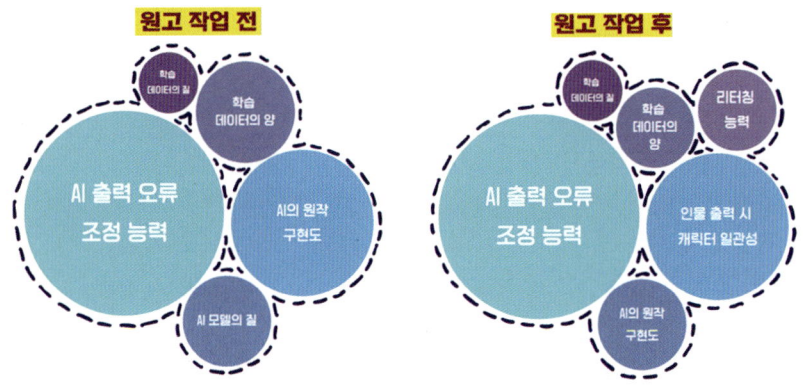

* 자료: 재담미디어 제공.

있을 정도의 러프 스케치' 정도로 볼 수 있다(〈그림 41〉).

아홉째, AI를 활용하여 제작할 경우 AI 출력 오류 조정능력과 캐릭터 일관성이다 (〈그림 42〉).

열째, 이미지 추출은 최적의 방법으로 상황에 따라 편리한 방법을 사용하면 된다. 먼저 스케치가 정확할 때이다. 이미지 구상 러프 스케치 후 Line art로 컬러 이미지

■ 그림 43. 스케치를 통한 이미지 추출 방법

스케치 ▶ Line art 값 조절하여 색이미지 추출 ▶ i2i (denoise 0.7~0.8) ▶ 추가 리터칭 (BG, EFFECT)
▶ i2i (denoise 0.1~0.3) ▶ 보정 및 보완 ▶ 완료

* 자료: 재담미디어 제공.

추출한다. 생성한 이미지를 i2i에 디노이즈 값을 조절한 뒤 추출한다. 잘 구현된 이미지 선별하여 리터칭하고, 다시 디노이즈 값 조절 후 재추출한다. 업스케일링 후 보완 리터칭하여 최종 결과물 선정한다. 장점은 스케치 이미지 기반으로 쉽게 이미지 생성이 가능하나, 단점은 인식이 완벽하진 않으며, 엑스트라 추출에 다소 어려움이 있다.

열한 번째, 프롬프트 엔지니어링 영역이다. 프롬프트를 영어로 작성해야 하기에, 각 영어 단어가 의미하는 구체적인 이미지를 잘 이해해야만 이 단계를 잘 거칠 수 있다. 의복의 경우 'blue jumpsuit, blue prisoner outfit, blue shirt'로 하면 딱 달라붙는 줄무늬 옷 형태가 나오는데, 'long sleeve + solid color blue Formal shirt + with zipper'로 하면 팽팽한 옷이 나온다(〈그림 43〉).

열두 번째, 밑그림을 그리는 게 빠르거나 스케치 퀄리티가 높지 않을 때이다. 이미지 구상 러프 스케치 후 간단한 밑색 작업을 한다. 만든 이미지를 i2i에 디노이즈 값 조절한 뒤 추출한다. 잘 구현된 이미지 선별하여 리터칭하고, 다시 디노이즈 값 조절 후 재추출한다. 업스케일링 후 보완 리터칭하여 최종 결과물 선정한다. 장점은

▎그림 44. 밑그림을 통한 이미지 추출 방법

스케치 ▶ 색 지정 ▶ i2i (denoise 0.7~0.8) ▶ 추가 리터칭 ▶ i2i (denoise 0.1~0.3) ▶ 보완 리터칭 ▶ 완료

* 자료: 재담미디어 제공.

▎그림 45. 이목구비 추출 시행착오

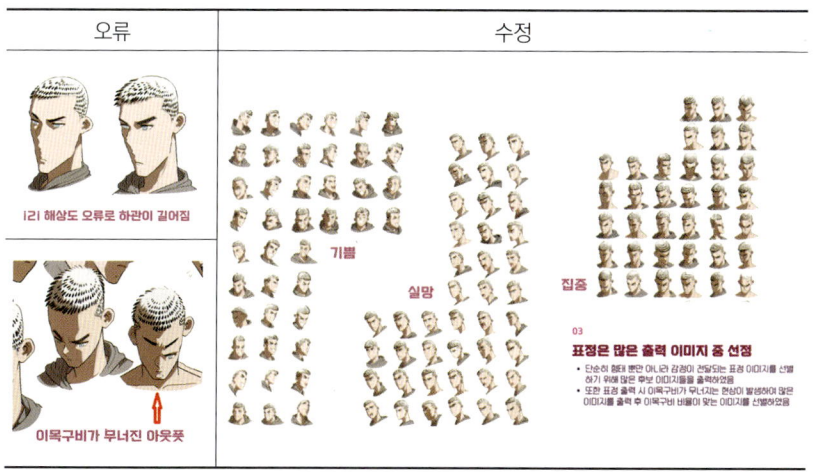

* 자료: 재담미디어 제공.

i2i 하나만으로 높은 퀄리티의 이미지를 빠르게 제작할 수 있으나, 단점은 밑색 작업이 필요하다.

이에 대해 장현지는 다음과 같이 추가했다. AI는 0에서 100을 만드는 방식으로 창작하려고 하면 활용하기 매우 어려운 기술이다. 어느 정도 데이터를 주어야 AI는 그를 기반으로 잘 가공해낸다. 위 이미지처럼 실력 있는 작화가가 정확한 형태와

구도로 스케치를 해주었기에 좋은 결과물을 만들 수 있었다. AI는 0을 주면 5에서 100까지 중에서 랜덤으로 내뱉지만, 50을 해주면 90에서 100을 내뱉는 것 같다. 결국 실력 있는 작화가들 덕분에 추출물 퀄리티의 랜덤성이 낮아지고, 작업 속도가 빨라졌다〈〈그림 44〉〉.

마지막으로 i2i 해상도 오류로 하관이 길어지거나, denspose 인식 오류로 상체가 길어지는 현상이 발생하였다. 이 경우 프롬프트 배치를 수정하거나 페이스 디테일러를 사용해 보완하였다. 또한, 이목구비가 무너지는 경우가 발생하는 경우에는 많은 이미지를 출력하여 알맞은 이미지를 선별하였다〈〈그림 45〉〉.

제4장
'이현세 AI 프로젝트' 진행자 인터뷰

4.1. 박석환 재담미디어 이사 겸 AI 웹툰연구소장과 김영근 AI 웹툰연구소 실장 인터뷰

2025년 3월 27일 재담미디어 웹툰기술연구소에서 박석환 소장과 김영근 실장에게 작업 과정에 대해 설명을 들었다. 연구소에 들어가니 바로 캐릭터들이 서 있었다. 웹툰으로 본 〈카론의 새벽 리메이크〉의 오혜성 캐릭터를 만나니 웹툰에서 튀어나온 듯해서 너무 반가웠다.

유건식 안녕하세요. 박석환 이사님, 김영근 실장님, 성공적인 '이현세 AI 프로젝트' 진행을 축하드립니다. 국내에서 특정 인물을 대상으로 AI 작품을 만드는 게 최초인데 감회가 남다르실 것 같습니다. 먼저 소감부터 말씀을 부탁드립니다.

박석환 인터뷰에 앞서 작업 경과를 먼저 보여드릴까요?

유건식 네, 그렇잖아도 부탁드리려고 했었습니다.

김영근 저희 연구소에서는 보통 자체 학습된 모델, 즉 이현세 선생님 화풍의 모델을 기반으로 이미지를 생성합니다. 예를 들면 웹툰에서는 인물이 서 있거나 앉아 있거나 옆모습이거나 이런 다양한 장면들이 많잖아요. 물론 여타 AI 이미지 생성 도구로 프롬프트를 넣어 장면을 연출하는 방법도 있겠지만 대부분 생성

▌그림 46. AI로 만든 오혜성 캐릭터(가운데)

* 이 사진의 캐릭터 중 오혜성 캐릭터만 이현세 AI로 만들어졌다.
* 자료: 필자 촬영.

되어 나오는 이미지들은 의도하지 않은 무작위성 이미지나 장면들이 많거든요. 그래서 저희는 원하는 화풍과 의도된 필요한 장면들을 끌어내기 위해서 그 무작위성을 줄이는 게 목표긴 했습니다. 그러다 보니 여러 AI 도구들 중에서 커스터마이징이 가장 좋은 스테이블 디퓨전, ComfyUI의 기능적인 요소를 활용해서 조금 더 의도한 연출에 맞게끔 설정해서 제작을 했었는데요. 그 과정의 예시 사례를 하나 보여드리겠습니다. 우선 현재 설정된 ComfyUI 노드 내에서 실행하여 얼굴, 헤어스타일, 체형, 의상 등 등장인물에 대한 여러 정보를 넣은 다음, 의도하려는 자세나 장면의 정보를 추가로 적용하면, 의도한 장면 이미지대로 나오게 이끌어내는 작업들을 하고 있습니다.

유건식 캐릭터가 일관성 있게 나오는 게 어렵다고 들었습니다.

김영근 네 맞습니다. 그 부분은 저희에게도 큰 과제였고, 완벽하진 않지만 다른 유사

❙ 그림 47. 작업 과정 설명 모습

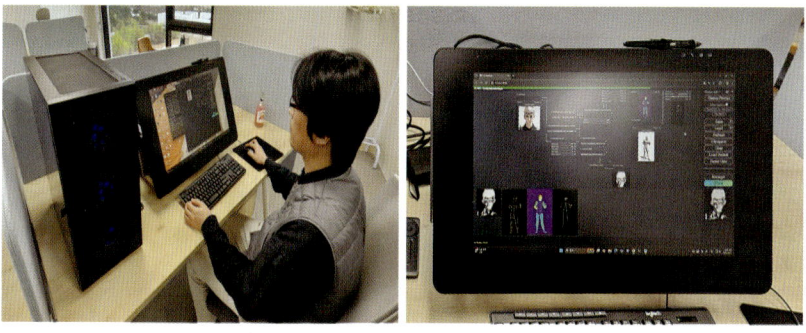

* 김영근 실장(왼쪽 사진), CompyUI를 사용하는 화면(오른쪽 사진).
* 자료: 필자 촬영.

사례들을 비교해 봤을 때, 그래도 상당히 많이 개선된 접근들을 하게 됐었죠. 예를 들면 생성돼서 나온 이미지에 대해서 약간씩 변화를 주거나 아니면 프롬프트 정보 값에 플러스알파의 정보들을 주면서, 조금 더 근사치에 가까운 정보로 계속 접근해서 의도한 이미지를 나오게끔 하는 거죠.

유건식 엄청나게 나오는 속도가 빠르네요.

박석환 처음에는 스테이블 디퓨전이라는 언어체계를 가지고 그림 생성을 하는 WebUI라는 개방형 소프트웨어가 있었어요. WebUI는 텍스트를 입력하거나 이미지를 입력하더라도 우리가 생성되는 이미지 자체를 통제하기가 쉽지 않습니다.

지금 이 ComfyUI 방식은 마인드맵처럼 보이잖아요. 각 소스, 이미지를 생성할 대상을 찍어주는 거거든요. 그러면 이 얼굴에서 일부 추출하고, 이 포즈에서 추출하고, 이 내용에서 추출하는 데, 그 체제를 그대로 유지하고 지속 생산이 가능하거든요. 그래서 최근에 이 ComfyUI 방식을 많이 쓰고 있습니다.

김영근 그리고 하나 더 보여드리면, 작품 내에 등장하는 '오혜성'이라는 주인공 캐릭터로 작업을 했었는데요. 이 마스크를 ComfyUI로 한번 바꿔보겠습니다. 여기 '오영웅'이라는 형 캐릭터의 마스크로 적용하면, 동일한 포즈라도 완전히 다른 캐릭터로 생성됩니다.

유건식 세종대 학생들 보고서를 봤는데, 자세 같은 것들을 다 만들어 놓고 인물을 바꾸는 내용을 봤습니다.

박석환 그전까지는 약간 우연히 생성되는 건데, 이현세 작품을 가지고 다 학습을 시키고 그걸 기반으로 이미지를 생성합니다. 선생님이 이제 사람을 다 똑같이 그렸다고 생각하고 우리도 볼 땐 그렇게 보이는데 실제로 자대고 보면 다 조금씩 틀리거든요. 옆모습 앞모습 뒷모습을 다 모아놓는다고 해서 3D처럼 전환되는 게 아니고, 우리는 그 그림이라고 보지만 실제 그림 도상은 다르게 되어 있는 거예요. 그래서 그걸 다 묶어놔도 이미지가 정확하게 나오지는 않더라고요. 무엇보다 좋은 그림 그러니까 딱 턴어라운드 이미지가 되어 있는 캐릭터 그림들을 학습시켜야 됩니다. 지지난해(2023년) 할 때 약간 안 나온 부분이 있어 작년에 캐릭터 바이블이라는 시스템을 내부적으로 만들었습니다. 그래서 얼굴의 각도나 표정, 기본적인 표정 그리고 베이직한 포즈 뭐 이런 것들을 캐릭터 바이블로 만들어서 학습시키다 보니까 일관성이 유지되는 게 좀 더 강화된 거죠. 그리고 그것을 기반으로 포즈들을 조금씩만 변화시켜서 내는 방식으로 하는 겁니다.

유건식 표준화하는 게 되게 시행착오도 많이 겪으면서 값을 만들어낸 거죠?

박석환 AI도 기본적으로 생성 자체를 알아요. 이게 딱 한 장만 제대로 된 걸 주는 방식이 아니라 '백 장 줄 테니까 네가 알아서 제대로 된 거 찾아' 하는 방식으로 줘야 된다는 것을요.

김영근 연구소에서 최초의 1세대 이현세 AI 모델로 만들었을 때는 스테이블 디퓨전 WebUI를 많이 사용했는데요. 최근 어떻게 개선됐는지를 좀 보여드리겠습니다. 과거에 이현세 선생님의 원작 이미지를 토대로 학습하여 만든 모델을 기반으로 이미지 생성을 했었고요. 스케치나 선화처럼 구현이 된 이미지 위에

다가 컨트롤넷이라는 기능들을 활용해 채색을 넣는 작업을 하거나 또는 채색까지 이미 완성된 버전으로 나오게끔 하는 방식으로 진행했었습니다.

이것도 포지티브 프롬프트 정보를 넣는 것과 네거티브 프롬프트 정보를 넣고 세부 설정값을 정한 다음에 이미지를 구현해 내는 방식으로 제작했는데, 아까 말씀드린 것처럼 이게 무작위성이 되게 강합니다. 저희가 희망하는 방향대로 섬세한 장면을 끌어내는 게 중요한 과정 중의 하나인데요. 특히 만화, 웹툰 작업 같은 경우에는 연속성을 가진 장면들을 어떤 의도성을 갖고 연출을 하는 부분들이 있잖아요. 그런 게 항상 무작위성으로 인해 한계점에 부딪치는 부분들이 있었습니다. 이 부분을 좀 개선하기 위해서 컨트롤넷이나 재편집 도구와 같은 부수적인 기능들을 혼합해서 쓰는 방향들을 계속 연구하다 보니까 뭐 나름의 어떤 체계들을 만들어낸 것 같긴 하고요.

이런 것을 토대로 프로토타입 버전이긴 한데, 'AI 라이브 드로잉'이라고 해서 2개의 모니터 중 좌측 화면에 그래픽 프로그램 도구들을 이용해서 직접 그림을 그리면 우측 화면에서는 AI로 만들어진 이현세 작가님 화풍의 이미지가 실시간으로 생성이 됩니다. 참여했던 엔지니어들의 아이디어로 탄생된 제작 방식이고요. 이현세 작가님 개인전과 전시 페스티벌과 같은 행사에서도 소개된 적이 있습니다.

박석환 개인은 이제 누구나 까치를 그릴 수 있죠. 이제 스토리의 역량이 있고 연출 구성 역량이 있는데 이런 작화 역량을 익히지 못한 사람들이 작업 용도로 쓸 수가 있죠.

유건식 대략의 아웃라인 형태로 그려놓으면 이현세 스타일의 웹툰을 그릴 수 있네요.

박석환 방송 작가 출신들 중에 웹툰 연재해 보고 싶다고 하는 사람들이 이걸 배워서 활용할 수 있어요. 기본적으로 글도 쓰고 구성력도 있고 연출감도 있는데 자기가 원하는 그림을 만들어내려면 10년, 20년은 파야 되거든요. 근데 이건 너무 다른 영역이니까 어렵죠.

■ 그림 48. 라이브 드로잉

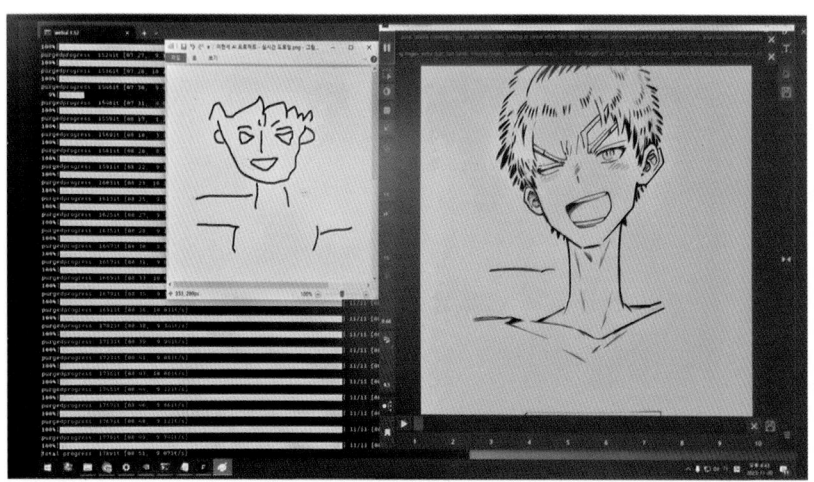

* 자료: 필자 촬영.

유건식 〈하얀거탑〉을 쓴 이기원 작가가 하고 있습니다.

김영근 실제 라이브 드로잉이 구현되는 방식은 이런 소프트웨어들이 계속 구동돼서 실시간으로 모델을 만들어 보여줍니다.

박석환 많이 그린다고 잘 나온 게 아니라, 그냥 둥근 머리 형태만 그려놔도 나오거든요. 그런데 완성형이 아니라 계속 진행형처럼 그림을 그리면 AI가 완성을 못 시키고 계속 왔다 갔다 하게 돼요.

김영근 그리고 저희 나름대로도 개선을 하기 위해서 더 노력한 부분이 있습니다. 화풍들을 조금 더 안정적으로 끌어내기 위해서, 이현세 선생님이 학습을 위한 용도로 새로 그림을 그려주신 적이 있으세요. 그래서 그걸 토대로 다시 재학습을 시키고 추가 학습을 시켜서 만들었던 모델로 AI 라이브 드로잉 작업들을 더 완성도 높은 결과물로 나올 수 있게 시도한 적들이 있습니다.

박석환 원작에 나오는 이미지들이 360노 이미지가 다 있을 것 같은데 어떤 그림은 옆모습만 계속 보고 어떤 그림은 앞모습이었고 어떤 애는 뒤통수가 없고 그래요. 그래서 360도 이미지들을 받았어요.

유건식 보고서에 추가로 원작에 없는 이미지를 이현세 작가님이 보정해 주셨다는 게 이 부분이네요.

박석환 그걸 캐릭터 바이블 형태로 잡은 거죠. 요건 옛날 만화 스타일인데 좀 더 (현재 스타일로) 나오는 거지요?

유건식 바로바로 나오니까 내가 어떻게 수정할지 바로 알 수도 있네요.

박석환 우선 당장 프로 작가들이 쓴다기보다는 의사소통하기 위한 용도로 쓸 때 유용하죠. 콘티를 그리는 게 어떻게 보면 작업 지시서를 같이 보고 판단하기 위한 거잖아요. 그런데 실제 원고를 그리기 이전에 이런 과정을 통해서 글을 읽고 콘티를 잡으면 어떻게 그려야 하는 건지에 대해서 요청하기가, 주문하기가 쉽고 그래서 우리끼리는 이제 스튜디오 창작 시스템 안에서는 작가 간 커뮤니케이션 할 때, 시나리오 작가와 그림 작가가 커뮤니케이션 할 때, 시나리오 작가가 의사소통용으로 이것을 제공해 주면 굉장히 빠르죠. 그걸 그대로 쓴다기보다는.

유건식 드라마나 영화 콘티 작업할 때 콘티를 보면 금방 이해되듯이요.

박석환 그림 작가가 이렇게 그려주면, 아직도 스토리 작가가 '이게 아니고 이거라고' 하는데, 이거라고 하면서 자기가 포즈를 취하거나 해요. 이렇게 그려서 온라인으로 보내면 '아니 그게 이거지' 그러는데 안 맞는 거죠. 자기가 보는 거랑 그림이랑.

이미지 데이터를 학습한 양이나 어떻게 정제된 이미지의 모음을 학습했느냐에 따라서 그림 스타일이 조금씩 다르게 나옵니다. 기본적으로 거대 언어 이미지를 학습한 두뇌를 가진 그림을 놓고 그 위에다가 이현세를 학습한 걸 앉혀서 하는 거긴 한데, 밑에 너무 많이 작동을 해버리면 전혀 다른 그림이 나오게 되거든요. 그래서 얘는 일종의 생각은 하지 말고 체력만 갖고 있는 정도로 두고, 우리가 학습시키는 이미지를 그리는데, 한 10만 장 넘지 않으니까요. 뭐랄까 비어 있는 이미지들이 되게 많죠.

이것이 기본적으로 엑셀하고 비슷한 거거든요. 내가 숫자를 입력해 놔야 그 숫자의 평균값을 내주는 거지요. 이 선생님이 가지고 있는 특유의 그림체들이 있어요. 그냥 신발 묘사한다거나 할 때 그런 것들이 계속 나오는 거죠. 그리고 이 청바지 선 따는 게 사람에 따라 다르게 묘사되거든요. 이거는 새로 디자인한 그림 가지고 했던 거라 이런 쪽이 그때 강하게 나타났습니다.

그런데 이때 문제는 이것도 선생님이 새로 그려준 캐릭터이긴 한데, 요즘 젊은이들을 잘 못 그려요. 옛날에도 선생님이 그리시긴 했거든요. "내가 여자를 썩 잘 그리지는 않는다. 근데 허영만보단 여자를 잘 그린다."

옛날에도 그렇긴 했는데, 요즘 느낌이 눈코입하고 헤어스타일만 있어서 여자가 아니라 전반적으로 풍기는 밸런스나 의상이나 뭐 이런 게 있잖아요. 그런데 의상 톤이 선생님 머릿속에 있는 의상 톤이 옛날스러운 거죠. 약간 분위기 자체가 요즘 같은 느낌이 잘 안 들어요.

그걸 선생님도 아는데 내가 어떻게 그걸 설명드리나? 그래서 이 옷으로 교복을 그려달라고 이야기하는데 넌지시 바라보고만 계시죠. 그래서 여기 보면 기술 중에 옷 갈아입히기 기술이 또 있어요. 그리고 옷 갈아입히기가 되게 어려운 기술이긴 하거든요. 몸에 쫙 붙어야되니까. 아무튼 그런 부분들이 우리 엔지니어들이 같이해서 몇 개 기술 과제들을 풀어내기는 했었죠.

김영근 일단 여기까지 보여드릴 수 있는 부분입니다.

유건식 네 감사합니다. 엔지니어 분들은 몇 분이나 투입을 하신 거예요?

박석환 첫해(2023년) 할 때는 데이터를 막 정제하고 학습해야 되잖아요. 수작업하는 노가다성 멤버들이 있었을 때는 한 20명 정도 투입되었습니다.

▌그림 49. 박석환 이사 인터뷰 장면

* 자료: 필자 촬영

Q1   작업 과정을 직접 설명해 주시니 확실히 다르네요. 세종대 학생들이 쓴 현장실습 보고서를 보고 궁금했는데, 이 과정을 거쳐서 했던 거네요. 저도 책을 준비하면서 웹툰 관련 툴들을 설치하여 해 보았습니다. 대체로 요즘 핫한 엔디비아 GPU 없이는 돌아가지가 않더라고요. 클라우드를 쓰는 방법까지 시도했는데 능력에 부쳤습니다. 먼저 이 프로젝트의 기획자이신 박석환 이사님께 질문 드리겠습니다. 이 1차 프로젝트는 끝나신 건가요?

A   **박석환**   그렇다고 봐야죠. 연도별로 계속 과제가 있습니다. 어떻게 생각하면 2022년 과제입니다. 업무를 12월에 시작해서 기본형 같은 것들을 만들었다고 봐야죠. 그때만 해도 생성 AI 엔지니어들이 공식적으로 있지는 않아서 알음알음 음성적으로 활동하던 친구들을 찾아서 영입했습니다.

2022년도에 처음 나올 때는, 신기술이라는 게 누군가의 욕망에 의해서 나오긴 하지만, 누군가 극도의 갈증을 갖고 있는 사람이 이걸 사용해 줘야 되잖아요?

그런데 웬만한 사용자가 사용해서는 그 진가를 확인할 수는 없고 자기 욕망이 되게 큰 사람이 이걸 써야 해요. 어떤 사람은 아래아한글로 대형 극본도 쓰는데, 어떤 사람은 한두 줄 쓰고 마는 거잖아요. 그 정도로 깊숙하게 자기 욕망으로 쓸 수 있는 사람이 있어야 되는데, 그 초기에 얼리어답터 같은 친구들이 대체로 그 음성적 사진을 확보하고자 하는 욕망을 갖고 있는 친구들이었어요. 우리가 하는 건 그래픽 이미지잖아요? 페인팅 이미지고요. 그러다 보니까 사진 자료는 많은데 페인팅 이미지는 또 제한적인 면이 있었어요.

작가가 재현해 주지 않았던 다른 표정을 넣어 보고 싶은 욕망이 있는 친구들이 그걸 계속 실험하고 다시 소스 코드 같은 것을 분석해서 약간 형태를 변형해서 자기가 원하는 방식으로 나올 수 있도록 관리를 해낸 거예요.

그렇게 해서 이른바 스테이블 디퓨전을 기반으로 한 WebUI라는 툴이 굉장히 보급이 됐었고, 사실 그 보급이 이루어지기 전에 이 선생님하고 AI 연구를 시작하자고 출발은 했었습니다. 이걸 어떻게 만들까 검토해보니 WebUI가 나와서 기존에 알고 있었던 경험이나 아니면 업계 내부에서 개발해 놨던 것들이 다 무의미해진 상황에 돼 있었어요. 신기술을 활용해서 내가 뭘 하고 싶은데 그걸 재현하는 사람들, 얼굴의 일관성을 유지하면서 표정을 바꾸는 데 성공한 사람, 옷을 그대로 유지하면서 한 두 개 정도로 바꿀 수 있는 데 성공한 사람, 이런 사람들을 커뮤니티에서 찾았어요. 찾아서 연락을 해서 만나고 초기 모델을 만들었죠. 그때는 선생님이 가지고 있는 만화 파일이 있어서 그 파일을 가지고 했어요. 그때 수준에서는 굉장히 정교하게 나온다기보다는 16가지 정도의 얼굴 표정이 있으면 그걸 잘라서 AI한테 학습시키고, 학습시킨 데이터에 웃게 해줘, 좀 찡그리게 해줘라는 정도의 표정 관리 프롬프트 명령어로 하면 나오는 정도였거든요. 그래서 2022년 연말 정도에는 그렇게 작업을 했었죠. 그렇게 생성된 걸 가지고 2022년 연말에 작업을 했었죠. 그걸 가지고 2023년도 계획서를 조금 정비를 해서 여기저기 홍보도 하고, 투자 유치 설명도 하고, 여기저기 사업 제안도 하고 뭐 그랬었죠. 그래서 연도마다 모델을 갖고 있어요. 초기 모델이 0.1 모델이 있고, 지금은 3세대 모델입니다.

김영근   사실은 임의로 붙인 명칭으로 절대성이 있는 모델이라고 하긴 좀 그렇지만, 여러 형태로 만들어 본 모델입니다.

유건식   보고서에는 연도별로 1세대, 2세대, 3세대로 되어 있더라고요. 김영근 실장님은 그때 특채가 되신 건가요?

김영근   제가 원래 재담 스튜디오 쪽에서 근무를 하고 있었었는데요. 새로운 신사업을 계획하며 웹툰기술연구소를 새로 설립하면서 담당자가 필요한 상황이었는데 제가 이쪽으로 배속이 됐죠.

박석환   원래 작가 출신이고, 그 스튜디오 본부장으로 내부에서 작품 창작을 하다가 AI기술연구소를 개설하면서 이쪽으로 와서 같이 일을 하고 있습니다.

Q2   박 이사님, 지난번에 '이현세 AI 프로젝트'는 이사님의 기획이라고 하셨는데, 처음에 어떻게 하게 되셨나요?

A   **박석환**   2020년 쯤에 ETRI(한국전자통신연구원)에서 딥툰이라고 AI 연구를 문화관광연구개발 사업으로 했어요.

유건식   직접 추진하신 건가요?

박석환   제가 기술자 출신이 아니니까 주관해서 한 건 아니고 ETRI에 연구원과 카이스트 팀과 한국 만화 영상진흥원, 학교에 있을 때 한국 영상대학교가 같이 했어요. 기술 개발은 ETRI와 카이스트가 하고, 거기에 들어갈 소스나 운영 관리는 만화진흥원에 입주한 기업들이 지원했죠. 결과 나왔을 때 테스트나 운영 관리를 학교 학생들이 한번 해보는 사업인 문화관광연구개발사업에 참여를 했었죠. 그때도 얼추 비슷하게 나왔어요. 놀랄 정도는 아니었고, 있는 이미지 데이터들 모아가지고 했어요. 만화 칸 안에 있는 이미지가 포함하고 있는 요소들이 있잖아요. 인물도 있고 뒤에 배경도 있고 효과도 있고, 근데 그걸 학습시키려면 요소별로 하나씩 학습시키는 게 좋은데, 그때만 해도 그런 개념이 있는 건 아니고 그냥 왕창 학습시켜 놓고 생성해 본다고 했는데 잘 안 나왔죠.

잘 안 나오긴 했는데 그래도 복사가 아니라 다르게 나오는 거잖아요. 변형돼서 생성되니까 어떤 기대감이 있는 가능성들이 있었고 ETRI에서도 그것으로 시연을 여러 번 했죠. 근데 제법 그럴듯해 보이는 생성된 결과물의 완성도보다는 그 연구의 진행과정이나 연구에 대한 기대감이, 꼭 시간이 조금 더 있거나 연구 숙련도가 더 높아지면, 실무에 적용될 수 있겠다고 여기던 때였죠.

그때가 이세돌이 AI와 바둑 두고 하던 시기로, 사회적으로 AI에 대한 이슈들이 되게 많고 어떻게 이걸 교육하고 받아들일지 논의하던 시기이기도 했어요. 내가 2021년에 하일권 작가라고 세종대 초창기 멤버가 있어요. 우리 영상대 행사에서 '24시간 만화'라고 유명 작가가 문제를 하나 주면, 그걸 24시간 동안 학생들이 푸는 이벤트 겸 직업 체험 행사 같은 걸 했어요. 그때 하일권 작가가 주제를 AI로 주었어요. 하일권 작가 작품 중에 여자 로봇이 나오는 작품(3단합체 김창남)이 있어요. 여자 로봇 하나 그려놓고 "올해 24시간 만화의 주제는 AI입니다. AI가 들어간 소재로 작품을 해 주세요"라고 해서 아이들은 24시간 동안 그렸고 저는 'AI로 만화를 어떻게 하면 되지?'라고 24시간 동안 앉아서 고민을 하다가 사표를 내고 2022년도에 학교를 그만두었습니다. 그리고 이 선생님을 찾아갔습니다. AI로 만화를 하면 온갖 곳에서 욕을 먹을 건데, 이런저런 욕을 먹어도 내상은 안 입을 수 있는 작가, 또 작가가 뭔가를 하면 조금은 긍정적인 방향에서 봐줄 수 있는 사람들을 찾았어요. 오래 생각한 건 아니고 대한민국에서 만화 쪽에서 새로 하는 거 하면 다 이현세 선생님한테 가면 됐었거든요. 지금도 그렇고, 뭐 몇 십 년 전에도 새로 뭐 하나 하려고 하는데, 새로 하면 약간 생각이 달라서

든 아니면 상업적 이슈 때문이든 되게 욕먹는 경우들이 많잖아요. 대체로 첫 스타터로서 항상 이 선생님이 작업을 했었기 때문에 이 선생님 찾아가서 그 이야기를 했고, 황남용 대표한테도 그 이야기를 한 다음, 학교 나와서 재담미디어에 들어와서 이 프로젝트를 1번 프로젝트로 진행하겠다고 해서 출발을 한 거죠.

유건식 보통은 새로운 프로젝트가 정해진 다음 사표를 내고 나가잖아요. 먼저 사표내고 움직이셨어요?

박석환 그때가 교수 생활 10년 되던 시기였고, 황남용 대표가 오라고 해서 사표를 낸 거죠. 협약은 재담미디어에 들어와서 맺은 거죠.

Q3 처음 AI 프로젝트한다고 했을 때, 스토리를 누군가 써놓으면 이현세 풍으로 그냥 딱딱 그려준다고 생각했어요. 그런데 보고서를 보니 엄청나게 공을 많이 들여서 작업을 했더라고요. 처음에는 어떻게 이현세 AI가 구현될 거라고 비전을 세워 놓고 시작을 하셨는지도 궁금합니다.

A **박석환** 드로잉 이미지랑 연출이랑 내용이 있는 거죠. 이미지 자체의 내용이 있긴 한데, 통상 이야기하는 내러티브가 가미된 형태를 같이 생각은 하고 있었죠. 지금 단계는 나오긴 하거든요. 최근에 챗GPT 4.0보면 내러티브를 부여해 주면 그 내러티브를 기반으로 자기가 알고 있는 그림들을 추출해서 컷 구성을 해줘요.

유건식 요즘 지브리 스타일로 네 컷 만화를 만드는 게 유행이더라고요.

박석환 이게 초기에 제가 설정한 건 그거였어요. 이전에도 시나리오 제작 도구라고 할 만한 것들이 미국에는 있기도 했었고 한국 내에서도 계속 연구 개발들이 콘텐츠진흥원을 중심으로 하기도 했었거든요.

앞에서 언급한 것처럼 엑셀 같은 거였죠. 엑셀처럼 교집합을 찾아내는 정도였어요. 이건 폭 자체가 너무 넓어 기술적으로 시나리오를 뽑아내는 것보다는 드로잉 이미지를 기반으로 콘텐츠를 만드는 쪽이었어요. 내용을 전달하기 위해서 글을 쓰기도 하고 그림을 그리기도 하는데, 그림을 그리거나 만화를 사용하는 이유는 커뮤니케이션의 전달력이 더 높기 때문에 그림을 썼던 거잖아요. AI는 좀 더 즉시성이 높기 때문에 생성을 하더라도 우리가 요구하거나 원하는 걸 더 잘 뽑아낼 수 있을 건데, 글은 생성해 놓고도 난해해질 수도 있고 비슷하게 텍스트로 쭉 뽑아내긴 했는데 문맥상 비슷비슷한 것 같은데 보면 매끄럽지 않고 중간 중간 튀고 거짓말도 하고 그러고 있는 중이거든요. 그래서 내러티브를 갖다 앉힐 수 있다는 생각은 당시에는 안 했고, 일단 이미지를 먼저 생성해서 뽑을 수 있다고 생각했어요. 이 내러티브는 이야기를 더 잘 쓰는 사람 또는 더 극적인 이야기를 잘 쓰는 사람들이 있죠.

그런데 그림 잘 그리는 사람이 이현세 선생님을 대체할 수 있는 건 아니죠. 이 선생님과 다른 그림을 잘 그리는 사람은 많이 있는데, 이 선생님도 기본적으로 시나리오의 세계관은 본인 것을 갖고 있죠. 까치라는 인물, 까치가 갖고 있는 행동 방식, 각자 인물들이 갖고 있는 행동 양식이나 이런 것들 저런 것들을 다 조합한 세계관들은 이현세 것이지만, 그걸 색다른 시나리오로 만드는 작업들은 외부 시나리오 작가들이랑 항상 같이 일을 했거든요.

최근에도 곽경택 감독의 작품을 하는데요. 늘 그러셨어요. '영화감독처럼 나도 시나리오 받아서 해야 내가 달라지지 한낱 내 머릿속에 있는 것만 끄집어내 갖고서는 한계가 있다'고 하셨어요. 때문에 시나리오 쪽은 일단 우선 대상은 아니었고, 이것을 먼저 하고, 다음 타순으로 생각은 했었죠. 선생님은 신체가 도구잖아요. 그림을 그릴 때 신체 도구가 기능을 다하면 그걸 재현할 수가 없으니까. 일단 그림 쪽을 먼저 지속 생산 가능하도록 틀을 잡아보자 해서 이미지를 먼저 하기로 했는데, 초기 기획안에 보면 그 이야기는 있었어요. ('이현세 AI 프로젝트' 컨셉 기획을 세션 받아 확인하니 AI가 작가의 작품을 학습하고, 작가가 AI를 활용하여 창작하고, 편집자가 AI 에디팅하는 단계로 설계되어 있다.)

■ 그림 50. '이현세 AI 프로젝트' 컨셉 기획

**AI 기술을 통해 작가의 창작역량이 기계 학습되고
작가의 창작 노동을 최소화할 수 있다.**

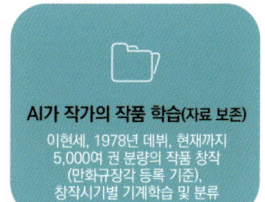

AI가 작가의 작품 학습(자료 보존)
이현세, 1978년 데뷔, 현재까지 5,000여 권 분량의 작품 창작 (만화규장각 등록 기준), 창작시기별 기계학습 및 분류

작가가 AI를 활용 창작(작법 전승)
학습된 데이터를 기반으로 인물/표정/상황/동작/의상/소품/구도/배경 등에 따른 대생 도출(간단한 스케치 및 텍스트 입력으로 벡터 이미지 자동 생성)

편집자가 AI 에디팅(강화 활용)
생성된 이미지를 기반으로 작가가 수작업 후보정, 편집자의 지침에 따른 AI 자동 보정 및 가공, 작가 최종 결과물 검수 및 제출

기대효과
창작기술의 대중화, 창작 내용의 연성화, 창작 형식의 복합화 등에 따라 만화 창작의 새로운 정의 필요
만화 창작의 전통적 방식을 기록/보존/전승하는 한편, 생산 효율성을 극대화하는 방향으로 원작자의 지속 가능한 창작기반 마련

* 자료: '이현세 AI 프로젝트' 제안(2022, 3쪽).

선생님의 사고방식이나 말투, 또는 서술 방식이나 말 칸에 사용하는 어투, 어족 등을 학습시켜서 이렇게 해보겠다고 하긴 했는데 그건 많이 다른 영역이더라고요. 국어국문학 쪽 영역의 온갖 과제들과 문헌 정보 쪽의 온갖 과제들이 다 있는 거고 이미지와는 조금 끊어져 있긴 해요. 우리가 이미지를 잘해놓으면 다른 과제를 병합해서 쓸 수 있겠다고 생각은 했었어요. 다만 초기 계획서에 뭐가 있었냐면, 오늘 선생님이 은퇴를 하셔서 작업을 안 하게 될 경우 내년, 내후년에도 2024년 버전, 2025년 버전의 선생님 그림만 나올 거 아니냐? 2026년, 2027년에 매년 그해의 색이 바뀌거나 그해의 패션이나 유행의 흐름 같은 게 있고 시각적인 유행의 흐름이 있다면 우리가 추가 학습시킬 수 있고 그 추가 학습된 것들을 여기 이미지 모델에 병합시킬 수는 있을 것이다.

조금 전에 보여준 신발 그림 있잖아요. 일반인들은 그렇게 안 그리는데 선생님만 유독 뭉뚝한 신발을 그리거든요. 이거는 선생님이 평생 그렇게 그리실 거예요. 그 뒤로도 그렇게 그리시겠지만, 그해에 유행하는 신발이 예컨대 캔버스화였다면 캔버스화를 추가로 넣어줄 수는 있을 거라는 이야기죠. 그러면 그림이 어떤 오리지널리티는 계속 유지되면서 트렌디해질 수 있도록 생성은 할 수 있을 거예요. 그림 쪽은 그래서 혹시 작업을 그만두시고 업 자체 또는 권리 자체를 2세에게 넘긴다 하더라도 조금 트렌디한 그림들이 생성될 수 있는 기반은 나올 거라고 생각했습니다. 다만 서사 쪽은 우리 전문 분야는 아니어서 그거는 관심을 갖고 있지는 않았죠?

Q4 네, 좀 더 이해가 되는 것 같습니다. 이현세 선생님 인터뷰할 때도 데즈카 프로젝트 이야기를 했었는데, 그것도 이 프로젝트에 어느 정도 영향을 미쳤나요? 아니면 아까 말씀하신 딥툰에서 확장을 한 것인가요?

A **박석환** 데즈카 프로젝트는 이슈가 됐고, 다들 관심도 있었습니다. 그걸 보고 이걸 했다기보다는 이걸 하려고 하다 보니까 데즈카팀들은 어떻게 했는지 살펴본 것이에요. 근데 그 팀들이 하는 방식이 되게 생소하긴 했었어요. 일본은 역시 일본 방식이네, 이런 생각이 들고, 자동으로 이미지가 생성되기 때문에 그 생성되는 과정을 재현할 필요는 없거든요. 그냥 컴퓨터가 돌면서 나오는 건데, 거기에 무슨 드라마가 있다고 그거를 하나 했는데, 그 프로젝트는 실제로 컴퓨터가 만들어 놓은 이미지를 여기다 복제하듯이 그리게 한 거거든요. 로봇 손이 나와 가지고 그렸어요. 우리도 같은 맥락으로 국립중앙도서관에서 했던 게, 사람 사진 찍어서 컴퓨터 안에서 이미지 생성을 해놓고, 해놓은 걸 가지고 그려주는 거거든요.

그것은 그냥 이벤트인 거지, 어떤 재현을 해도 행위를 재현하는 것에 되게 주안점을 뒀구나라는 생각을 하기도 했습니다. 어쨌든 그 데즈카 프로젝트가 영향을 미쳤다기보다는 사례로서 살펴봤습니다.

유건식 네. 그렇군요.

박석환 이현세 프로젝트를 해야 되는데, 그 당위성을 찾기 위한 요소로서

옆집은 이런 걸 하니까 우리도 하자는 지렛대 역할 정도로 쓰였어요. 그러고 나서 스테이블 디퓨전이라는 획기적인 게 나왔어요. 자기네가 독자적으로 계속 만든 걸 쓸 거라고 생각은 하고 있었는데, 바로 스테이블 디퓨전을 쓰더라고요. 초기에 우리가 학생들이랑 같이 열심히 만들어 놨는데, 그걸 더 이상 쓰지 않고, 학생들이 2기 개발 과제할 때는 스테이블 디퓨전을 어떻게 활용할까에 대한 주안점을 딱 뒀었거든요. 이것으로 봐서 일본에서 했던 기술 개발의 수준이라는 것이 너무 어마어마한 수준은 아니구나라는 정도 생각은 했었죠.

유건식 데즈카는 글만 AI로 쓰고 그림은 다 사람이 그렸다는 평가를 받더라고요.

박석환 처음 나온 1기 데즈카 프로젝트는 시나리오를 일종의 챗GPT가 쓴 것이고, 스튜디오에서 그림을 그렸습니다. 두 번째 때는 캐릭터 디자인을 AI가 했어요. 초기에는 텍스트 생성 모델이었고, 두 번째는 이미지 생성 모델을 사용한 것이죠. 디자인한 것을 다 그려내라고 하면 힘들어하니까 새로 캐릭터만 디자인을 하고 그것을 화공들이 그린 방식이었고, 세 번째는 스테이블 디퓨전을 써서 생성하고 리터칭을 한 거죠. 그렇게 그림이 나오는데, 그대로 쓸 수 있으면 좋은데 어딘가 어색해요. 그럼, 그 부분을 다시 리터칭하는 거였죠.

세종대 친구들이 했던 과정들은 생성하고 수정하는 작업을 계속했죠. 예전에 대량 생산 시대에 로스율을 줄이려고 제작 공정들을 만들고, 그 제작 공정을 촘촘하게 관리하던 도요타 방식, 식스 시그마처럼 불량품을 최소화하는 구조로 산업화 사회로 발전해 온 것과 비슷합니다. 인공지능 시대에는 인공지능이 생산하는 것을 관리하는 주체가 대형 공장이 아니라 개인들이 생산관리를 하는 구조가 된 것 같아요. 시대는 달라졌는데 이삼십 년 전의 식스 시그마를 AI에 적용해서 관리해야 하는, 로봇을 노동자로 관리해야 하는 시대가 왔다는 생각이 듭니다.

Q5 이현세 선생님은 새로운 것을 쉽게 받아들이고 문제가 없을 거라고 생각해서 이현세 선생님을 택했다고 했는데, 현재 봤을 때 다음으로 할 수 있을 만한 사람이 있을까요?

A **박석환** 남자 작가를 해서 다음에는 여자 작가를 염두에 두고 있습니다.

유건식 이 작업을 계속해나가고 있네요.

박석환 시간도 오래 걸리고 고민도 많아야 되고, 결과물이 당장 교환 가치가 생성될 만한 것이면 계속 팔면서 하면 되는데, 아직까지는 완성도가 그렇거든요. 로봇청소기 수준이면 빨리 만들어서 팔면 되는데, 커피도 타고 해야 하는데 자꾸 넘어지고 컵도 깨고 해서 아직 오픈하기는 힘든 상황입니다.

해마다 단위 프로젝트 연구 과제들을 하나씩 받아서 했고, 과제 끝날 때마다 헤쳤다가 다시 모이는 식입니다. 계속 고착화되어 있으면 내부동력이 오래 가면서 진정성이나 깊이가 있겠지만, 셋업하고 중단하면서 결과물을 평가하고, 비용 발생이 중단된 상태에서 연구 성과에 대해 성찰도 하고 다시 셋업하면서 한 계단씩 나아가는 과정이 있습니다. 이현세 선생님 것을 3년 동안 했고, 더 계속해야 하는데 이현세 선생님 것만 가지고 계속한다고 하면 사람들이 안 믿어주니까 새로운 사람이 한 명 있어야 그 자원으로 앞의 것도 더 발전시키고 새로운 것도 할 수 있습니다. 이렇게 해서 2호, 3호 해 나갈 겁니다.

튼실한 자본이 들어오는 어느 시기가 되면, 또는 대형 자본이 들어온다면 한꺼번에 다 하게 될 것입니다. 하지만 중요한 것은 기술이 아무리 발전해도 그 기술 위에 아티스트들이 있다는 점입니다. 기술이 능가하지 못하는 아티스트가 가진 영감들이 있고, 사실은 기술 숙련도보다 영감이 반영된 창의적 결과물을 사는 것입니다. 이것을 비슷하게 재현해 놓았다고 해서 그것을 사는 게 아니기 때문입니다.

AI 시대가 온다고 하더라도, 또는 대형 자본이 들어와 나 만늘어진다고 해도 생성하는 것만으로 완성도를 유지하기는 쉽지 않을 거라고 생각을 하고 있습니다. 지지부진하지만 조금씩 하고 있는 건, 웹툰이나 콘텐츠 제작사가 이 부분의 이슈를 늦게 따라잡으면 안 되고, 또 대중적인 IP를 가지고 한다기보다는 나름대로 대형 IP를 가지고 있어야 이슈의 중심에 있을 수 있기 때문입니다.

1호도 큰 작가지만, 두 번째, 세 번째도 큰 작가로 진행할 것입니다. 이 작가들 것은 유사하게 생각할 수 있지만, 오리지널리티도 너무 강하고 대중적으로도 인지도도 굉장히 높습니다. 궁극적으로는 IP 비즈니스가 될 것입니다.

AI의 자동 생성 사업도 과거의 상표권 사업처럼 로고나 상호를 판매하는 사업처럼, 캐릭터 비즈니스처럼 생성할 수 있는 유사 이미지 관리를 판매하는 사업이 될 것입니다. 누군가에 의해 학습됐다고 하더라도, 거기에 섞여 있는(용광로에 녹아있는) 것을 끄집어낼 때 인지된 캐릭터의 부분들이 노출된다고하면 그에 대한 권리를 누군가는 행사할 수 있게 될 겁니다.

섞여 있는 것, 용광로에 녹아있는 권리를 누가 이야기할 수는 없겠으나, 그중에서 뽑아낸 것이 이전에 각인된 결과물과 유사하다면 동일성 유지로 인한 피해를 호소할 수 있을 것입니다. 그런 위치에 있는 작가들의 작품이 캐릭터 이미지 라이센싱 비즈니스의 대상이 되겠죠.

그러면 캐릭터 이미지 라이센스 비즈니스를 할 수 있는 권리를 가진 사람에게만 생성을 허락하거나, 생성은 열어준다 하더라도 유료 판매를 허락하는 형태가 될 것입니다. 근미래에는 라이센스 비즈니스 사업 구조가 될 것으로 보고 있습니다. 기존에는 권리를 가진 사람이 직접 생산하고 팔았다면, 이제는 권리를 가진 사람이 직접 생산하지 않고 권리만 팔아도 영유할 수 있는 상태가 될 것입니다. 오리지널리티가 강한 작품들만을 하고 있죠.

Q6   지금 열심히 모델링해서 만들고 계신데, 특허처럼 될 수 있지 않을까요? 그 모델링을 판매하실 수도 있고요.

A   **박석환**   사실 이건 특수하고 독창적인 결과물이라기보다는 기존의 독창적이

었던 것을 노력의 결과로 묶어놓은 것이어서 특허를 받기는 어려울 것 같습니다. 이미 많이들 출원하고 있고요. 과정만 특허 내기도 하고요. 출원 단계까지는 많지만, 등록 단계까지는 아직 오지 않은 것 같습니다.

개인적으로는 그런 것이 등록되면 안 된다고 생각합니다. 일하는 과정을 특허로 등록하면 일하는 과정을 따라하지 말라는 것은 맞지 않습니다. 프레임워크를 맞춰 묶어놓았다고 하더라도, 실제로 그것을 뜯어보면 일의 순서에 불과합니다. 우리가 만들고 있는 게 그 정도는 아니어서 특허 출원은 안 하고 있습니다.

현재 국내 웹툰 AI 업체들은 대부분 오소링 툴(저작 도구) 같은 것을 만드는 쪽으로 발전하고 있습니다. 웹툰을 만드는 도구를 만드는 것이죠. AI 업체이고 AI 기술이 적용되어 있긴 하지만, 실제로 사업은 AI로 이미지를 생성하는 것을 조금 더 용이하게 하거나, 생성된 것을 편집하거나, 편집된 것을 웹에서 서비스할 수 있도록 하는 쪽에 집중되어 있어요. 어떻게 보면 껍질을 만드는 쪽에 대부분 집중되어 있어요. 안에 엔진을 만든다기보다는요.

대다수의 연구소급 멤버들은 초거대 AI 같은 생성할 수 있는 모델을 만드는데, 그걸 만들기가 쉽지 않으니까 다른 곳의 것을 가져다 씁니다. 우리도 비슷합니다. 초거대 AI를 가진 미국 중심의 기업들이 가지고 있는 것을 임대료를 내고 사용하면서 무언가를 추가하는 형태입니다. 마치 땅은 미국의 것이고 거기에 화초를 심어서 자라는데, 화초가 내 것인 줄 아는 상태입니다. 대부분이 그래요.

정부에서도 AI 관련하여 원천 기술을 개발해야 한다고 초기에는 고민했으나, 작년에 돌아보니 원천 기술은 이미 만들어져 있었습니다. 이제는 응용 기술을 어떻게 만들지, 응용 기술 분야에서 무엇을 할지 쪽으로 와 있어요.

Q7 관련된 툴이 되게 많더라고요. ComfyUI를 선택하신 이유가 있나요? 서비스가 가장 낫다고 생각하신 건가요?

A   **김영근**   일단 ComfyUI가 가지고 있는 장점이 몇 가지가 있는데요. 스테이

블 디퓨전 WebUI 보다 낮은 메모리를 사용하여 성능 및 확장성 측면에서의 효율성이 있고요. 모듈화된 노드 기반 구조로 인한 유연한 워크플로우 구성이 가능하다는 점이 있습니다. 각각의 장단점이 있겠지만 ComfyUI는 우리가 요구하는 장면들을 이끌어내는 데 더 수월하고, 응용할 수 있는 가능성이 많아서 선택했습니다.

Q8 서재일 교수님 쪽, 서동인 니무스 쪽, 오노마에이아이 등이 있던데, 서로 협력하고 계신 건가요?

A **박석환**   오노마 AI는 문헌정보학 출신의 연세대 교수 출신이 창업했습니다. 인문사회계열에서는 가장 높은 기술적 수준을 갖고 있습니다. 수준 있게 만들긴 했지만, 사업화 단계에서는 부침이 있습니다.

유건식   그럼 재담미디어하고는 어느 영역을 같이 했나요?

박석환   우리에게 그들이 만든 콘텐츠를 서비스해달라고 갖고 왔어요. 제대로 잘 만들었기 때문에 '재담쇼츠'에 다양성을 위해 넣었어요.

작년에 콘텐츠진흥원에서 AI 페스티벌을 했을 때 함께 시연을 해봤습니다. 그들이 만든 툴에 우리의 이현세 AI 모델을 넣어 시연했고, 꽤 잘 나와서 상호 발전적인 관계를 유지해보자고 했습니다. 올해 현재 두 가지 사업을 함께 논의 중인데, 그중 하나가 AI 에이전트 개발 사업입니다. 이현세 AI 에이전트를 대리로 만드는데, 3D 아바타 형태로 만들어 대화하면서 생성 이미지를 도출하는 방식이죠. 이현세 선생님의 말투, 표정, 태도 등을 아바타에 이입시키고, 그렇게 했을 때 어떻게 생성되느냐가 이번 과제의 핵심입니다. 신청은 해 놓고 결과를 기다리고 있습니다.

어느 상황에서는 우리가 보편적으로 쓰는 디바이스와 업무 방식이 달라질 것입니다. 컴퓨터한테 명령을 해야 하는데, 지금은 입력을 하지만 나중에는 보이스 투 보이스가 될 수 있어 그것을 준비하고 있습니다.

아무것도 없는 상태에서 화면 보고 이야기하고 이야기를 주고받으면서 어떤 소정의 결과물을 나오는 단계가 됐죠. 이제 AI 에이전트, 아티스트 에이전트가 만들어졌을 때 기대할 수 있는 부분입니다.

유건식 리무스와는 어떤 관계인가요?

박석환 서동인 대표는 원래 한양대 경영학과 출신인데, 만화 쪽에 관심이 많아서 일 배우러 몇 번 왔다 갔다 하다가 창업을 한 사례입니다. 그림 작가들이 자기네는 드로잉해서 하는데 AI로 생성하는 분들 중 한 명이죠.

김영근 한 번 제안하러 찾아왔어요.

박석환 맞아요. 미팅하자고 해서 그림 만든 걸 보여줬어요. 제법 그럴듯하게 나오기는 했어요. 졸업 작품은 1년 내내 그려서 가져오죠. 그런데 웹툰은 1주일 안에 그려야 하거든요. 같이 와서 했는데, 마니아들이 갖고 있는 집중도가 있었어요. 그런 걸 학생들에게 전수해 주면 좋겠다고 생각했습니다. 예전에는 세종대 만화과 학생들이 그림을 제일 잘 그렸는데, 요즘은 실기를 안 보니까 그림 실력이 부족한 편이죠. 반면, 어떤 게 잘 될 것 같다는 분석력과 시장 트렌드를 읽는 능력은 높습니다. 그래서 세종대에 수업을 맡겼습니다. 열심히 잘했어요.

김영근 서재일 교수님 같은 경우는 2023년도에 원캠퍼스 프로젝트를 세종대하고 진행할 때부터 같이 했습니다. 저랑 같이 처음 '이현세 AI 프로젝트' 기반의 프로젝트들을 진행했었어요. 그때 했던 게 오마주 제작을 해보는 것이었는데, 서재일 교수님은 작가로서 활동도 많이 하고 작품 교육을 했었던 경력들이 많으셔서 어떤 식으로 협업을 할지 논의를 했어요. 제가 AI 생성과 관련된 기본적인 베이스들을 학생들한테 교육을 하고, 교수님은 이제 직접 제작하는 과정들을 교육하는 식으로 서로 호흡하고 소통했습니다. AI로 시작할 때는 제작의 특이성들을 감안해서 사전에 학생들 교육이 좀 필요하다고 인식했고 또한 최적화된 어떤 공정들을 찾아서 풀어가야 하는 부분이 있었거든요. 교수님하고 많이 논의하고 협의하면서 나름의 제작 방식들을 찾아갔죠. 그래서 학생들이 갖고 있는 작업 능력들을 높이 끌어올릴 수 있도록 연구도 하고, 교수님도 자신이 교육했었던 경험 기반들이 많으시다 보니까 학생들이 갖고 있던 잠재력들을 잘 끄집어내시더라고요.

그래서 원고 하나하나를 각각 개성이 있게 만들어내는데 많은 경험을 발현했었던 것 같고요. 이를 토대로 2024년에도 세종대와 국가 지원 사업들을 통해 산학 협력을 진행했었는데, 이때 교수님이 직접 학생들의 작품들을 만들어 볼 수 있겠다고 하시더라고요. 경험들이 축적된 게 있으니까 두 번째 하실 때는 더 잘하시더라고요. 기술들이 좀 나아졌다고 하더라도 결국 공정은 좀 더 힘들어지는 지점도 있거든요. 그래도 좋은 결과물들이 나왔던 것 같습니다.

Q9   2023년 보고서는 못 봤고(인터뷰 후에 받아서 보았음), 2024년 보고서를 보니 여름, 가을, 겨울이 있더라고요. 어떻게 차별화되었나요

A   **김영근**   네. 여름에 진행했던 것은 산학 협력을 통해 재담미디어 쪽에서 세종대학교 학생들과 현장 실습으로 운영을 했던 프로그램입니다. 학생들이 AI로 제작하는 과정들을 가르치고 실습을 진행해보는 내용이었는데요. 2023년도에는 스테이블 디퓨전 WebUI 기반으로 교육을 했었고요. 2024년도에는 ComfyUI 기반으로 교육을 했었는데 그 툴들을 토대로 학생들의 개인 역량을 분석하고 각각의 팀을 꾸려서 각자 좋은 결과물들을 만들어낼 수 있도록 AI 이미지 생성과 관련된 기초 지식들을 교육시키고 실습했었어요.

그리고, 방학 기간 동안에 학생들에게 AI 캐릭터 바이블을 만들도록 했죠. 참고로 AI 캐릭터 바이블을 간략히 설명 드리자면, 각 캐릭터 별로 기본 동작이나 표정들을 생성할 수 있는 최적화 된 이미지 생성 설정 정보를 모아놓은 가이드고요. 자주 연출되는 규격화 된 이미지가 잘 생성되어 나올 수 있도록

기본 정보들을 정리를 해놓은 가이드 기반으로 실제 원고 제작에 활용하는 방식으로 진행을 했었죠. 그때 주요 캐릭터들의 바이블을 만드는 데 한 2개월 정도 가까이 소요 되었고요. 그리고 가을에는 서동인 대표님하고 서재일 교수님께 각각 그 기반의 제작된 내용들을 설명 드리고 인수인계하면서 그걸 토대로 학생들이 또 계속 원고들을 만들어낼 수 있도록 요청을 드렸습니다. 서동인 대표님은 자신의 방식으로 ComfyUI 교육을 진행하시면서 이현세 작가님의 다른 작품을 기반으로 캐릭터 바이블과 샘플을 제작하였고, 서재일 교수님은 여름에 현장 실습에서 제작했었던 AI 캐릭터 바이블 자료를 기반으로 인물을 생성하거나 웹툰 원고를 제작하는 쪽으로 진행을 했었습니다.

그래서 그때까지 만들어진 원고를 한번 취합해서 확인을 했었고, 겨울이 지난 이후에 한 번 더 자체적으로 더 좋은 성과를 만들어 보자고 학교 측과 논의를 해서 그 남은 일정들을 학생들과 상의하면서 조금 미완된 부분을 보완하는 작업들을 했었는데요.

그 때 진행했었던 원고들도 학생들이 만든 것 치고는 열심히 잘 만들긴 했었지만, 그보다 학생들에게 프로의 관점에서 원고를 볼 수 있는 경험들을 하게 했던 거나, 실제로는 이런 식으로 했을 때 더 나은 결과물들을 끌어낼 수 있다는 가이드 역할과 피드백들을 하면서 점진적으로 학생들에게 능동적으로 할 수 있도록 코칭을 했었는데요. 학생들 스스로 AI 활용 원고 제작에 대한 교육과 팀 작업을 하면서 자신의 능력치들을 더 많이 끌어낼 수 있었던 좋은 경험이 되었겠다라는 생각이 들어서 개인적으로는 그게 더 의미가 있었다고 생각합니다.

유건식 보고서에 소감이나 의견들 보니까 이걸 통해 엄청나게 배웠다고 적었더라고요.

김영근 네, 앞으로 더 새로운 웹툰 시장들이 계속 나타날 거고, 그 과정에서 AI는 필수불가결의 요소들이 분명히 있다고 생각을 하거든요. 그런 관점에서 봤을 때 지금이라도 이런 경험들을 많이 축적해 놓고 그 나름의 노하우들을 더 만들어 갈 수 있도록 기반을 경험시켜 놓는 것이 나중에 좋은 효과가 분명히 있지 않을까라는 생각을 했습니다.

Q10 강의도 직접 하셨죠?

A **김영근** 재담에 입사하기 전에 강의도 했습니다. 처음 재담미디어와 인연도 웹툰 아카데미 사업으로 시작하게 되었는데요. 재담미디어와 추계예술대학교 산학 협력으로 시작을 했었어요. 제가 운영 실무를 담당하였고, 수료생들을 작가로 배출을 하거나 웹툰 피디로 취업시키기도 하였고요. 그중 저희 회사로 취업한 수료생 피디들이 본사에서 새로운 작품들을 만들어 내는데도 많은 기여를 했는데요. 이렇게 교육은 선순환 효과가 있어서 꼭 필요하다고 생각합니다. 특히 인공지능 분야의 경우 상당히 배울 것들이 많긴 하거든요. 창작만 하던 사람들 입장에서 인공지능 분야는 상당히 배우기 어려운 기술적인 요소들이 많습니다. 디지털 그래픽 제작을 오래 해왔다고 하더라도, AI 기술은 영역이 아예 다르다고 생각을 합니다. 물론 원고를 만드는 과정에서는 일부 기존의 공정들을 답습해야 하는 부분들도 있지만 AI가 창작해 내는 특수한 결과물들을 갖고 인간이 창작의 영역을 더해서 뭔가를 만들어내야 하는 관점에서 보면 분명히 기존 제작방식과는 다른 부분이 있거든요.

제 경우 새로운 도전에 대한 호기심도 있어서 제가 연구소에 들어오기 전부터 이 분야에 관심을 갖고 많은 도전을 했었습니다. 2022년도에 재담미디어와 이현세 선생님이 AI 프로젝트 MOU를 맺고 나서 AI 사업을 시작한다고 했을 때 제가 바로 참여했었던 건 아니었고요. 2023년도에 연구소가 생기면서 제가 실장으로 배속되었는데 그때는 정말 밤새우면서 공부하고 연구도 많이 했었어요.

참고로 저는 공학도가 아니고요. 미대 출신의 작가이자 교육자로 주로 활동

했었지 공학도가 갖고 있는 기술적인 지식의 영역은 전혀 다른 부분이었거든요.

Q11 힘들었을 것 같은데, 어떻게 끌어가셨어요?

A **김영근** 그래서 많이 물어보고 많이 찾아보고 많이 시도해 보고 했죠. 사실 그 과정에서 실패하거나 큰 난관의 문제에 봉착한 경험들도 많았고요. 진행하면서 뜻대로 안 되거나 또 이 기술에 대한 영역의 한계가 느껴지는 지점들이 늘 생기기 때문에 혼자서는 절대 못 풀어갔었어요. 그럴 때마다 항상 좀 더 많이 알고 있는 사람들 또 좀 더 많은 정보들이 있는 곳을 찾아서 계속 하나하나씩 찾아보면서 진행을 했었습니다.

유건식 정말 큰일을 하셨네요.

김영근 지금도 배울 게 너무 많습니다, 할 것도 너무 많고요. 현재 점점 기술이 좋아지고 있잖아요. 좋아지고 있는 단계이긴 한데 상용화 단계까지 오는 과정이라고 생각을 하고 상용화가 됐을 때는 분명 이것보다는 좀 더 쉬울 거라고 보거든요. 예를 들면 디지털 창작자들이 포토샵 많이 쓰지 않습니까? 포토샵이 프로그래밍으로 만들어질 때까지는 어마어마한 시간이 걸리고 또 많은 오류의 경험들을 통해서 하나의 완성된 프로그램이 탄생되는 거긴 하지만 결국 만들어지고 나면 사용하는 유저들은 그게 되게 간편한 도구로 경험이 되잖아요. 사용자에 맞게 인터페이스가 일단 잘 배치되어지면서 작업을 훨씬 더 쉽게 할 수 있는 창이나 도구와 패널처럼 가공적인 형태들이 잘 꾸려져 있기 때문에 AI 도구도 그런 단계가 올쯤에는 그리고 왔을 때는 좀 더 사용하기 쉬울 것 같다는 생각이 있습니다.

Q12 요즘에는 스냅툰, 하이프툰 등 많이 있던데, 재담미디어에서도 이런 상용화된 툴들을 만드실 생각이 있으신가요?

| A | 박석환 | 아닙니다. 우리는 그 도구를 누군가 만들어주면 사용해야죠. 제작을 용이하게 할 수 있는 제작 툴을 만드는 게 필요하긴 한데, 우리는 제작사니까 제작에 집중하고 도구가 좋은 게 나오면 갈아타서 더 좋은 쪽으로 콘텐츠 생산해야죠. 지금도 특정 도구들이 좋다고 그 도구 하나만 갖고 작품을 하지는 않거든요. 세종대 프로젝트도 학생들이 기본적으로 이미지 저작도구, 포토샵이나 어도비 계열의 이미지 저장 도구는 다 쓰고, 스테이블 디퓨전이나 AI 쪽도 잘 나오고, 다른 게 잘 나오는 AI도 있어요. 그러면 그것들을 조합해서 씁니다. |

유건식 재담미디어 웹툰연구소라고 해서 그런 도구까지 만드는 줄 알았습니다.

박석환 우리는 그런 툴들을 여기저기 다 적용해 보고 연구소가 핵심적으로 고민하고 있는 것은 제작 공정을 만드는 것이거든요. 사람을 투입해서 AI 도구를 활용하되 사람을 투입해서 할 수 있는 일들의 제작 공정을 만들고, 그 표준화된 공정을 기반으로 우리와 관계 맺은 스튜디오한테 전파해 주는 거죠. 우리는 기술을 연구한다기보다는 기술을 활용하는 방식을 연구해서 그 과정들을 세종대한테 프로그램을 전수해 주는 거죠. 유사한 트랙의 교육 과정에 계속해서 관여하는데, 그걸 하는 근본적인 이유는 제작 프로세스를 AI 시대에 맞춰서 조정하려고 하는 거죠.

| Q13 | | 그럼, AI가 만든 작품은 댓글은 누가 다나요? 이현세 선생님이 생존해 있다면 직접 달겠는데, 사후에 이현세 만화라고 오픈을 했을 때를 가정해보죠. |
| A | 박석환 | 월트 디즈니는 디즈니라는 회사가 아직도 디즈니의 정체성을 가진 작품들을 온갖 방식으로 만들어내잖아요. 그리고 회사 이름이긴 하지만 회사가 아티스트의 이름인 곳이잖아요. 그 아티스트 이름으로 계속 나오죠. |

유건식 프로젝트에서는 만든 사람들이 댓글을 달아주는데, 이현세 AI의 새로운 작품이잖아요.

박석환 그때도 맥락은 같을 거예요. 그러니까. 타이틀 롤에 참여하는 참여자들이 있겠죠. 예컨대 이소룡이나 이런 사람을 AI로 살려서 다시 영화 촬영을 할 수 있는 환경이 되고 있잖아요. 근데 그게 된다고 하더라도 그 기술적으로 연출을 더 잘하기 위해서 이소룡의 대역을 촬영할 거예요. 촬영된 얼굴에 이소룡을 입히거나 몸을 입히겠죠. SF 영화들이나 판타지 영화들 보면 그 사람이 공룡 연기를 하잖아요.

미래에 아주 유명한 연기자들로 인해서 새로운 연기자가 생성되지 않는다 하더라도 그 뒤에는 그게 고스트로 죽어 있을지 숨겨져 있을지 모르지만 나름의 자기 오리진을 갖고 있는 사람이 존재한다는 거죠. 이현세의 경우에도 우리가 거기까지 예측하기가 쉽지는 않겠지만 사후에 이현세라는 회사가 이현세의 정체성을 가진 작품을 다른 아티스트들의 손을 빌려서 내는 것과 마찬가지로 AI의 일부 도움을 받아서 내는 거죠.

근데 아마도 기술을 수용할 때에 '불편한 골짜기'라는 이야기들 많이 하잖아요. 기술을 수용할 때 거부감이 일정 부분 존재해서 그런 건데 그 거부감을 가지고 있는 사람들이 곧 그 기술의 수혜자가 될 수밖에 없어요. 그러니까 기본적으로 본인이 갖고 있는 기술이나 아니면 본인이 가지고 있는 가치가 AI로 대체된다고 해서 거부감을 갖죠.

어떤 사람이 어떤 권리를 갖고 행위의 주체가 될 때 아티스트로서 이름을 갖게 되는 것 아닐까라고 생각은 해요.

Q14 데즈카 오사무의 AI 프로젝트 결과물인 〈파이돈〉과 〈블랙잭〉을 보셨나요? 보셨다면 원작과 AI 작품을 평가 부탁드립니다.

A **박석환** 〈파이돈〉은 AI가 만든 거기도 하지만 그 내부 시스템이라고 생각해요. 정말 무서운 건 그 시스템이 갖고 있는 정교함이 여전히 유지되고 있는 게 일본 만화계의 힘일 수 있고, 대단한 의미들이 있는 거거든요.

80년대에도 그렇게 냈고 90년대도 그렇게 냈고 2000년대도 그렇게 했고

2010년, 2020년도에도 그렇게 될 수 있다라는 건 그 안에 인력 시스템이 계속 그런 수준으로 유지되고 있다는 거잖아요. 그 이야기는 어쨌든 그 회사가 계속 고른 수준의 매출을 유지하고 있다라는 이야기인데 디즈니와 데즈카 오사무는 지명도는 같을지 모르지만, 매출 사이즈로는 같은 조직은 아닌 거거든요. 오사무는 개인인 거고 그럼에도 불구하고 돌아가신 지 40년이 넘는 동안 유사한 퀄리티의 작가를 사람 또는 AI를 통해서 생성해낼 수 있다라고 하는 건 그 산업계가 가지고 있는 뒷심들 그리고 어쨌든 그들이 계속 유사한 매출 정도 매출 수준을 관리하고 있다라고 하는 게 사실 제일 큰 거죠? 그게 힘입니다.

유건식 작업 기간도 되게 짧은 몇 개월 만에 했어요.

박석환 그거는 아는 사람이 있어서 가능한 거죠.

유건식 그걸 비교해 보면 재담미디어에서 하는 프로젝트는 정말 맨땅에 헤딩을 하는 거죠?

박석환 그럴 수 있죠. 그러니까 이현세 선생님이 1990년, 2000년도까지만 해도 건물 하나가 다 화실이었거든요. 그때는 지하실에도 되게 큰 평수의 사무실이 있었고 지하에 B팀이 있었고 A팀은 지상에 있고, 한 사오십 명씩 데리고 일을 같이하셨어요. 그런 팀이 여전히 유지될 수 있다면 굉장히 빠르게 작업할 수 있죠.

선생님 스스로 대학 교육도 하시면서 생산성을 강조하는 시스템에서 약간씩 의도적으로 나오고 싶긴 했었어요. 그런데 그것은 선생님의 선택이라기보다는 전반적으로 시장의 선택들이 생산성을 요구할 때가 있었고, 그때는 만화를 많이 만들어야 했었는데, 갈수록 좀 더 느슨한 생산성을 유지해도 됐거든요. 그러다 보니까 결국엔 혼자 해도 되는 상황이 된 것이에요. 1주에 연재 하나 정도 하는데 웬만한 사람들은 그것도 몇 명 붙어서 해야 됩니다.

그래도 스토리 작가, 본인, 컬러 3명이 붙어서 하는 거네요. 그러다 보니까 작은 작품을 하고 있는 거죠. 시스템이 전처럼 큰 작품을 할 수 있는 시스템은 아니고, 그게 아쉬운 부분이에요. 선생님도 향후에 계획은 가지고 계시거든요. 조금씩 구체화 준비를 하고 계시는 했기도 하는데, 이현세를 모체로 한 회사를 설립하거나, 문화재단 같은 것을 설립해서 그 재단에 가진 재산을 기탁하고 그로 발생하는 임대 수익이든 이자수익 같은 것으로 선생님이 하고자 하는 공익 목적의 사업이나 공익 목적의 콘텐츠 제작을 하려고 하는 의지는 갖고 계십니다. 그 단계가 되면 전업으로 참여할 수 있는 플레이어들이 좀 더 있을 수 있겠죠? 그런데 지금은 뭐 그런 단계는 아니고 외부 일들을 조금씩 줄이고 있습니다.

내년인가 석좌 교수가 끝나면 온전히 작품에 몰두할 수도 있을 텐데, 그때 되면 기력이라는 게 또 있는 거니까. 그래서 데즈카 오사무가 갖고 있는 힘, 그리고 그 힘이 부여된 일본 만화 산업계가 여전히 건강하게 유지되고 있는 관습과 한국 만화계를 일 대 일로 비교하기에는 아쉬운 측면이 있습니다. 데즈카 프로덕션은 아들이 하고 있습니다. 그 데즈카 오사무 프로덕션을 아들이 할 수 있는 건 데스크 팀들이 여전히 건재하기 때문에 할 수 있다고 봐야죠.

Q15 지금까지 추진한 〈카론의 새벽 리메이크〉는 3화까지 나왔고, 시나리오는 4화까지 나왔다고 했죠?

A **박석환** 시나리오는 더 있어요. 시나리오는 십몇 화까지 해놓은 게 있고 다만 그 시나리오를 그대로 쓸지에 대해서는 고민이 계속 있는 거죠.

유건식 〈고교 외인부대 리메이크〉는 얼마나 진도가 나갔나요?

박석환 〈고교 외인부대 리메이크〉도 시나리오는 12화까지 나왔고, 원고는 진도를 많이 나가지 못했어요. 재작년에 만들어 봤더니 안 되는 부분이 있어서 캐릭터 바이블을 만드는 사업들을 먼저 했어요. 그렇게 만든 건 캐릭터가 고교생들이고, 〈카론의 새벽〉은 성인들이리 두 작품이 세계가 일치하지는 않지만 캐릭터들의 유사성들은 있어요. 〈고교 외인부대〉는 고등학교 시절에 고등학생

신체 조건을 가진 오혜성이라는 배우를 만드는 작업이고, 〈카론의 새벽〉은 성인의 신체 조건이 가진 오해성이라는 배우를 만드는 작업인 거죠. AI로 두 틀이 만들어진 거죠. 두 작품을 선정한 이유가 거기에 있었죠. 스토리가 중요하긴 한데 캐릭터 바이블이나 모델들이 일정 부분 만들어져 있어서 필요하면 유사 창작물을 생성해 내거나 조립하는 데는 크게 시간이 많이 걸리지 않는 상태긴 해요.

다만 말씀드린 것처럼 조립이 됐다고 해서 그게 판매될 거는 아니에요. 또, 옷은 입었는데 헤어스타일이 맘에 안 들면 밖에 안 나갈 수 없잖아요? 그래서 작품의 만족도를 일정 정도를 넘어서야 합니다. 아직 공개할 단계는 아니어서 제한적인 장소에서 전시하든가, 어떤 행사 같은 데서만 유출을 하고 있는 중입니다.

유건식 이현세 선생님은 되게 높게 평가하던데요.

박석환 아니에요. 나쁜 말을 못하는 분이셔서 좋은 말을 하시는 거지요. 험한 이야기도 많이 했어요.

Q16 프로젝트를 하면서 가장 힘들었던 부분은 무엇입니까?

A **박석환** 요즘은 조금 덜 하시긴 한데 기본적으로 선생님이 호랑이상이죠. 그리고 딱 마주 앉아 있으면 지금은 상당히 좀 덜하긴 한데, 되게 기 빨리는 스타일이세요. 또 개인차도 있을 수 있는데, 저에게는 어린 시절의 아이콘 같은 분이잖아요.

그래서 어른을 마주하고 일한다는 것 자체가 되게 힘든 일이긴 했었는데, 결국 또 어른의 다독임이 소년을 성장시키는 거 아닐까 싶습니다. 그래도 중간에 멈추지 않고 계속할 수 있는 동행이 됐던 것 같아요.

유건식 김영근 실장님은 어떠셨어요? 뭐가 제일 힘드셨어요?

김영근 네, 맞아요. 저는 처음 시도하는 새로운 작업이었기 때문에 이 작업의 방향들을 수립하고 준비하는 단계가 상당히 좀 많이 힘들었던 것 같아요.

앞으로 새로운 기술들이 계속 나오고 있는 상황인데 이걸 또 배워야 한다는 부담과 어려움들이 항상 존재하죠. 어쨌든 저의 숙제로 있는 부분이 있고 또 저도 궁금하기도 하고요.

Q17 '이현세 AI 프로젝트'를 하면서 좋았던 부분은 어떤 게 있을까요? 2020년부터 했던 게 이제 구현이 됐으니까 꿈을 이루신 걸까요?

A **박석환** 그래도 기술적으로 구현된다는 것이죠. 우리가 이렇게 해보니 우리의 의도가 재현된다는 거였죠. 그러나 기술적으로 구현되는데 우리의 의도가 재현될까 했을 때는 만족도가 되게 떨어졌어요. 이 결과물이 '이현세 선생님을 대체할 수 있을까?'라는 부분에서는 여전히 회의적인 측면이 있죠.

다만, 이것이 대체할 수 있다는 확신을 갖고 만드는 사람과 선생님은 대체되지는 않을 거야라고 미련을 갖고 만드는 사람의 차이는 있을 것 같아요. 그래서 저는 가능하다면 대체 될 수 없을 거 같다고 해도 최소한 한두 가지라도 선생님스러움을 담아낼 수 있도록 AI 모델에 더 투입될 수 있도록 조금씩이라도 끄집어내는 일에 매진하는 게 좋을 것 같습니다.

결국은 작품으로 제대로 된 형태의 상품으로 출시했을 때 되게 기쁠 것 같은데 그 단계가 곧 오겠죠.

유건식 실장님은 어떤 부분이 제일 좋으셨어요? 새로 만드는 거?

김영근 예, 그렇죠. 새로운 경험의 작업을 해본다는 게 좋은 경험이었던 것 같고, 또 이 과정에서 새로운 사람들하고 뭔가 작업 방법들을 연구하고 시도해서 뭔가가 나왔다는 것이 좋습니다. 물론 결과물들은 기대치보다 좀 아쉬운 부분들은 많이 있지만 결과적으로 아직까지 다른 곳에서 이러한 경험들을 많이 못 했다라는 측면을 볼 때 어떤 가능성들을 갖고 갈 수 있다는 거에 대해서 좀 만족하는 부분이 있습니다.

Q18 전반적으로 AI를 이용하여 여러 곳에서 작업을 하지만 특정 인물을 갖고 작업을 하는 건 한국에선 최초이죠? 앞으로 좀 더 보완했으면 좋겠다는 부분이 있으실까요?

A **박석환** 어느 쪽에서는 우리가 기록의 민족이야, 조선왕조 500년 일기가 저렇게 남아 있는 게 어딨어? 그렇게 이야기하기도 하죠. 한편에서는 뭐 남아 있는 게 하나도 없어요, 이렇게 이야기하기도 합니다. 어찌 됐든 중요한 게 유실되는 자료들입니다. AI 비즈니스의 기본은 어쨌든 자료에 근간하는 거거든요. 기존 결과물의 근간을 두는 거고 데이터가 있어야 추가 생성이 가능한 방식이었고 자체 생성된 데이터를 재학습한다고 하는 논의들도 있긴 한데 그건 오염된 데이터를 학습하는 방식이어서 결국은 유의미한 정보가 나온다기보다는 회색 정보가 나오기가 더 쉬울 수 있거든요. 그래서 어떤 사람이 됐던 의미 있는 창작의 결과물을 가진 사람이라면 본인이 생성한 자료들을 누가 대신해주면 좋겠지만 그렇게 열심히 대신해주지 않으니 스스로들 좀 잘 관리를 하는 게 좋을 것 같아요. 이현세 선생님도 무수히 많은 자기 작품을 관리를 하고 있긴 하지만 없는 게 태반이에요. 또 있어도 반쪽인 경우도 많고요. 자료라는 게 옛날 선생님들은 종이에 그린 원고만 있으면 됐죠. 그래서 그 원고만 계속 쌓아놓고 있고, 그걸 책 인쇄할 때마다 빌려줬다가 끝나면 다시 찾아오는 식으로 유지 관리를 했는데 단일성이 유지되는 상태이고, 유일성이 있어요.

그런데, 디지털 시대로 넘어오면서 유일성이라는 개념도 아직 정립이 안 됐고, 작가들도 파일 관리하는 방식에 있어서 난해합니다. 오랫동안 한 사람도 탈고할 때는 주는 JPG 파일이 있고, PC에는 PSD 원본 파일이 있고, 다시 저장하면 미세하게 달라집니다. 예전 거는 해상도도 좋지 않고 버전 관리도 안 됩니다. 서지정보 관리하는 사람들에게는 작가가 갖고 있는 게 원본이 아니고 책이 원본입니다. 인쇄사업이므로 매체에 오픈되지 않았다고 생각합니다. 원본과 서비스 파일은 해상도 자체가 다르기도 하고요. 이런 관리들을 작가들이 체계적으로 하지 않아요. 영화 쪽에서는 박물관이나 영상자료원 같은 데에서 옛날 필름들과 재편집하기 이전 필름도 찾아내서 관리를 하잖아요.

유건식 만화진흥원이 있지 않습니까?

박석환 있긴 있는데, 책이 더 중요한 거죠. 1940년대, 50년대 책값이 이게 실제 원고보다 더 비싸요. 책은 1,000만 원인데, 원고는 누가 사지도 않아요. 미래에 벌어질 어떤 새로운 프로젝트나 작업들은 대부분 작가의 자료의 근간에서 만들어지는 것이기 때문에, 색다르고 독특한 신규 IP를 만들어내는 것도 중요하지만 기존에 만들어져 있는 IP들을 보존 관리할 수 있는 방안들을 찾아야 합니다. 그래야 그걸 기반으로 창의적 아이템들이 만들어질 수 있을 테니까 작가들은 빨리해주기를 원하죠.

유건식 실장님은 아쉬움이 있다면 어떤 게 있을까요?

김영근 AI 시대에는 필수 불가결한 어떤 흐름으로 다가오는데 웹툰 만화 시장이 새로운 어떤 국면에서 미리 여러 경험들을 토대로 쌓아 놓는 게 중요하다고 생각을 하고요. 그중에 하나가 이제 창작자들이 AI와 협업에서 풀어갈 수 있는 그런 시장 구조들을 빨리 개선하고 개발하는 게 필요할 것 같다는 생각이 듭니다. 그래서 이런 부분들이 현재 웹툰 시장이 전반적으로 AI에 대한 도전(활용)도 있지만 반대로 작가들은 AI에 대한 거부감을 갖고 있는 경우들도 꽤 많이 있거든요. 이런 것들에 대한 어떤 방향성들을 잘 수립해 나가면서 관련된 물론 법규들도 제정이 필요합니다. 그 과정에서도 작가들이 좀 능동적으로 더 나은 방향으로 AI와 같이 협력할 것인가에 대한 고민도 해보면 좋겠다는 생각이 듭니다.

Q19 세종대 학생들에게 피드백을 준 것으로 아는데 어떤 부분을 염두에 두고 피드백을 주셨나요?

A   **김영근**   저희가 최초의 AI 제작을 위한 어떤 공정 중의 하나가 학습 단계의 어떤 과정들이 필요한데 이런 부분에서 좋은 학습 데이터를 산출하기 위해서는 되게 정제된 결과물들을 만들어야 하거든요. 그런 부분에 있어서 좀 더 나은 학습 데이터들을 수립하는 부분에 피드백들이 많이 이루어졌습니다. 두 번째로는 그걸 토대로 엔지니어링을 통해 이미지 생성을 해야 하는 과정들이 있잖아요. 그런데 이 부분도 사실 기초 기술만으로는 분명히 한계가 있어요. 그래서 이런 것들을 좀 더 세세하게 기술적 경험들의 노하우를 전수해 가면서 실제 더 나은 결과물들을 뽑아낼 수 있도록 유도를 했습니다. 물론 저희가 또 응용을 해야 하는 단계들이 워낙 많다 보니까 가르쳐 드릴 수 있는 부분들은 분명히 한계점은 있었어요.

그럼에도 불구하고 학생들이 능동적으로 연구해 가면서 그런 것들을 좀 풀어냈던 부분들에 대해서 저도 상당히 좋은 경험이었다고 생각하고, 학생들의 부족한 지점들은 계속 피드백을 통해서 보완을 해주어 결과물들이 일단 좋은 이미지 생성을 풀어나갈 수 있도록 끌어낸 지점들이 있었습니다. 결과물이 나왔다고 하더라도 사실은 온전하게 그 웹툰 장면으로 끌어내기에는 밸런스가 안 맞는 이미지들이 분명히 발생이 되거든요. 작품을 보는 눈의 관점에서 제작을 하는 피드백들이 계속 이루어지고, 그다음에 그걸 또 완성도 있게 꾸려나갈 어떤 수공의 작업들이 분명히 필요합니다. 예를 들면 최소한의 공정 중에 하나가 대사를 넣는 말풍선이나 대사를 넣는 작업부터 시작을 해서 부족한 부분들은 리터칭을 한다든지, 배경이나 컬러 같은 것들을 좀 더 보완한다든지, 이런 다양한 공정들을 통해서 원고다운 아웃풋을 내는 게 결과적인 부분(목표)이었기 때문에 그 과정에서 아주 세세한 공정에 따라서 많은 피드백들이 이루어졌었죠.

그리고 결국은 좋은 작품을 만들기 위해선 전체 작품을 바라볼 수 있는 관점에서 계속 이야기를 전했던 것 같습니다.

Q20 프로젝트를 진행하면서 학생들과 이현세 선생님 중간에서 가교 역할을 하셨을 것 같은데, 어떻게 하셨는지와 힘드신 부분은 없었는지 이야기해 주세요.

A **박석환** 캐릭터 바이블을 만들 때, 전년도에 학생들이 만든 캐릭터 유사성이 되게 떨어지니까 캐릭터의 턴어라운드 이미지를 그려주시면 구글로 학습시킨 모델을 학생들한테 제공해 주었습니다. 선생님이 우리의 시간에 맞춰서 할 수가 없잖아요. 시간 관리하기가 쉽지 않았고 특히나 저명한 작가의 특정한 시간을 빼서 이걸 해야 되는 게 쉽지 않은 작업이었습니다.

또한, 본인 스타일이 있고 본인이 방법을 딱 정하면 '요렇게 해 주세요, 저렇게 해 주세요'라고 하는 이야기는 듣긴 하지만 그게 바꿔주거나 하지는 않아요. 그리고, 대한민국에서 본인이 하는 일을 가장 잘 알고 있는 사람이어서 본인이 이해를 못 하면 안 하시죠. 그래서 선생님이 이해해야 일이 출발되는 거예요. 중간에 '이렇게 바꿔주세요'가 안 돼요. 이미 이해를 했고, 이해를 해서 일을 했기 때문에 결과물을 갖다가 필요하면 고쳐서 쓰라고 하셨죠.

그게 되게 지루한 작업이기도 했을 거예요. 기존에 하는 작업은 캐릭터는 다 같은 건데 정확히 똑같이 그린 건 거의 없다라고 말씀드렸잖아요. 기계가 학습하지 못할 정도로 그리는 사람들은 그게 재미인 거거든요. 똑같은 컷을 계속 반복적으로 그려대면 그게 얼마나 지루하겠어요? 근데 늘 새로운 컷을 그리니까 지루하지 않고 속도감 있게 나가는 건데 우리가 캐릭터 바이블을 만들 때 요청했던 그림들은 서 있는 모습 15도 각도 튼 모습, 30도 각도 튼 모습 이런 걸 요구를 했어요. 그 초점 다 맞춰야 되잖아요. 비례 맞춰야 하고요. 얼마나 짜증 나겠어요? 또 기계가 아니니까 왜곡되게 그려지는 게 있거든요. 그런 것들을 수정하기가 쉽지는 않아서 받아서 우리가 수정했죠.

Q21 엄청나게 고생을 하셔서 나온 결과물인데, 새남쇼츠에는 아직 올리지 않아서 관계자 외에 일반인들은 아직 볼 수는 없겠네요?

A   **박석환**   작품을 공개하지는 않았습니다. 이 작품이 연재물이고 시리즈물이니까 공개를 결정하면 15화나 20화 세이브 원고를 갖고, 주간 연재를 하려고 합니다. 올해 이와 관련해서 준비하고 있어요. 이현세 AI 에이전트 모델링 만드는 거와 세종대와 사업화 프로젝트 고민하고 있는 게 있는데, 스튜디오 창작 시스템을 돌리는 일이 있습니다. AI 에이전트 사업이 확정이 되고 스튜디오 프로젝트 사업이 확정이 되면 생산물이 나오겠죠. 50화 정도를 기본으로 만들 생각입니다.

유건식   곧 결정이 돼서 빨리 진행됐으면 좋겠습니다.

박석환   올해 안 되면 내년에도 하고, 내년에 안되면 내후년에도 해야죠. 이렇게 이벤트성 아이템들이 하나씩 만들어지는 거는 계속되는 것 같아요. 그런 부분을 요구하는 쪽도 많고 하다 보니까 계속되는 것 같은데, 어쨌든 구체적으로 작품이 나와야 되는데 이거는 조금 다른 영역이긴 했을 겁니다.

Q22   마지막으로 제가 여쭤보지 못한 것이든, 꼭 하고 싶은 말씀이 있으면 해 주세요.

A   **박석환**   저희는 열심히는 하고 있고, 현재 상황에서 최선의 선택, 최고의 결과물이 나올 수 있도록 하는 고민을 가지고 있는데 여전히 미비한 부분들이 있어요. 이건 기술 수준의 문제라든가 시장 상황의 문제라기보다 일단 가장 중요한 게 인력이죠. 그런 부분을 충분히 이해하고 작업에 동참하고, 본인도 성장하면서 결과물을 성장시켜 낼 수 있는 인력 부분이 제일 고민인 것이에요. 작가들은 이거는 기계적인 측면이 강하고 기술주의적인 거야, 자동 생성되는 거야라고 이야기를 하니까 문제에요.

사실은 자동 생성이긴 한데 이게 용어가 좀 잘못된 것 같긴 하거든요. 자동 생성이라고 자꾸 하니까 그냥 다 만들어 주는 줄 아는데 그게 아니고, 수천 장 계속 반복적으로 만들어 가지고 한 장을 고르는 거거든요. 그러니까 이게 예술이라고 아니할 수 없는 상황인 거죠. 반복 훈련하고 반복 수련해서 그리고 반복 연습해서 한 장 그려내는 거거든요. 랜덤하게 나오긴 하지만 랜덤하게 나오는 건 수련의 노력이 포함되지 않은 결과물들 계속 수련하고 노하우를 쌓아가고 그걸 관리해서 통제해 가지고 괜찮은 결과물이 한 장 나오는 거, 그걸 예술이라고 하죠. 그래서 저는 자동 생성이라고 이야기하는 것보다는 어쨌든 예술이라고 생각합니다.

유건식 그런 부분이 분명히 있겠네요. 저도 AI로 만들면 자동 생성이라고 생각했었거든요. 작업 결과를 보면 전혀 그렇지가 않아서 정말 엄청나게 힘든 일이라는 그런 생각이 듭니다.

박석환 유사하게 다 만들 수는 있죠. 유사한 결과물을 지금도 그렇고 예전에도 그렇고 미래도 그렇고 누구나 만들 수 있는 유사한 결과물을 예술이라고 하지 않거든요. 누구나 만들 수 있는 유사한 결과물을 특별한 상황이나 조건하에 쓰지 않겠죠. 그래도 되는 정도의 상황에 AI 결과물들을 쓸 거거든요. 그게 아니라면 같은 AI 결과물이라 하더라도 고도의 노력과 고도의 고민과 투자가 들어간 상태에서 나올 거예요. 그러면 그건 AI가 자동 생성한 게 아니라 AI를 활용한 미래적 예술이 되어야 한다고 보는 게 맞을 것 같아요. 말씀드렸듯이 한양대 경영학과 출신이라던 그 친구가 아침에 만나면 눈 뻘게 가지고 와요. 그럼 밤새 생성한 거야. 밤새 생성할 때는 그게 수련의 과정이고 복제의 과정일 수 있는데, 그렇게 노하우가 쌓여가지고 자기가 적재적소에 필요한 이미지를 생성해 낼 수 있잖아요. 그러려면 오년이든 십년이든 숙련이 돼야 하거든요. 그쯤 되면 예술이라고 봐줘야지, 근데 똑같은 방식으로 생성하면 그렇게 안 나와요. 도구가 같다. 그래서 그 결과물 같으면 뭐 어 이건 기술이라고 할 텐데 그건 아니고요. 도구와 같아도 전혀 다른 결과물이 나옵니다.

유건식 장시간 진솔하게 말씀해 주셔서 감사드립니다. 잘 정리를 해보겠습니다.

4.2. 서재일 교수와 세종대 학생 인터뷰

2025년 4월 4일 서재일 교수 연구실에서 서재일 교수, 장현지 학생, 이현진 학생 인터뷰를 했다. 장현지는 A조 조장이었고, 이현진은 C조 조장이다.

Q1 국내에서 처음 하는 프로젝트를 하신 교수님과 학생들을 만나게 되어 반갑습니다. 저도 2022년 만화진흥원에서 이현세 선생님과 집담회를 하면서 이 프로젝트를 알게 되었습니다. 그때부터 관심이 있었는데, 지난해부터 본격적으로 이 프로젝트를 정리하고 싶은 생각이 들어 진행하고 있습니다. 이현세 선생님과 재담미디어 박석환 이사님과 김영근 실장님 인터뷰를 했고요. 오늘은 실제로 프로젝트를 진행한 세종대에서 어떻게 했는지를 알고자 합니다. 여러분들이 열심히 만들어놨던 리포트는 봤습니다. 그러나 세상에 공개가 안 되면 묻힐 수 있는데, 가제인 "이현세 AI로 영생하다"가 나오면 여러분들의 하신 작업이 역사에 남을 수 있는 의미가 있습니다. 먼저 교수님께서 프로젝트 2022년부터 3년간 진행한 프로젝트를 간단하게 소개 부탁드리겠습니다.

A **서재일** 저는 2023년부터 이현세 교수님 작품으로 AI 기술 적용해서 여러 가지 형식으로 학생들이랑 같이 작업해봤습니다. 2023년도에 오마주 형태로 해서 단편 작품들을 발표했고, 2024년에는 원작 만화를 새로운 감각으로 재해석해서 완성하는 리메이크 프로젝트였습니다. 개인적으로는 이현세 교수님은 은사님이시기도 하고, 한국 만화계 아이콘 같은 분이죠. 저도 어렸을 때부터 이현세 만화를 보면서 자랐던 세대입니다. 이렇게 인연이 닿아 참여하게 됐는데, 기성 작가님이라고 하는 것보다 원로 작가님이시고 한국 만화에 전설이신 이현세 교수님 작품을 의미 있는 프로젝트에 참여할 수 있는 것만으

로도 영광이라고 생각해서 기꺼이 참여한다고 수락을 했고요. 또 학생들과 같이하는 프로젝트이기 때문에 학생들 하는 작업들을 가르치긴 했지만, 같이 지켜보면서 이런 작업이 과연 어떻게 결과물이 나올지 또 어떻게 진행이 될지에 대해서도 어떤 뚜렷한 확신이 없는 상태에서 배워나가면서 같이 해나가야지 된다는 생각으로 진행이 됐던 그런 사업입니다. 매우 의미 있고 뜻깊은 프로젝트였다고 생각합니다.

Q2 그럼, 교수님과 학생들, 학생들 간에 어떻게 역할을 분담하셨는지요? 학생들은 어떻게 역할을 배분하셨는지 궁금합니다. 지원 또는 배정했나요?

A **서재일** 스크립트를 진행했던 반이 하나가 더 있었습니다. 작품 두 개를 진행했었잖아요. 그 반을 맡으셨던 툰부스터 스튜디오 대표님이 강의를 해주셨는데, 그 두 개 반이 똑같은 학생들이 참여하는 수업이었기 때문에 진행이 됐고요. 먼저 진행이 됐던 그 수업에서 학생들 포트폴리오를 확인하고 그 역할에 적합한 조원들로 배정을 해서 네 개 조를 편성했었죠.

유건식 그럼 툰부스터 대표님하고 같이 결정을 하신 거겠네요.

서재일 강의는 그때만 참여하셨어요. 그 회사는 AI로 웹툰을 제작하는 스튜디오여서 참여하신 걸로 알고 있어요.

유건식 25명이 한 번에 모이기도 했나요?

서재일 수업할 때는 한 강의실에서 하다 보니까 일주일에 한 번씩은 다 모이고 나머지는 각 조별로 소통하면서도 하면서 했습니다.

Q3 이 프로젝트는 수업의 일환인지 별도 프로젝트였는지도 궁금합니다.

A **서재일** 네. 그래서 학점도 받고, 지원금도 많고. 최신 기술도 배웠습니다.

Q4 이제 실질적인 것을 질문할게요. 일본의 데즈카 프로젝트는 데즈카 스튜디오

가 주도하여 진행했어요. '이현세 AI 프로젝트' 같은 경우에는, 재담미디어도 있지만 전문적인 스튜디오가 아니다 보니까 매우 힘들었고, 결과물들을 리뷰해서 보니까 정말 맨땅에 헤딩하는 듯한 느낌이 많이 들었는데 어떠셨어요? 실제로 수치를 조금씩 바꾸면 훨씬 결과가 좋아진다는 내용들이 있더라고요.

A

서재일 작년에 참여할 때는 정말 그런 느낌이 많이 있었죠. 그때는 스테이블 디퓨전으로 주로 작업했던 걸로 알고 있는데, '정말로 이게 가능한 건가?'라는 의구심을 가지고 참여했었던 것 같아요. 재담미디어 쪽에서 지원과 준비를 많이 해 주어 방학 기간 동안 학생들이 현장 실습으로 작업했습니다. 그런 과정에서 정리된 부분들이 많이 있었던 것 같아요. 재작년의 그런 작업을 진행하면서 쌓여진 노하우나 시행착오들이 작년에 좀 더 반영이 되고 개선이 많이 되어서 훨씬 더 학생들이 수월하게 배울 수 있었습니다. 또 작업하는 데 어려움도 재작년에 비해서는 좀 적어지지 않았나 생각합니다.

유건식 방학 동안에는 부천 재담미디어 웹툰연구소에 가서 작업했죠. 저도 직접 가서 보니까 성능 좋은 GPU도 있더라고요.

이현진 네. AI 활용에 적합한 GPU로 구성이 잘 되어있었습니다.

서재일 재작년에는 각자 노트북 가지고 갔어요. 그래서 그때는 힘든 점이 많이 있었던 것 같아요.

유건식 노트북으로 돌아가요?

이현진 잘 안 돌아갔을 거예요.

유건식 그러게요. 저도 이 책을 쓰면서 여러 툴들을 써 보았어요. 그런데 항상 마지막에 가면 엔디비아 GPU가 PC에 설치되어 있냐고 물어보고, 없으면 잘 안 돌아갔어요. 재담미디어에서 시연해줄 때는 실시간으로 빠르게 작업 결과가 나오더라고요. 시설은 학교보다 재담미디어가 더 좋았나요?

이현진 네. 재담미디어는 컴퓨터가 잘 정리돼 있고 사무실이다 보니까 작업이 수월했습니다.

서재일　학교보다 거기가 더 좋았어?

이현진　네.

서재일　재작년에는 학교에 설치된 부품 장비들이 준비가 다 안 돼 있었거든요. 그런데 이 작업을 위에서 보강이 되었습니다. 학교에서 지원해 준 건 아니고 프로젝트 지원금으로 구입했습니다. 어쨌든 사양이 중요하고 장비도 중요해서 그런 것들이 갖춰져 있는 상태에서 참여했는데 잘 모르고 있는 것 같아요.

Q5　시스템 측면에서 학교도 그렇고 재담미디어도 그렇고 장비들이 좋아져서 AI의 도움을 더 받을 수 있었을 것 같아요. AI 기술이 계속 발전하면서 실제로 그랬던 것 같더라고요. 박석환 이사님도 이야기하셨는데 처음에는 WebUI로 하다가 ComfyUI로 바꾸어 훨씬 좋았다고 이야기를 하던데, 실제로 이 툴들이 발전하는 것들이 많이 보였나요?

A　**이현진**　네. 확실히 옛날 툴같은 경우에는 UI가 짜져 있어서 거기에 저희가 프롬프트를 넣어가지고 만드는 방식이었다면, ComfyUI 같은 경우에는 노드라는 게 있거든요, 그런 걸 활용해가지고 저희가 깊게 다룰 수 있었습니다. 그래서 세부적으로도 조절할 수 있었고, 훨씬 좋았던 것 같습니다. 그전에 했던 친구들한테 이야기를 들었을 때는 어렵고 힘들다는 이야기를 많이 들었어요.

유건식　2023년에는 참여 안 했어요?

이현진　네. 그때는 참여를 못 했고. 작년만 했어요. 1학년 때는 참여가 안 되는 걸로 알고 있어요.

유건식　그럼, 그전에 했던 학생들은 다 졸업하고 나갔겠네요?

서재일　아직 있어요. 일부는 중복되기도 합니다(실제 2023년, 2024년 전부 참여한 학생은 2명이었다). 지금 이야기한 것처럼 1년 사이에 매우 빨리 발전한다고 하는데, 여러 면에서 똑같은 프로젝트에서 실제로 확인할 수 있었던 것 같아요.

Q6   결과보고서를 보니 수많은 시행착오를 겪은 것 같습니다. 보고서에서도 시행착오 챕터를 만들어 놓았더라고요. 저는 그게 의미가 있다고 보는데, 내가 했던 것을 조금 바꾸면 이렇게 좋아지는 내용들은 그다음 프로젝트 할 때 정말 생생한 교육 자료가 되잖아요. 처음에 교수님이 프로젝트 하면서 이런 포맷으로 작성하라고 주신 건가요?

A   **서재일**   그 부분은 재담미디어 쪽에서 현장 실습할 때 교육이 되어 있는 상태에서 그다음에 수업으로 연결되었던 항목이 들어갔습니다. 시행착오들은 작업을 진행하면서 실질적으로 나왔던 것 같아요.

Q7   프로젝트를 하면서 가장 힘들었던 부분은 무엇입니까?

A   **서재일**   저보다 학생들이 제일 고생을 많이 해서 학생들이 힘들어하는 걸 보는 게 제일 힘들었죠. 처음 시도하는 프로젝트이다 보니 과연 결과물이 무사히 나올 수 있을까에 대한 막연한 걱정 같은 것들이 처음에 제일 컸던 것 같습니다. 직접 진행하면서 학생들이 열심히 해줘서 많은 부분들이 해소되면서 기능했던 것 같은데, 그럼에도 불구하고 수정 작업들이 생각보다 되게 오래 걸렸던 것 같고 여러 차례 조정이 필요했습니다. AI를 활용해서 효율성을 높이는 게 가장 크게 도움이 되는 부분이라고 생각을 했었는데, 원하는 결과물까지 내기 위해서는 사람 손이 많이 들어가야 되고, 수정 작업이 많이 필요하구나라는 걸 느꼈습니다. 수정 작업 단계에서 사람이 작업을 해도 그렇게 수정을 많이 안 했을 것 같은데 그 이상으로 많은 수정들을 했기 때문에 그런 점들이 제일 어려웠던 것 같아요. 원하는 결과물까지 도달하기 위해서 오히려 더 끈기가 필요할 수도 있고요.

       유건식   그런 말이 있는데요, AI를 이용하여 밤새 어마하게 많이 만들어내서 나중에 픽하면 된다. 실제로 작업 해보니까 그렇지가 않았다는 이야기네요. 이현세 선생님의 작품에 없는 특정한 각도가 필요한데 AI는 그것을 못 그려서 직접 이현세 선생님께 부탁을 해서 보정했다고 하더라고요.

서재일 그랬었나요? 잘 모르는 부분입니다.

유건식 서로 자기 역할만하니까 그럴 수 있습니다. 이현세 선생님, 바쁘면 찾아가서 그려달라고 해야 그려주고 그랬다고 합니다.

서재일 그것은 데이터 셋을 만들어 놓는 단계였을 겁니다. 그 단계에서 아무래도 부탁을 드렸었던 것 같아요.

(다시 어려웠던 주제로 돌아와서)

이현진 이미지를 뽑아낼 때는 뽑아내는 팀원이 좀 힘들어하고, 수정할 때는 수정하는 팀원들이 힘들어하니까 일을 분배하는 작업에서 다들 힘들어하지 않았나 싶습니다. 저는 그렇게까지 힘들었다는 생각은 안 들었지만 팀원들이 더 힘들어하지 않도록 최대한 맞춰주려고 했습니다.

서재일 팀원들이 제일 힘들어했던 부분은 무엇이에요?

이현진 수정 작업이 제일 오래 걸렸던 것 같습니다.

서재일 이현진 학생은 PD 역할로 전체를 관리하는 역할이어서 그렇습니다.

유건식 구체적으로 수정 작업은 일일이 다 그려야 되는 건가요?

이현진 AI 이미지가 나오면 손이나 눈같이 디테일한 부분이 잘 구현이 되지 않는 경우가 많거든요. 그래서 그런 부분을 세세하게 다시 그려준다거나 위에다가 덮어 그려주고, 형태가 이상한 부분 같은 경우에는 다시 뽑아야 합니다. 작업을 해 놓는 친구들에게 계속 다시 시키는 식으로 수정하는 게 정말 많거든요. 그래서 그런 작화 위주의 디테일, 자세한 부분 같은 거 수정하는 게 좀 난관이었습니다. 그래서 작화하는 친구는 본인이 그리는 게 더 빠를 것 같다는 말도 했었고요.

유건식 그렇죠. AI를 빨리 교육시키면 그 다음에는 수월해지는데 거기까지 가는 게 힘든 일이죠.

장현지　저는 개인적으로는 애니메이션 전공으로 웹툰 전공 지식이 좀 부족한 것이 조금 힘들었던 것 같은데, 그건 차차 수업도 듣고 선배님 도움도 받으면서 해결해 나갔던 것 같아요. 그리고 기술적으로는 선배님이 말씀해 주신 것처럼 AI 자체가 랜덤성이 너무 강해서 뽑았을 때 되게 틀린 그림 찾기 하는 것처럼 리터칭 작업을 하는 게 좀 어려웠던 것 같아요. 뭔가 어느 부분이 잘못됐는지를 딱 봤을 때 파악을 해야 되는데, 그 틀린 그림 찾기를 한 100번, 200번 하는 게 조금 어려웠던 것 같습니다.

유건식　PD 하면서 어려운 것은 없었나요? 말을 안 듣는다거나…

장현지　제 기준으로는 선배님들인 팀원 분들이 있는데 뭔가 시키는 업무가 되다 보니까 '선배님 이거 해 주세요'하는 느낌이 조금 어려웠던 것 같아요.

유건식　사회에 나가면 그런 일들 많아요. 미리 훈련을 했네요. 리더 역할을 해 본 겁니다.

서재일　그래서 그런 역할들을 잘 해줄 것 같은 또 학생들이어서 맡겼던 겁니다.

유건식　보통 PD는 고학년이 맞는데 능력을 인정받았다는 이야기네요.

이현진　유능한 친구에요. 엄청나게 의지했죠.

서재일　덧붙여서 힘든 점 하나를 추가로 말씀드릴게요. 재작년에는 4개 조가 5명씩 팀으로 해서 각자의 단편 작품을 만드는 형식이기 때문에, 5명 팀을 각 조에서 관리하면서 작업을 했습니다. 작년 작업에서는 한 작품을 25명 학생들이 똑같은 작품을 똑같은 작화풍의 퀄리티로 한 사람이 작업한 것처럼 통일을 해서 일관성을 유지하면서 작업을 해야 되는 목표였습니다. 스타일을 통일하는 작업을 25명이 하게 되는데 이게 가능할까라는 걱정들이 많이 있었던 것 같습니다. 초반에 그런 것들이 해소가 되어서 그다음에 좀 수월했던 것 같고요. 그런 측면에서 학생들이 PD 역할들을 잘 해줬기 때문에 가능했던 것 같습니다.

이현진　네, 감사합니다.

유건식　결과 보고서 보니까 그렇더라고요. A팀에서 C팀으로 넘겨서 일관성 있게 맞춰야 되고, 유기적으로 조별로 연결되는 그런 부분이 많았을 것 같습니다. 결국 그게 잘 돼야 이현세 풍의 웹툰으로 나올 거잖아요? 작년에 정말 실질적인 작업이 됐을 것 같네요.

서재일　그리고 팀장 분들은 그렇게 많이 PD 역할을 해보지는 않았기 때문에 스타일을 통일하는 실질적인 작업 부분에 좀 어려움이 많이 있었는데, 도움들이 많이 됐을 것 같아요.

Q8　시행착오 관련하여 생각나는 단어가 '인간 피드백 기반 강화 학습(Reinforcement Learning form Human Feedback, RLHF)'입니다. 우리가 어떻게 피드백을 주느냐에 따라서 훨씬 더 원하는 대로 나온다는 의미입니다. 그게 바로 시행착오 같거든요. AI를 학습을 더 시키려고 하는 현장의 노력이 있었을까요?

A　이현진　우선 수치값이라는 게 있거든요. 디노이즈 수치값을 0.1 단위로 조정을 해보고, 그렇게 해도 안 되면 기반이 되는 이미지를 조금 수정한다든지 아니면 프롬프트를 활용해서 조금 입력값을 바꾸어 추가를 해준다든지 해서 뽑으면 전보다는 나은 게 나오거든요. 거기서 또 수정을 거쳐서 다시 넣고 돌리고 이런 식으로 계속 반복해서 이미지를 만들었습니다.

Q9　'이현세 AI 프로젝트'를 하면서 좋았던 부분은 어떤 게 있을까요?

A　서재일　좋았던 부분이요? 일단 이현세 교수님 같은 상징적인 작가님의 프로젝트에 참여할 수 있었다는 게 제일 의미가 있는 일입니다. 그리고 기여할 수 있다면 참 좋겠다는 생각으로 참여하여 마지막까지 큰 사고 없이 마무리 지었기 때문에 누를 끼치지는 않았다는 생각을 할 수 있었고요. 이현세 교수님한테 직접 못 들어 봐서, 이현세 교수님께서는 그 결과물을 보고 뭐라고 말씀하시었

는지 궁금합니다.

유건식 제가 지난번 만나서 질문을 했어요. 어떻게 평가하시냐고 그랬더니, "A야. 그런데 A+까지는 안 될 것 같고, A0까지는 줄 수 있을 거야"라고 했습니다.

서재일 네. 그 정도면 만족합니다.

유건식 이현진 학생은 뭐가 제일 좋았어요?

이현진 일단 AI가 최신 기술이잖아요. 저희 과 같은 경우에는 아직 AI에 대해 거부감이 많은 상태입니다. 근데 오히려 배우면서 좀 다루다 보니까 이것도 잘 활용하면 좋은 동료가 될 수 있지 않나 그런 생각이 들어서 좋았고요. 웹툰 같은 경우에도 제가 원래 애니메이션 과목이다 보니까 그렇게 자세히 알지는 못했는데 교수님도 그렇고 제 친구들도 다 웹툰을 공부하는 친구들이어서 그쪽으로 많은 도움이 됐습니다. 공부가 많이 됐어요.

유건식 다양한 전공이어서 서로 주고받을 수 있는 배움의 기회도 되었겠네요.

장현지 저도 선배님처럼 원래 애니메이션만 하는 학생이었는데 갑자기 웹툰에도 재미를 느껴가지고 지금은 만화 애니메이션랩에서 웹툰이랑 애니 전공을 둘 다 듣고 있어요.

서재일 지금 작업하는 거에는 AI는 사용하지는 않고 있어요.

이현진 저는 일단 작년에 졸업작품을 했는데 AI를 활용하지 않았습니다.

서재일 앞으로는 AI를 활용할 계획인가요?

이현진 앞으로는 그림을 그리다가 AI로 제 그림을 넣어서 구도나 인체 확인 정도는 해볼 수 있을 것 같아요. AI가 손 같은 것을 잘 못 뽑았었는데 요즘에는 되게 잘 나오더라고요. 그래서 약간 피드백 형식으로 도움을 받을 수 있을 것 같습니다.

서재일 보충 설명을 좀 더 드리면 AI라는 최신 기술을 배운다라는 취지의 프로젝트였어요. 사용해 보지 않은 AI라는 툴을 배우는 것에 조금 두려움이 있잖아요. 아무래도 그래서 직접 사용을 해 보면서 그런 두려움 같은 것들이 조금 많이 해소가 된 것 같습니다. 그러면서 좀 더 가능할 수 있겠구나, 어떻게 활용하면 좋겠구나, 뭐 이런 것들에 대해 각자 생각들이 생겼을 것 같습니다. 이현진 학생이 아까 이야기했는데, 웹툰 작업은 사실 개인 작업이라고 봐야 됩니다. 그래서 작업 노하우나 여러 가지 아주 세밀한 스킬들을 공유할 기회가 많지 않은, 본인만의 작업이기 때문에 이렇게 다 오픈할 기회도 없고, 공유하면서 같이 작업할 기회도 많지 않습니다. 물론 나중에 스튜디오나 이런 데 취업을 하게 되면 하게 될 일이긴 하겠지만요. AI 기술을 활용해 웹툰처럼 만들기 위한 후반 작업들 속에서 학생들이 각자 가지고 있었던 자기만의 노하우들이 전체적으로 다 공유가 되어 본인이 모르고 있었던 아주 작은 스킬들, 테크닉들이 많은 도움이 됐을 것 같고, 이후에 작업을 할 때 반영이 돼서 학생들 개인적으로는 실력을 증진하는 데 많은 도움이 되었을 겁니다.

Q10 아주 큰 의미가 있네요. 그럼, 프로젝트를 하면서 아쉬웠던 부분도 있을 것 같습니다.

A **장현지** 프로젝트 전체적으로 아쉬웠던 거는 학생마다 실력 차이가 너무 크다 보니까 '이 부분이 잘못된 것 같아요'라고 말을 했을 때 그걸 이해를 하시는 분들도 있고 계속 오랫동안 설명을 해야 이해를 하시는 분들이 있어서 그런 실력 차이가 조금 슬프지만 아쉬웠던 것 같습니다.

이현진 웹툰 스튜디오 형식으로 진행을 한다고 했을 때, 교육 같은 걸 따로 받을 거라고 생각을 했는데 생각보다 '너희가 한번 해봐라' 이런 느낌의 자기주도적인 것 같아서 처음에는 조금 어려웠던 것 같습니다. 근데 하다 보니까 점점 어떻게 해야 될지 보이더라고요.

유건식 완전 야전에 풀어놓은 것 같은데요. AI와 같은 거 아니에요. AI노 스스로 학습하잖아요.

이현진 교수님께서 많이 도와주셔가지고 괜찮았습니다.

서재일 기술적인 측면에서는 작년 작업 같은 경우는 두 번째에 참여하는 작업이었는데, 1년 사이에 많이 발전해서 수월한 면이 있었다고 했지만 뭐 앞으로 또 어떻게 진행이 될지는 두고 봐야 될 것 같습니다. 기술적으로는 발전됐다고 했는데 그럼에도 불구하고 많이 수정해야 되는 것들이 있습니다. 작업 형식 자체도 한 작품을 완성도 있게 작업해 보는 게 목표였기 때문에, 거기에 맞추려고 하다 보니까 조금 더 기대에 못 미치는 것 같습니다. 아직은 기술적으로 조금 더 수정 보완이나 발전이 되어야지만 원하는 지점까지 도달할 수 있겠다는 걸 확인할 수 있었던 것 같네요. 아무래도 한 번에 되는 건 아니겠지만 이현세 작가님이라는 분의 작품을 리메이크하는 것이라서, 제일 중요한 건 그림체나 새로운 어떤 스타일을 접목해서 새로운 이현세 교수님의 스타일을 만들어 내는 것들이 중요합니다. 이현세 교수님의 작품적인 철학이나 스타일이나 생각이나 이런 것들까지 담아내기에는 좀 무리가 있었잖아요. 그런 부분이 좀 아쉬웠던 것 같아요. 시간이 부족하기도 했고요.

유건식 저도 그 부분은 이현세 선생님한테 여쭤봤었는데 계속 이현세의 사고방식을 가져가기를 원하느냐고 물어봤더니 그렇다고 대답했습니다.

서재일 그렇다면 더욱이 그게 필요하겠네요.

유건식 AI가 들어오면 확장이 많이 될 수 있잖아요. 일단 웹툰으로 그리려면 물리적인 시간들이 많이 필요한데 AI를 이용하면 초반에는 어렵지만, 나중에는 다양한 분야의 웹툰을 그릴 수 있어서 활성화했으면 좋지 않겠냐고 했더니, "아니야, 그래도 내가 기존에 추구했던 남성성을 가져가면 좋겠다"라고 하셨습니다.

서재일 사실은 그게 제일 핵심적인 부분이니까요. 작가를 구분할 때 일본 같은 경우, 〈짱구는 못말려〉 같은 작품은 작가님의 사후에도 〈짱구는 못말려〉의 전체적인 철학이라고 해야 될까요? 뭐 이런 것들을 다 유지하면서 계속 그 뒤에 작품들이 계속 나오고 있잖아요. 물론 사람들이 하는 거니까 가능하긴 했겠지만, 그런 게 최종적으로 목표가 돼야 하지 않을까? 라는 생각도 해보는 겁니다.

Q11 AI로 웹툰 작업을 하셨는데 어떤 부분을 좀 더 보완하면 조금 수월하게 작업이 진행될까요? 공정면을 포함하여 전반적으로 말씀해 주세요.

A **서재일** 앞에서 했던 아쉬운 점과 연결될 수가 있는데, 일단 이 작업은 물론 프로 스태프들이 참여해서 콘티까지 작업을 해 주시고 스토리도 약간 각색을 현대 감각으로 해주시긴 했지만, 만약 이현세 작가님께서 말씀하신 것처럼 본인의 그런 깊은 세계가 정말 그 이후에도 연결되기를 바라신다면 그 이전 작업들에서, 아니면 색깔들이나 어떤 철학들이 조금 전수가 될 수 있게 그 준비 작업들이 더 체계적으로 마련이 된 이후에 이현세 선생님이 그런 것들에 같이 참여하셔서 검수도 하시고 그런 다음에 진행했으면 어떨까 합니다.

그런 부분이 제일 많이 결정되는 작업 공정은 코디까지라고 할 수가 있어서 작업에도 좀 더 많이 반영이 되었으면 제일 좋았을 것 같고, 그 이후에 그림체나 작화 부분은 기술적인 부분이긴 해서 시간문제일 거라고 생각을 하고요. 더 발전할 거라고 기대를 하고 있기 때문에 충분히 해결될 수 있는 부분이어서 그런 부분들이 개선되면 원하는 이후의 작업들이 이루어지지 않을까 합니다.

유건식 이번 프로젝트는 스토리보다는 그림체 위주의 프로젝트였던 거죠?

서재일 아니요. 스토리도 원작의 느낌을 가지고 가면서 현대 감각으로 재해석하는 정도의 각색 작업이 이루어지긴 했어요. 그래서 오로지 작화 작업에만 집중한 작업은 아니었다고 볼 수 있고, 저희가 수업에서 했던 작업은 작화 작업을 위주로 했던 겁니다. 그 이전의 작업들은 재담미디어에서 이루어졌습니다.

유건식 스토리는 재담미디어에서 하고 세종대에서는 그림체 작업을 하는 역할로 나뉘어져 있네요.

서재일 네. 학생들은 기술적인 부분을 위주로 배우는 수업이었는데, 그렇다고 해도 만화 웹툰은 단순한 그림 작업이 아니라 스토리 연출을 어떻게 전달하는가의 문제이기 때문에 다 연결되는 문제잖아요. 그걸 어떻게 구현해서 어떻게 연결시키고, 어떻게 작가적으로 전달할 것인가에 대한 고민이 필요한 부분이긴 해서 단순하게 그리는 문제는 아니었습니다.

유건식 이현진 학생과 장현지 학생은 어떤 걸 보완했으면 앞으로 더 잘될 것 같아요?

이현진 저도 기술적인 부분이 좀 더 개선이 필요할 것 같다는 생각이 들었어요. 어쨌든 AI는 아직 사람 손을 거쳐야 되는 기술인 것 같다는 생각이 들어서 디테일 같은 부분이 좀 더 개선이 되면 실질적인 작업에도 잘 쓸 수 있을 것 같습니다.

장현지 저는 약간 영상 캡스톤 디자인이라는 수업에서 툰스퀘어에서 만든 투닝(tooning.ai)이라는 툴을 사용하고 있어요. 거기서는 단순히 작화풍만 AI로 구현해 주는 게 아니라 그걸로 시놉시스도 짜주고, 몇 장의 그림만 넣으면 그림체도 구현해 주고, 콘티 같은 연출적인 부분도 그 안에서 같이 담당할 수 있는 툴이거든요. 그래서 만약에 3차로 이현세 교수님 프로젝트가 이뤄진다면 이현세 교수님의 철학이라던가 연출법이라던가 그런 감성들 그리고 까치의 매력이 사실 그림에서만 나오는 게 아니잖아요. 그래서 성격이나 까치가 어떤 사건들에 대응하는 반응들 그런 걸 언어 데이터로 학습을 시킨 모델까지 활용을 하면 더 좋은 작품이 나오지 않을까 싶습니다.

유건식 네. 알겠습니다. 그림을 다 스캔했는데, 텍스트까지 분석하는 데는 지금까지 프로젝트는 좀 미흡했다, 이렇게 볼 수 할 수 있을 것 같네요.

Q12 서재일 교수님, 이번 프로젝트 결과물에 대해 평가하신다면 어떤가요?
A **서재일** 학점이 이미 다 나갔는데, 잘 줬습니다. 실제로 그렇게 평가하고

있습니다. 여러 가지 어려움들, 신(scene) 작업이라든지 기술적인 작업이라든지, 이후에 끝나지 않는 그런 수정 작업, 종강 이후에도 더 이어졌던 작업들이 있고 해서요. 종합해 볼 때 제가 제일 걱정이 많지 않았나 생각합니다. 그런 큰 걱정들을 해소를 시켜준 건 학생들이 잘 해줬기 때문이라고 생각을 해서 모든 학생들을 다 A+를 주고 싶었지만, 행정적인 문제 때문에 그렇지는 않았고, 다 좋은 점수를 주긴 했었거든요. 마음속에서는 모두 A+를 다 주고 싶습니다.

유건식   상대평가인가요?

서재일   절대평가이긴 했는데, 절대평가라고 해서 다 A+를 줄 수가 없어서요.

Q13   이번에 이현세 선생님을 했었는데 요즘 핫한 강풀이나 기안84 작품에도 지금 했던 작업을 그대로 반영할 수 있을까요?

A   **서재일**   이번에 저희가 했던 작업만 놓고 보면, 그림체를 일관성 있게 구현해내는 과정이었기 때문에 이현세 교수님 작가풍보다는 훨씬 더 간단한 그림체고 여러 가지 변수들이 좀 적은 그림체라고 볼 수 있어서 학습하기 훨씬 쉬울 것 같고, 뽑아내는 게 가능하지 않을까요?

유건식   〈유퀴즈〉에 강풀 작가가 나와서 자기가 제일 못 그리는 그림이라고 했었는데요. 그래서 서사로 풀어간다고요.

서재일   저는 개인적으로는 그렇게 생각하지 않는데요. 왜냐하면 그건 그림체만 있으면 저는 다 해결된다고 생각하거든요. 어떤 완성도를 떠나서 강풀 작가님 스토리를 다른 작화로 그린다고 하면 그 느낌이 안 나올 거기 때문에 그렇게 단순하게 볼 문제는 아니라고 생각합니다.

본인이 그렇게 정말로 절실하게 판단하고 있다면 어떤 작화 작가님이나 스튜디오에 맡겨서 만들 수도 있었을 것 같은데, 정말로 그렇게까지는 안 하시잖아요.

유건식 이현진 학생과 장현지 학생은 개인적으로 나중에 한다고 하면 누구 걸 해보고 싶어요?

이현진 워낙 좋아하는 작가님들이 많아서요. 한 작품을 꼽으라면 〈별이삼샵〉(혀노)입니다. 제가 그 작가님 작품을 좋아합니다. 옛날 감성이랑 요즘 현대시 느낌을 잘 섞어서 만드는 작품들 굉장히 많이 보고 있어요.

장현지 좀 재미있는 작품을 많이 갖고 계신 하일권 작가님이 그림체가 뭔가 너무 흔하지도 않고 그 스토리에 딱 맞는 그림체라서 저는 하일권 작가님입니다.

Q14 프로젝트별로 소감들을 봤는데, 의미가 있었다는 내용이 많더라고요. 이 프로젝트가 향후 인생에서 큰 모멘텀이 될 것 같다고 생각하나요? 취업에도 도움이 될까요?

A **이현진** 제가 요즘 강연을 들으면서 느낀 건데, LLM이랑 AI 자체가 굉장히 시장에서도 엄청 많이 이용되고 있잖아요. 그래서 이번에 배운 걸 계기로 저도 AI에 대해서 좀 더 인식이 많이 좋아졌고, 기술도 많이 배울 수 있었고 취업할 때도 아마 크게 도움이 될 것 같습니다. 아마 저는 생각도 못 했던 분야도 있더라고요.

원래 PD 같은 것은 생각을 하지 않았었는데, 수업을 하면서 PD도 되게 의미 있고 좋은 직업이구나 싶어서 그쪽도 많이 알아봤었고요. 다양하게 도움이 됐습니다.

유건식 드라마에서도 프로듀서가 매우 중요해요. 연출만 사람들이 선호하고 있는데, 미국 시장에서는 프로듀서가 많이 해요. 프로듀서가 배우도 선정하고, 감독도 선정하고 프로젝트를 끌어가거든요. 미국에서는 최종 목표들은 전부 프로듀서여요.

이현진 끌고 가는 사람이 잘해줘야 하고, 따라오는 사람들도 마찬가지로 잘해줘야 작업물 자체도 잘 나오는 것 같아서 매우 좋았습니다.

장현지   프로젝트를 통해서 AI로 창작하는 게 너무 매력이 있다고 생각돼서 관심 있는 분들을 모아서 지난 방학 때 짧게 두 달 동안 스터디를 했었어요. 대학원을 가고 싶은 학생분도 있었고, AI 분야의 회사를 다니면서 스터디를 하시는 분도 있었어요. 지금은 학과 동아리로 전환을 해서 계속 꾸준히 AI를 신입생으로 들어온 친구들이랑도 같이 공부를 하고 있습니다.

Q15   AI가 그린 웹툰 때문에 논란이 된 적이 있습니다. 최근 AI에 대한 저항감이 많이 줄어든 것 같은데, 앞으로 AI가 그린 웹툰에 대한 저항감도 줄어든다고 생각하나요? AI가 그린 웹툰을 볼 것 같은가요?

A   이현진   네. 맞습니다. 생각해 보면 챗GPT 같은 건 너무 대중화가 돼 있고, 그림 같은 경우에는 작가들의 허락을 안 받고 가져간다는 이야기 때문에 사람들이 부정적으로 보는 거잖아요. 근데 데이터셋 제작 과정에서 작화가들의 허용 절차를 강화하여 저작권 문제를 개선한 뒤에 개발이 되면 사람들의 인식도 괜찮아지지 않을까 싶습니다.

유건식   AI가 그린 웹툰 본 적 있나요?

이현진   저희가 작업한 거 외에는 다른 건 아직 못 본 거 같습니다. 지금 일하고 계신 분들 이야기 들어보면 어느 정도 사용하시는 분들도 있다고 들어서요. 앞으로는 AI를 사용하는 게 있지 않을까 합니다. 지금도 아마 있을 거라고 생각합니다.

유건식   안 보겠다는 분들도 있어서 전과 후를 조금 비교를 해 보고 싶어서 물어본 것이에요. 어떠세요? 웹툰에 대한 저항감을 프로젝트 전과 후를 비교해 본다면.

장현지   저는 확실히 좋은 편으로 많이 바뀌었는데, 이런 기술을 공부해 보면서 저작권에 대해서 생각이 많아지게 된 것 같아요. 아직은 문제가 너무 많고, 문제가 되지 않게 계속 교묘하게 사용되는 안 좋은 사례도 있다 보니까 계속 안 좋은 인식이 커지는 것 같습니다. 그래서 데이터를 합법적으로 제공해 주신 이현세 교수님 프로젝트 같은 방식이 좀 널리 알려져야 한다고 생각합니다.

Q16 최근 지브리형 이미지 생성이 화제가 되고 있습니다. 써 보셨나요? 이현세풍도 그릴 수 있을 것 같은데 어떻게 생각하며, 지금까지 한 작업과 차이를 설명해 주실 수 있을까요?

A **서재일** 지브리에서 어떤 입장을 내는 걸 바라고서 챗GPT 측에서 이번에 그 기능을 대대적으로 홍보한 걸로 또 해석하는 사람들도 있더라고요. 저작권 문제를 자꾸 허물고 뭔가 진입장벽이나 이런 것들을 대중들을 통해서 완화시키기 위한 어떤 측면이 있다라고 이야기하더라고요.

유건식 이렇게 질문해보죠. 여러분들은 엄청나게 노력을 해가지고 이현세풍의 웹툰을 만들었잖아요. 챗GPT한테 시켜서 이현세풍의 웹툰이 나왔다면 느낌이 어떠실 것 같아요?

서재일 또 몇 개월 사이에 또 발전했구나. 사실은 작업하면서 있었던 어려운 점 중의 하나가 수정 작업이라고 말씀드렸다시피 수월하지 않은 일정이기 때문에 만약에 진짜 AI를 적극 도입한다고 하면 그런 형태로 한 번에 잘 나오는 방식이 제일 적합하긴 하겠죠. 여러 가지 관련된 저작권 문제나 이런 것들이 해결되어야 하겠지만요. 작업을 하면서 계속 이 상태라면 작업을 진짜로 활용할 수 있을까라는 생각도 했었기 때문에, 이야기해 주신 것 외에 다른 툴들도 있긴 하지만 점점 수월해지는 것이, 시간문제 같습니다. 챗GPT에서 그런 기능이 나온 것도 어떻게 보면 당연한 일이죠. 창작자들이 점점 받아들이고 업계에서 이런 것들을 사용하게 될 것입니다.

유건식 지브리는 하나의 컷이죠. 웹툰은 하나의 컷으로는 안 되잖아요. 이미지를 딱 그려놓고 이런 제품으로 그려 봐, 그러면 훨씬 결과물을 빨리 받을 수도 있지 않을까 하는 생각이 듭니다.

서재일 교수님들이 있는 커뮤니티나 작가님들의 커뮤니티를 보면, 그런 사례들이 조금씩 나오긴 합니다. 자기 캐릭터 시트의 정면 컷을 넣으면 이 캐릭터를 챗GPT가 포즈를 바꿔준다고 합니다. 캐릭터도 유지되면서 완벽하지는 않지만, 어느 정도 나오거든요. 이제는 그렇게 되지 않을까? 여러 가지 관련된 문제들이 많아서 함부로 이야기하기가 좀 어려운 부분이 있습니다.

유건식 전제는 이현세 선생님이 동의를 했다는 이야기고, 지금은 너무 노가다성 일들이 많은데, 저 툴들은 우리가 이렇게 노력을 해야 될 필요가 있을까 라는 생각도 듭니다. 이렇게 빨리 기술이 발전하면 그런 생각도 들 수도 있을 것 같아서요. 분명히 누군가는 그런 작업들을 해서 정교하게 가기는 하는데 저 툴들을 보면 훨씬 빠르고 수월한데 내가 왜 이렇게 고생을 해야 돼? 이런 생각도 들 수도 있을 것 같습니다.

(이 시점에서 장현지 학생은 수업에 참여하러 감)

Q17 AI 기술이 더 고도화되면 AI를 이용한 스토리와 작화가 대세가 될 수도 있는데, 아직은 거부감이 강한 상황인 것 같습니다. AI 웹툰이 대세가 될까요?

A **서재일** 여러 가지 시도가 이루어지고 저희가 참여했던 프로젝트도 거기에 포함이 되는데 항상 새로운 기술이 나왔을 때 거부감이나 어떤 논란이 있기 마련이어서 당연한 과정 속에 있다고 보고요. 결국에는 인류는 또 해내지 않을까? 예술 분야에서도 적절하게 사용할 수 있는 그런 방법들을 찾아야 돼서 인류에게 도움이 되는, 예술 분야에 도움이 되는 방향으로 법률 같은 것도 만들어 내고요. 이렇게 결국엔 퍼져나가지 않을까? 생각합니다.

이현진 같은 생각입니다. 사용 용도에 따라서 좀 다를 거 같고 기술 자체가 옛날에도 웹툰 만들 때 배경을 수작업으로 그리나, 3D로 그린다 가지고 이야기가 많았지만, 지금은 3D도 많이들 쓰시잖아요. 그것처럼 AI도 어느 정도 기반이 다져지면 드로잉으로 잘 쓰이지 않을까 싶어요.

Q18 AI 기술에 낙관적이네요. 웹툰을 공부하는 학생들은 수업에서 AI를 많이 활용하지 않죠? 기술이 발전하고 있는 상황에서 도입해야 할 것도 같은데요.

A **서재일** 도입하고 있는 학교들이 점점 많아지고 있는 걸로 알고 있고, 세종대 사이버대학교에서는 도입을 했거든요. 이미 수업들이 하나둘씩 만들어졌어요. 저희는 사이버대학교다 보니까 연관된 IT 기술에 더 빨리 대처해야 되는 면도 있기 때문에 거부감이 좀 덜할 수도 있습니다. AI 처음 나왔을 때는 학생들이 오히려 더 거부감이 컸다고 해서 학교 측에서 먼저 움직이려고 해도 거부감들 때문에 좀 미뤄두고 천천히 진행하는 움직임들이 많이 있었습니다. 이제 어쩔 수 없이 도입을 누가 더 빨리 해야 되는지가 더 중요해진 시기가 되지 않나라고 생각합니다. 세종대학교도 그런 측면에서 제일 발 빠르게 이현세 교수님을 중심에 놓고 프로젝트로 진행하는 작업들을 통해서 학생들이 지금 이야기해 준 것처럼 거부감들이 조금씩 걷어내지고 있습니다.

이현진 전에 장현지 학생이 말씀해 준 것처럼 AI 수업이 따로 생겼거든요. 이 수업이 4학년 수업인데, 수강 인원이 제일 많다고 합니다. 그만큼 학생들이 거부감이 있긴 하지만 한번 배워보고 싶고, 호기심도 많다는 생각이 들더라고요. 그리고 장현지 학생이 하고 있는 스터디 동아리도 한 20명 정도 되는 걸로 알고 있어요. 그래서 일단 저희 학교 학생들부터 AI 조금씩 거부감을 덜어내고 공부하려는 움직임이 많이 보입니다. 기술은 빨리 배울수록 좋은 것 같습니다.

Q19 재담미디어에서 2025년 프로젝트를 신청했다고 합니다. 채택이 되기를 기대하고, 채택된다면 참여하실 의향이 있나요?

A **서재일** 제안을 주시면 거의 참여하긴 하겠지만 어떻게 될지는 모르겠네요.

이현진 저는 학교에 남아 있다면 하고 싶습니다.

Q20 웹툰을 지망하는 후배들과 웹툰을 진흥하는 정부관계자들에게 하고 싶은 이야기 있다면 허심탄회하게 들려주세요.

A **서재일** 거기까지는 제가 생각을 안 해봤던 것 같은데. 이번 프로젝트는 이현세 교수님이라는 작가님이기 때문에 가능했던 프로젝트였던 것 같거든요. 이제 그런 프로젝트들을 시작으로 해서 일반 작가들도 그런 기술들을 접해보고 작업에 적용해보고 결과로까지 내보는 과정들을 지원해주는 사업들도 좀 나올 때가 됐죠.

유건식 재담미디어에서는 다음 프로젝트로 다른 작가 한 명과 거의 이야기가 되는 것 같아요.(아쉽게도 최종 이 작가와는 계약이 안 되었다).

서재일 알게 모르게 웹툰 스튜디오들이 작가들과 접촉을 해서 제작을 하고 있는 걸로 알고 있어요.

유건식 이현진 학생은 후배들한테 프로젝트를 해본 경험을 통해서 뭘 준비하라고 조언해 주고 싶어요?

이현진 너무 어렵게 생각하지 말라는 정도의 조언 해주고 싶습니다. 하지만 저작권 같은 경우에 경각심도 있어야 된다고 생각해요.

Q21 끝내기 전에 꼭 하고 싶은 말이 더 있다면 마지막으로 해 주세요

A **서재일** 이야기를 많이 한 것 같은데… 일단은 이현세 교수님 작품을 여러 가지 형태로 진행해 보는 그런 작업에 직접 참여할 수 있어서 되게 의미 있고 깊었던 것 같고요. 그리고 학교에서 학생들 가르치고 저도 작업을 하고 있긴 하지만 그런 최신 기술들에 대한 거부감도 개인적으로도 없을 순 없습니다. 그런 것들을 이런 기회를 통해서 학생들과 같이 경험도 해보고, 같이 공부해보고, 또 결과물까지 내보게 되어 저한테도 도움이 많이 됐던 것 같습니다.

앞으로도 이런 수업들을 경험해 봤기 때문에 어떻게 웹툰 작업을 해나갈까? 또는 학생들을 지도하게 될지 이런 것들에 대해서 좀 고민을 많이 해볼 수 있었던 그런 기회였던 것 같습니다.

유건식 큰 의미가 있었네요. 감사합니다.

이현진 저도 이제 이현세 교수님 같은 경우에 저희 어머니랑 아버지가 보시던 만화다 보니까 이름만 알고 있었다가 작품을 접하게 된 게 이번 수업 덕분이었거든요. 그래서 이제 저희 부모님 세대부터 계속 이렇게 만화가 이어져 오는데 저희가 기여했다는 게 굉장히 좋은 경험이었고요. 웹툰 공정 같은 거랑 AI 기술이랑 이런 쪽에 대해서도 많이 공부할 수 있었고 경험할 수 있어서 좋았습니다. (인터뷰가 끝난 후 이어진 대화에서) 원캠퍼스 프로젝트 하면서 어떤 팀 프로젝트를 해도 다 할 수 있겠다는 자신감이 생겼습니다.

유건식 오늘 장시간 시간 내서 감사합니다. 잘 정리해서 빨리 책으로 만나볼 수 있기를 바랍니다.

■ 그림 51. 이현세 AI의 드로잉 프롬프트

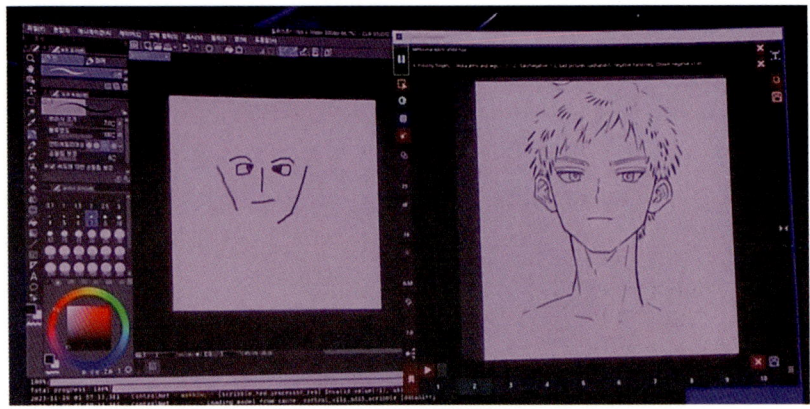

* 자료: AI이현세 프로젝트 유튜브 채널(https://www.youtube.com/watch?v=5StXQoGKI_Q).

■ 보론 2 이현세 AI의 특징

일반적인 이미지 생성 AI는 '텍스트 프롬프트' 방식과 '이미지 프롬프트' 방식이 보편적인데, 이현세 AI는 '드로잉 프롬프트' 입력까지 가능하다. 즉 그림을 잘못 그리는 사람이 대충 스케치만 해도, 이 작가의 화풍으로 이미지를 생성해 준다. 물론 이 작가가 직접 그리면 일반인이 그리는 것보다 3배 이상 시간을 절감한다. AI가 많은 부분을 변환하지 않아도 되기 때문이다(이주영, 2023.12.1.)(〈그림 51〉).

〈카론의 새벽 리메이크〉 웹툰은 원작과는 차이가 느껴진다. 오영웅 경감과 오혜성 순경의 느낌은 분명 비슷하다. 그러나 나머지 인물들은 아직 인간의 손맛이 나지 않는다고 할까? 그럼에도 원작을 보는 듯한 느낌은 분명하다.

'이현세 AI 프로젝트'의 작품에 대한 평가를 듣기 위해 〈카론의 새벽 리메이크〉

작품을 웹툰 전문가들에게 보여주고 의견을 들어봤다. 박세현 웹툰작가 겸 한국만화웹툰평론가협회장, 김성철 만화가이자 Time Fixer 대표, 최진규 옥토끼 스튜디오 대표, 조지훈(엘프화가), 임세준 KBS 드라마 PD 등에게 부탁했다. 감사한 일은 전혀 모르는 작가들도 페이스북 메신저로 연락했는데 흔쾌히 수락해 주었다.

i. 박세현 한국만화웹툰평론가협회장

박세현 협회장과는 2022년 세계웹툰포럼 세미나에서 만난 인연이 이어지고 있다. 박 협회장님은 철학과에서 미학과 미술 이론을 공부했으며, 졸업 후 만화미학자로 미술과 영화, 만화 비평을 했다. 세종대학교 미디어커뮤니케이션학과 대학원에서 「웹툰 플랫폼의 큐레이션 구조에 관한 연구」(2021)로 박사학위를 받았다. 이 논문은 웹툰 큐레이션 관련 세계 최초의 박사학위 논문으로, 2021년 한국출판학회 올해의 우수 논문상, 한국만화웹툰학회 올해의 우수 학술상, 2022년 부천국제만화축제 부천만화대상 학술상을 받았다. 저서로 『미술관에 간 만화미학자』(2025), 『방구석 그래픽 노블』(2023), 『만화미학 아는 척하기』(2021) 등이 있다.

다음은 〈카론의 새벽 리메이크〉에 대한 소감이다.

2022년부터 웹툰 제작사 재담미디어가 이현세 만화가의 작품들을 디지털 데이터화하는 작업을 하고 있는 것을 알고 있었습니다. 지금은 사단법인 한국만화웹툰평론가협회장로 재직하고 있지만, 저는 2020년부터 2023년까지 문화체육관광부와 한국만화영상진흥원이 후원하는 국내 유일 만화비평지 《지금, 만화》의 기획과 발간을 담당했습니다. 지금보다 기술력이나 창작력은 떨어졌지만, 2022년은 만화계에는 창작기술로서의 AI라는 이슈가 대두되기 시작한 해이기도 했습니다. 당시, 만화비평지 《지금, 만화》의 기획자로서 저는 이 점을 놓치지 않았습니다.

그래서 2022년 17호에 이현세 만화가와 '이현세 AI 프로젝트'를 담당한 재담미디어 박석환 이사와 인터뷰를 진행했습니다. 인터뷰할 당시에는 재담미디어는 이현세 만화가의 캐릭터들을 우선적으로 디지털화하여 만화 레퍼런스를 쌓고 있는 중이었습니다. 그때 인터뷰에서 이현세 만화가는 이현세 AI로 유한한 인간인 작가의 작품 활동을 이어갈 수 있다는 희망의 메시지를 전달하기도 했습니다. 그로부터 3년 만에 이현세 AI의 작품이 창작되어서 연재를 앞두고 있다는 소식에 솔직히 어떤 작품이 나올지 기대가 됩니다.

제가 알기로는 현재까지 이현세 AI의 작품 가운데 〈고교 외인부대〉는 일부 캐릭터 시트 정도만 제작되었고, 1989년에 만화방 만화로 첫 발간된 〈카론의 새벽〉은 웹툰으로 3화까지 리메이크되어 제작되었습니다. 사실 만화에서 예나 지금이나 가장 중요한 작화는 캐릭터입니다. 웹툰시대가 되면서, 배경 데이터 프로그램 스케치업이 생기면서 배경 그리기는 전보다 손쉽게 작업됩니다. 하지만 여전히 캐릭터 작화는 AI 학습이 쉽지 않다고 생각합니다.

그런 관점에서 본다면, 2024년 11월에 공개한 〈카론의 새벽 리메이크〉의 캐릭터들은 지금 웹툰 세대들에게 익숙하도록 선과 터치가 대체적으로 순화되었다고 생각됩니다. 흑백 만화에서 이현세 만화가의 캐릭터들이 대체로 거친 터치와 강렬한 선으로 묘사되었다면, 이현세 AI가 만든 캐릭터는 컬러만화의 특성에 맞게 선보다 다채로운 색과 유연한 선으로 캐릭터의 얼굴형과 얼굴 표정, 신체를 재현해냈습니다. 물론, 캐릭터의 모습은 시대에 맞는 독자의 취향에 맞추게 되어 있는 것도 사실입니다.

아울러 이현세 AI의 〈카론의 새벽〉은 아직 3화까지 제작되지 않았지만, 1989년의 이현세 만화를 2025년 이현세 AI로 어떻게 구현해내느냐에 달려 있다고 봅니다. 그런 점에서 만화계 내에서도 평가가 다소 이른 감이 있지만, 기대 반 걱정 반인 것은 사실입니다. 만화가 이현세만의 캐릭터를 어떻게 제대로 구현해낼 것인지, 그리고 칸 만화의 연출은 어떤 식으로 웹툰화할 것인지, 1980년대 후반 만화의 무거운 스토리와 로그라인을 어떻게 바꿀 것인지 등에 대한 궁금증을 갖게 되었습니다.

이현세 AI가 제작한 웹툰 〈카론의 새벽〉을 보면서 가장 먼저 든 인상은 로그라인만 두고 스토리의 구성과 전개를 전면적으로 바꾸었다는 것입니다. 사실, 만화가 이현세의 〈카론의

〈새벽〉에는 형제 사이의 브로맨스가 갖는 무게감과 이 사회의 권력층에 대한 부패와 불신, 그리고 응징이 느와르 영화처럼 배경에 깔려 있습니다. 그래서 부조리한 세상에 대항하는 두 형제의 고민이 흑백 만화 특유의 느낌처럼 심오하게 다가옵니다. 이 고민의 과정이 존재하는 원작에 비해, 웹툰에서는 이런 스토리의 무거운 주제가 캐릭터의 행동에 파묻히게 됩니다. 그건 당연히 웹툰에는 스토리의 속도감이 무엇보다 중요하기 때문입니다.

그다음으로 앞서 말씀드린 것처럼, 만화가 이현세의 캐릭터는 매우 강렬합니다. 그림체든 그림체에서 느껴지는 캐릭터의 이미지든. 그에 비해, 이현세 AI가 재현한 캐릭터는 지금 웹툰 독자들에게 맞춘 탓인지, 캐릭터의 무게감이 많이 희석되어 있습니다. 그래서 주인공 캐릭터가 주는 카리스마의 무게중심이 달라지는 것이 단번에 다가왔습니다.

다만, 연출이 아쉽게 다가왔습니다. 출판만화의 칸 연출과 웹툰의 세로 스크롤 연출은 확연히 다릅니다. 사실 많은 분들은 다 같은 만화인 줄 알지만, 정말 많이, 아니 어떤 작품은 전혀 다릅니다. 그래서 콘티가 어떻게 만들어지느냐가 매우 중요합니다. 원작에 비해, 웹툰 〈카론의 새벽〉은 액션에 포지셔닝이 된 작품입니다. 그래서 캐릭터의 액션 행동에 초점이 맞춰진 콘티와 그에 맞는 연출을 표현하고 있습니다. 물론, 이현세 AI는 콘티 하나하나의 미장센을 구현해내지 못하기 때문에, 인간 창작자들의 리터치와 연출작업이 동반될 수밖에 없었을 것입니다. 여기서 관건은 장르와 스토리 구조가 바뀌었다 하더라도, 원작을 뛰어넘는 세로 스크롤 연출의 미학이 보여야 합니다. 지나치게 스토리의 속도감에 비중을 두다 보면, 서사구조의 연출이 맛을 잃어버릴 수 있다고 생각합니다. 이 부분은 앞으로 후속 화를 작업하면서, 충분히 고민하고 피드백을 받아 보완할 수 있을 것으로 판단됩니다.

사실 AI에 대한 논쟁보다 기술의 속도가 더 빠릅니다. 앞서 말씀드린 대로, 만화비평지 《지금, 만화》에서 두 번이나 AI 웹툰에 대한 기사를 실었지만, 그땐 그게 가장 최신의 기술이며 논쟁이라고 생각했습니다. 하지만 지금은 그 기사가 구닥다리가 돼버렸습니다. 그만큼 AI 웹툰의 창작 기술은 급속도로 발전하고 있습니다. 이미 단순한 컷이나 10컷 이내의 단편 웹툰의 창작은 AI로 가능합니다. 그리고 인간 창작자의 손을 조금만 빌리고 시간과 노동을 좀 더 들이면 장면 웹툰의 창작도 손쉽게 이뤄지고 있습니다. 역동적인 웹툰의 연출이나 다양한 캐릭터의 일관된 묘사는 다소 시간이 걸리겠지만, 그래픽노블이나 학습만화처럼 단순한 연출과 적은 수의 캐릭터들의 등장과 표현을 이미 거의 완벽하게 재현해 내고 있습니다. 이와 아울러 AI 만화가는 인터넷에서 무수히 많은 데이터 레퍼런스를 수집하고 보유할 수 있습니다. 다만, 그 저작권이 문제입니다. 최근 AI 지브리 열풍이 그 단면을 보여줍니다. 물론, 이것 또한 AI 만화창작의 시작일 뿐입니다. 기술의 발전은 사람의 입과 손보다 몇 배로 빠릅니다.

AI는 스토리 구상, 캐릭터 디자인, 배경 제작, 채색 등에 영향을 미치지만, 개인적으로 아직까지는 배경과 채색에 가장 영향을 많이 미치고 있다고 봅니다. 사실 완벽한 AI 창작은 아직 불가능합니다. 특히 웹툰처럼 복잡다단한 작업은 인간의 머리와 손이 필요할 수밖에 없습니다. 아직은 AI 작업의 완벽한 역할 수행은 배경과 채색이 1번이고, 그다음으로 원본 캐릭터 데이터를 기반으로 한 캐릭터 디자인입니다. 물론, 캐릭터의 일관성과 역동성 표현을 위해서는 인간 창작자의 리터치가 필요합니다. 하지만 디지털 레퍼런스가 많아질수록 AI의 학습효과가 빠르게 발전할 것으로 예상됩니다.

웹툰에 AI 활용은 가고 싶지 않지만 가야 할 길이라고 판단합니다. 물론, 2년 전까지만 해도 네이버 웹툰을 비롯하여 웹툰 플랫폼에서 연재된 AI 웹툰에 대한 비난이 많았습니다. 하지만 지금은 전국 70여 개 만화웹툰 관련 학과에서부터 그 분위기는 사뭇 다릅니다. 현재 이들 대학에서 한 해에 입학생이 대략 3,000명에 이릅니다. 이들 가운데 웹툰 창작 실력이 뛰어난 학생들도 있지만, 그러지 못하지만 다양한 기술 덕분에 웹툰 창작을 수월하게 하는 학생들도 있습니다.

특히 넷플릭스 등 OTT 플랫폼에서 상영되고 있는 많은 영화와 드라마의 원작이 웹툰이라는 점에서, 웹툰의 그림 실력보다 IP로서 스토리의 재미와 미디어믹스 가능성이 상업적 성공을 만들고 있습니다. 그런 관점에서 본다면, 웹툰 창작의 기본은 그림 실력이 아니라, 스토리라는 점도 간과할 수 없는 부분입니다. 사실 웹툰이 처음 창작되는 1990년대 말 2000년대 초반에도 만화를 펜과 손이 아닌 디지털 컴퓨터로 그린다는 것, 그리고 스케치업 프로그램이 등장했을 때도 만화가가 그림을 안 그린다는 것에 대한 우려와 비난이 있었습니다. 웹툰 AI의 기술은 발전할 수밖에 없습니다. 다만, 그 활용은 결국 창작자 인간의 몫에 달려 있습니다. 문제는 기술이 발전했다고 인간 창작자가 편해지지는 않을 것이라는 점입니다. 또 다른 별개의 업무와 고민, 그리고 요구가 등장할 수밖에 없습니다.

웹툰 생산에 AI를 활용하면 제작비용이 감소할 것인가? 이 부분은 갑론을박이 있을 것으로 봅니다. 창작자와 제작사의 입장이 다를 수 있기 때문입니다. 현재로선 AI 웹툰의 기술이 완벽하지 않다는 점과 AI가 창작한 웹툰의 퀄리티보다 더 높은 퀄리티가 요구되고 있기 때문입니다. 또한 미드저니나 스테이블 디퓨전, 스케치업 등 여러 창작 프로그램이 있지만, 결국 인간 창작자의 머리와 손이 완전히 배제되는 창작 작업은 당장은 현실적으로 불가능하다고 봅니다. 이들 프로그램만으로는 완벽한 웹툰을 창작해낼 수 없습니다. 이들 프로그램이 구현할 수 있는 범위와 실현가능성 위의 창작은 또 다른 제작 프로세스와 비용을 요구하게 될 것이라고 예측됩니다. 지금 당장은 제작비용이 감소하는 것처럼 보이지만, 높은 퀄리티의 작품이 요구되는 웹툰시장의 환경에서 다른 방식과 영역의 제작비용을 요구하게 될 것입니다.

대부분의 독자들은 AI 웹툰에 대한 도덕적 기준이나 창작자의 입장에 대해 별로 관심이 없습니다. 독자의 입장에서 웹툰은 그냥 재미있고 관심이 가면 됩니다. 그게 인간 창작자가 그렸든 AI가 그렸든요. 앞서 말씀드린 것처럼, 전국 만화웹툰 관련 대학의 상황도 비슷합니다. 심지어 신진 창작자들도 다양한 프로그램과 AI, 챗GPT를 이용합니다. 다만, 문제는 저작권입니다. AI 지브리 열풍에서 보았듯, 대중은 관심이 가고 신기하고 재미나고 공유할 수 있으면 그걸로 만족해합니다. 그렇다고 이런 논란은 그냥 무작정 인정하자는 것이 아니라, 창작방식의 다양성도 무시하지 말자는 의미입니다. 인스타툰이 이 부분을 방증합니다.

개인적으로 웹툰 추천 시스템에도 관심이 많습니다. 2021년 제 박사학위 논문이 「웹툰 플랫폼의 큐레이션 구조에 관한 연구」였습니다. 이 논문은 세계 최초의 웹툰 큐레이션에 관한 박사논문으로 한국출판학회, 한국만화웹툰학회, 부천만화대상 학술상을 수상하기도 했습니다. 사실, 큐레이션에는 적잖은 의구심과 함정이 있습니다. 과연 AI나 빅데이터가 웹툰을 추천하고 있는 걸까라는. 그리고 추천 시스템을 단순히 해시태그나 푸시 배너 등 직접적인 추천 키워드에 한정되느냐입니다. 사실 웹툰 플랫폼의 추천 시스템은 생각보다 복잡하지만,

생각보다 단순합니다. 왜냐하면 웹툰 플랫폼마다 비즈니스 모델과 타깃이 조금씩 다르고, 그에 따라 추천 시스템의 구조도 다르기 때문입니다. 아직까지 국내에서 웹툰 큐레이션의 영역은 체계화되어 있지 않습니다. 그럼에도 각 플랫폼만의 큐레이션 정책은 엄연히 존재합니다. 문제는 지금보다 좀 더 개인 맞춤형과 다각화될 필요가 있습니다.

웹툰의 발전을 위해 웹툰계가 처한 가장 큰 문제 중 하나는 불법사이트에 대한 단속과 처벌을 국내외적으로 법적 제도화해야 한다는 점입니다. 디지털 미디어 시대에 불법 사이트를 일절 차단은 거의 불가능합니다. 그렇지만 단속을 위한 국내외 법적 제도화와 국내외 디지털 범죄 공조체제가 무엇보다 필요합니다. 그리고 단속에 걸리면 법적 책임과 처벌이 강력해야 합니다. 재산 몰수와 환수, 처벌 수위 상향 조정 등 무거운 범죄라는 인식을 명확히 그리고 확실하게 심어주어야 합니다.

둘째, 글로벌 웹툰산업의 활성화를 위한 산업적 전략의 하나로서 글로벌 웹툰 에이전시가 필요합니다. 사실, 해외 사람들이 한국 웹툰을 알게 되는 계기는 바로 넷플릭스를 비롯한 OTT 플랫폼에서 인기 있는 한국 영화나 드라마의 원작이 웹툰이라는 것을 알게 되면서입니다. 그럼에도 현재 글로벌 웹툰시장의 발목은 네이버 웹툰과 카카오엔터테인먼트의 해외법인인 라인과 픽코마의 독점 서비스입니다. 이것은 한국 웹툰이 해외에 알려지기는 긍정적 역할을 했지만, 지금은 향후 글로벌 웹툰산업의 확대와 활성화를 가로막는 요인이기도 합니다.

만화진흥법이 있지만 실효화되지 못하고 있습니다. 만화진흥을 위한 국가적 독립기관이 설립되어야 합니다. 지금의 한국콘텐츠진흥원은 너무나 많은 분야를 다루기에 만화웹툰의 전문 기구가 될 수 없으며, 부천에 있는 한국만화영상진흥원은 국가의 기관이지만 부천이라는 지자체의 영향력 하에 있습니다. 이것은 만화웹툰 관련 진흥의 업무적 효율성을 저하하는 요인이 되고 있습니다. 따라서 독립적인 만화웹툰 국가기관이 설립되어서, 만화웹툰 관련 제반 사항을 모두 아우르는 지원과 정책, 교류를 진행해야 합니다.

ii. 김성철 타임픽서 대표(만화가)

김성철 만화가는 2009년 콘텐츠진흥원 일본 연수를 같이 받은 인연으로 자주 연락을 하는 관계이다. 만화와 애니메이션을 하고 있어 리뷰를 부탁했다. 그는 다수의 시리즈 및 극장용 애니메이션 프로듀서로 활동 중이며, 콘텐츠 기획 프로덕션인 타임픽서(TIME FIXER)의 총괄 프로듀서(대표)를 맡고 있다. 프로젝트 〈로보99〉의 기획, 개발 총괄로 출판, 애니메이션, 캐릭터 비즈니스 등의 사업화를 진행하고 있다. 옴니버스 3부작 시리즈인 「여름로봇캠프」를 진행하고 있다.

다음은 〈카론의 새벽 리메이크〉에 대한 소감이다.

- **AI 스타일 학습 기반 콘텐츠의 현재와 가능성**

최근 공개된 웹툰 〈카론의 새벽〉은 AI 기반으로 제작된 실험적인 프로젝트로, 콘텐츠 제작에 AI 기술을 접목한 사례 중에서도 주목할 만한 결과물이었습니다. 이 작품은 이현세 작가의 수많은 기존 작품을 AI에 학습시켜, 그의 고유한 화풍을 복제·재구성하는 방식으로 제작되었으며, 웹툰 업계와 디지털 콘텐츠 분야 관계자들 사이에서도 여러 의미 있는 질문을 던지고 있습니다.

작품을 처음 접했을 때 가장 먼저 눈에 들어온 것은 시각적 스타일의 강한 유사성이었습니다. 이현세 작가 특유의 인물 묘사 방식 ― 머리카락의 결 표현, 콧등과 뺨의 그림자, 턱선의 명확한 드로잉 등 ― 이 상당히 자연스럽게 구현되어 있어, 해당 작가의 팬이라면 단번에 그 스타일을 떠올릴 수 있습니다. 클로즈업 샷이나 바스트 샷에서는 특히 AI 스타일 학습의 정교함이 잘 드러나며, 이미지 자체만 놓고 본다면 이현세 작가의 과거 화풍과 매우 근접한 결과물이라 평가할 수 있습니다.

다만, 전체 컷의 조형성과 신(scene) 구성 관점에서 본다면 몇 가지 한계도 확인할 수 있습니다. 특히 프랍(prop)과 캐릭터 간의 시점 일치(perspective matching)가 어색한 경우가 다수 포착되었습니다. 예를 들어, 캐릭터가 의자에 앉아 있거나 휠체어에 있는 장면에서 배경과 인물의 공간적 위치 관계가 부자연스럽게 표현되어 몰입을 저해하는 구간들이 있었습니다. 이는 AI가 스타일은 학습할 수 있어도 장면 설계나 콘티 단의 공간 연출은 여전히 인간의 디렉션에 의존한다는 한계를 보여주는 사례라 볼 수 있습니다.

또한, 디자인 일관성 유지에 필요한 신(scene) 별 디테일 조정 — 예를 들어 캐릭터의 동선, 프레임 내 눈높이 맞춤, 배경 오브젝트와의 밀도 조절 등 — 이 미세하게 어긋나는 장면들이 존재했습니다. 이 역시 AI가 원화를 자동 생성하는 수준에서는 뛰어난 성능을 보이지만, 연출 의도를 반영한 시퀀스 완성도는 인간 중심의 크리에이티브가 필요하다는 점을 확인하게 해줍니다.

웹툰 〈카론의 새벽〉은 AI 기술이 스타일 복제 및 콘텐츠 재창작에 얼마나 유효하게 활용될 수 있는지를 실제 사례로 보여준 점에서 매우 의미 있는 시도이며, 콘텐츠 제작자 입장에서 보면 비용 절감, 반복 컷 처리, 스타일 유지 관리 측면에서 상당한 효율성을 제공할 수 있다는 가능성을 확인시켜 주었습니다.

그러나 작품을 감상하면서 동시에 떠오른 질문은, 이 결과물이 진정한 창작물로서의 작가성을 지닐 수 있는가에 대한 부분입니다. 특히 이현세 작가는 수십 년 동안 화풍을 지속적으로 진화시켜왔으며, 기사나 평론에 따르면 10년 단위로 스타일이 미묘하게 변화해왔다고 합니다. 이런 작가의 작품 세계를 AI가 특정 시기의 스타일로만 학습해 결과물을 내놓는다면, 그것이 과연 '이현세 작품'이라고 부를 수 있을지에 대한 논의는 여전히 필요합니다.

또 다른 시각에서 보면, 만약 어떤 작가가 시나리오와 콘티를 모두 구상하여 작업을 하던 중 불가피한 사정으로 작업을 중단해야 할 경우, AI가 그 작업을 이어받아 결과물을 완성한다면 그것은 분명 '보조 창작 시스템'으로서의 AI의 순기능이 될 수 있습니다. 이런 방식이라면 작가의 의도를 기반으로 한 공동창작 모델로 해석될 여지도 충분합니다. 콘텐츠 기획의 관점에서도 AI는 '창작자 대체'가 아니라 '창작자 협업'의 도구로 자리매김해야 한다는 점을 다시금 느끼게 됩니다.

결론적으로 웹툰 〈카론의 새벽〉은 AI와 인간이 함께 만드는 콘텐츠의 가능성과 한계를 동시에 보여준 작품입니다. 스타일 복제, 컷 생산 자동화, 반복 작업 경량화 등에서 AI는 확실한 강점을 발휘합니다. 그러나 여전히 콘티 설계, 감정선 전달, 신(scene) 연출의 창의성은 창작자의 개입 없이는 완성되기 어렵습니다.

이 작품을 통해 얻은 인사이트는 명확합니다. 앞으로의 웹툰 제작 환경에서 AI는 작가의 창작 역량을 보조하는 강력한 파트너가 될 수 있으며, 적절한 역할 분담과 기술적 융합이 이루어진다면, 창작자는 더욱 본질적인 스토리텔링과 감성 연출에 집중할 수 있는 시대가 도래할 수 있습니다.

그러기 위해서는 단순히 기술을 수용하는 수준을 넘어서, AI 도구에 맞는 연출 프리셋 개발, 스타일 큐레이션 전략, 저작권 기반 데이터 윤리 가이드 구축 등 후속적 시스템 정비가 필요합니다. 콘텐츠의 미래는 '기술이 모든 것을 대신하는 세상'이 아니라, 기술과 사람의 감성이 유기적으로 연결된 창작 생태계에서 만들어질 것이라 믿습니다.

iii. 최진규 옥토끼 스튜디오 대표(작가)

최진규 작가는 월간 잡지 《팡팡》에 단편 〈뽁수열전〉, 주간 잡지 《아이큐점프》에 〈UDT Story〉를 발표하면서 데뷔했다. 이후 다수의 애니메이션북, 웹툰, 학습만화 등 다양한 장르의 작품 활동을 하고 있다.

작품으로는 〈『수학 탐정 셜록』 시리즈〉, 〈『이미도의 아이스크림 천재영문법』 시리즈〉, 〈스포츠 플러스-네이버 스쿨잼〉, 〈『헬로카봇 애니북』 시리즈〉, 〈『터닝메카드 애니북』 시리즈〉, 『나홀로 잉글리시』(2004), 『나를 사랑했다면 참 좋았을 당신에게』(2004) 등이 있다.

최진규 작가는 AI 그림 도구에 대해 매우 긍정적으로 바라보고 있다. 그는 "과거 흑백 만화에서 스크린톤이 등장하면서, 또 펜과 잉크로 작업하던 배경맨에서 스케치업으로 작업이 넘어가며, 그림의 품질이 크게 향상된 것처럼, AI 그림 도구 역시 창작 과정에 혁신을 가져올 것"이라고 믿고 있다. 또한, 그는 혼자서 작업하는 만화가들에게 AI 그림 도구가 큰 도움이 될 것으로 예상하며, 직업 특성상 많은 작업량으로 인해 생기는 허리 디스크와 같은 건강 문제들에 대한 해결책으로 AI를 보고 있기도 하다. 그는 "이상적인 AI 그림 도구의 활용은 작가들의 건강을 지켜주는 방어막과 같은 역할을 할 것"이라며, 이 도구의 활용법은 작가의 개인 역량에 따라 달라질 것이라고 강조하였다(김한재, 2023.5.26.).

다음은 〈카론의 새벽 리메이크〉에 대한 소감이다.

- **AI로 재탄생한 〈카론의 새벽〉에서 불멸의 이현세 선생님을 느끼다!**

뜨거웠던 지난여름의 어느 날, 재담미디어의 스튜디오에서 학생들이 ComfyUI의 워크플로우와 노드 배치를 열심히 고민하고 수정하는 광경을 보게 되었습니다.

그때 처음으로 이현세 선생님의 불멸의 작품 〈카론의 새벽〉이 세종대학교 학생들의 손을 거쳐 AI로 재탄생했다는 소식을 듣고 마음이 엄청나게 설렜습니다. 한국 만화의 거대한 봉우리와도 같은 선생님의 작품을 후학들이 새로운 기술로 되살려낸다니, 이보다 더 감격스러운 일이 있을까요?

저 역시 만화를 그리는 사람으로서, 이현세 선생님의 작품을 접하며 자랐습니다. 선생님의 펜 끝에서 흘러나오는 역동적인 선들, 그 속에 담긴 깊은 철학과 인간에 대한 통찰은 제게 만화란 무엇인가에 대한 근본적인 질문을 던져주었습니다. 그런 선생님의 대표작 중 하나인 〈카론의 새벽〉이 젊은 세대의 열정과 첨단 기술의 만남으로 새롭게 태어났다는 것은 정말로 경이로운 일입니다.

- **전통과 혁신의 만남**

세종대학교 학생들과 재담미디어가 진행한 이번 프로젝트는 단순한 리메이크를 넘어선, 하나의 문화적 실험이라고 생각합니다. AI 기술을 활용하여 이현세 선생님의 그림체를 학습시키고, 이를 바탕으로 〈카론의 새벽〉을 재창조하는 과정은 과거와 현재, 전통과 혁신이 어떻게 조화를 이룰 수 있는지를 보여주는 살아있는 교육 현장이었습니다.

무엇보다 감동적인 것은 학생들이 이 작업에 임하는 자세였습니다. 재담미디어 사무실에서 진지하게 회의하고 토론하며 작업에 몰두하는 모습을 보니, 그들이 단순히 기술적 실험을 하는 것이 아니라 선배 작가에 대한 깊은 존경심과 함께 이 프로젝트에 임하고 있다는 것을 느낄 수 있었습니다.

이러한 마음가짐이야말로 이번 프로젝트의 진정한 가치를 만들어내는 원동력이었다고 생각합니다.

- **이현세 선생님의 혼이 깃든 새로운 작품의 탄생**

완성된 작품을 보며 가장 놀라웠던 점은 AI가 재현해낸 이현세 선생님의 그림체였습니다. 선생님만의 독특한 인물 표현, 역동적인 동작의 묘사, 그리고 섬세하면서도 대담한 선의 구사가 AI를 통해서도 생생하게 살아나고 있었습니다. 물론 AI가 만들어낸 것이지만, 그 속에서 선생님의 예술적 정신이 깃들어 있음을 느낄 수 있었습니다.

특히 인상적이었던 것은 학생들이 후반 작업으로 입힌 컬러링이었습니다. 이현세 선생님의 클래식한 그림체 위에 현대적이고 세련된 컬러가 더해지면서, 과거와 현재가 절묘하게 결합된 독특한 미학적 경험을 선사했습니다. 마치 시공간을 초월한 듯한 이 하이브리드 웹툰은 기존의 어떤 작품에서도 볼 수 없었던 새로운 장르의 가능성을 보여주었습니다.

흑백으로 그려졌던 원작의 감성은 그대로 유지하면서도, 현대 독자들의 시각적 기대에 부응하는 컬러링이 더해짐으로써 작품이 지닌 서사의 힘은 더욱 강화되었습니다. 이는 단순한 기술적 재현을 넘어서, 원작에 대한 깊은 이해와 애정이 없었다면 불가능했을 성과라고 생각합니다.

- **미래에 대한 기대와 우려**

이번 프로젝트를 통해 한국 만화의 밝은 미래를 보았습니다. 세종대학교 학생들이 보여준 열정과 창의성, 그리고 전통에 대한 존경심은 한국 만화계의 든든한 버팀목이 될 것이라 확신합니다. 이들이 이현세 선생님의 작품을 연구하고 분석하며 얻은 경험은 분명 그들 각자의 작품 세계를 더욱 풍부하게 만들어줄 것입니다.

동시에 AI 기술이 만화 창작에 미칠 영향에 대해서도 깊이 생각해보게 됩니다. 이번 프로젝트는 AI가 단순히 인간을 대체하는 도구가 아니라, 창작자의 상상력을 확장시키고 새로운 표현의 가능성을 열어주는 파트너가 될 수 있음을 보여주었습니다. 하지만 동시에 AI 기술의 발전이 가져올 변화에 대한 우려도 숨길 수 없습니다.

창작의 본질은 무엇인가, 예술가의 고유한 역할은 무엇인가와 같은 근본적인 질문들이 새롭게 대두되고 있습니다. 이러한 변화의 물결 속에서 우리는 어떻게 인간만이 가질 수 있는 창작의 가치를 지켜나갈 것인가에 대해 진지하게 고민해야 할 때입니다.

AI로 재탄생한 〈카론의 새벽〉은 단순한 기술적 실험을 넘어선, 한국 만화사에 새로운 이정표를 세운 작품이라고 생각합니다. 이현세 선생님의 예술 정신을 계승하고자 하는 젊은 창작자들의 열정, 그리고 그들이 새로운 기술과 만나 이루어낸 성과는 모든 만화인들에게 희망과 영감을 주었습니다.

이 프로젝트에 참여한 세종대학교 학생들이 앞으로도 이런 도전정신과 창의성을 잃지 않고 한국 만화의 새로운 지평을 열어나가기를 간절히 바랍니다. 그들의 노력과 열정이 있기에 한국 만화의 미래는 분명 밝을 것입니다.

마지막으로 이런 뜻깊은 작품을 만들어낸 모든 분들께 한 후배 만화가로서 깊은 감사와 존경의 마음을 전합니다. 그리고 언제나 우리의 나침반이 되어주시는 이현세 선생님께도 변함없는 존경의 마음을 올립니다.

iv. 조지훈(엘프화가)

AI 웹툰 스타트업 '딥툰(Deeptoon)'에 합류했었던 조지훈은 『ComfyUI 100선: 설치부터 고급 예제까지』(2024)와 『the AI GRAPHICS 인공지능, 캐릭터, 웹툰, 패션, 세계관, 디지털디자인』(2024)의 "Comfy UI로 구축해보는 웹툰 자동화 프로세스" 챕터의 저자로 새로운 웹툰툴을 제작하고 있다(엘프화가, 2025.1.15.).

국내에서 웹툰 연구가로 AI에 관련하여 가장 활발한 연구를 하고 있는 조지훈은 2023 웹툰포럼(23.03.24)에서 'AI의 영향과 웹툰 작가의 생존 전략'이라는 주제 중, DepthMap과 스케치업을 사용한 배경 활용법에 관해 발표하였는데, 스케치업으로 간단한 모델링을 하고 구도를 잡은 후 프롬프트의 입력에 따라 다른 결과를 가져올 수 있다고 하였다. 시대, 기후, 트렌드에 구애받지 않고 충분히 창의적이고 고증이 담긴 결과물을 도출할 수 있다는 것을 확인 할 수 있었던 자리였다.

일본에서도 이러한 배경을 활용하고 있는 작가가 있다. 〈데드데드 데몬즈 디디디 디 디스트럭션(デッドデッドデーモンズデデデデデストラクション)〉(2020)라는 작품을 발표한 아사노 이니오(淺野いにお)는 실시간 기술을 배워갈수록 다양한 방법으로 그림을 표현할 수 있다고 하였다. "예전 같았으면 번거로워서 고려하지 않았을 기법들을 언리얼 엔진으로 시도해보기 시작했다. 신(scene)에 뭔가 없거나 허전해 보이면 에셋을 사서 화면에 추가한다. 그러면 환경을 더 빨리 원하는 방식대로 꾸밀 수 있는데 이는 새로운 창의적 지평을 열어준 실시간 기술이라고 볼 수 있다"라며 긍정적인 평을 하였다. 게다가 한 번 그리면 끝인 수작업 삽화에 비해 3D 모델은 재사용할 수 있고 다른 각도에서도 그릴 수 있다는 장점을 크게 꼽았다(김한재, 2023.5.26.).

다음은 〈카론의 새벽 리메이크〉에 대한 소감이다.

- 〈카론의 새벽 리메이크〉의 의의와 배경

AI 웹툰은 가능한가? 이 질문에 '가능하다'라고 대답하는 것은 어렵지 않은 일입니다. 하지만 의외로 그 성공 사례는 많지 않습니다. 만들 수 있느냐의 여부와 함께 고민해야 하는 것은 독자가 납득할 수 있는가입니다. 실제 AI로 웹툰을 만들 경우, 많은 독자들이 싫어할 수밖에 없습니다. 그렇기에 AI 웹툰을 기존 작가들이 시도하기보다는 스터디 중심으로 진행하거나 몰래 사용하는 경우가 대부분이었습니다.

이러한 시기에 재담미디어라는 웹툰 제작사와 한국 만화계의 거장 이현세 선생님께서

■ 그림 52. 〈카론의 새벽 리메이크〉 3화 장면

* 자료: 재담미디어 제공.

함께 먼저 나서서 AI 웹툰 작품을 만들어 공개했다는 것은 매우 고무적인 일이라 할 수 있습니다. 〈카론의 새벽 리메이크〉는 AI로 웹툰을 만들 수 있는가에 대한 좋은 대답일 뿐만 아니라, 우리가 앞으로 새로운 기술을 받아들일 수 있는 좋은 계기가 될 것입니다. 이 프로젝트는 AI가 작가의 독특한 시각적 스타일 — 예를 들어 이현세 작가 특유의 캐릭터 헤어스타일이나 턱의 형태 등 — 을 학습하고 이를 현대적인 감각으로 재구성하는 능력을 보여주었습니다. 이는 원작의 향수를 불러일으키면서도 새로운 독자층에게 어필할 수 있는 중요한 요소로 작용했습니다.

아쉬운 점은 그림 AI가 아직 무르익기 전 시작된 프로젝트이기에 내부적으로 상당히 난항을 겪었다는 점, AI를 사용했지만 실제 생산성 면에서 큰 이득을 얻지 못했다는 점, 리메이크라는 점을 고려하더라도 그림 생성 이외에 AI가 사용되지 못했다는 점을 들 수 있습니다.

그럼에도 불구하고, 당시 제대로 된 웹툰 원고가 없던 상황에서 이현세 작가가 먼저 AI 기술을 활용하여 리메이크를 진행한 것은 변화에 대한 적극적인 수용이자, 웹툰이라는 새로운 플랫폼에 대한 깊은 이해를 보여주는 선구자적인 시도라 할 수 있습니다. 〈그림 52〉를 보면 AI로 재현된 까치. 특유의 헤어와 턱 묘사는 AI 구현을 위한 고민이 엿보입니다.

- **최근의 웹툰 AI 기술**

AI 기술은 모든 영역에서 매우 빠르게 발전하고 있습니다. 그렇기에 재담이 시작했을 때와는 다른 기법들을 적용해 좀 더 편리한 작업을 할 수 있는 환경이 조성되고 있습니다. 어떻게 환경이 바뀌고 있을까? 확인해보겠습니다.

첫째, AI LLM의 발전입니다. 챗GPT 등 대화형 AI는 사람과 대화를 통해 이야기를 할 수 있는 멋진 AI입니다. 이를 이용해 이야기를 만들고, 페르소나를 입력해 캐릭터 대화를 하는 시도를 하기도 하였습니다. 하지만 초기 모델의 경우 매력적이지 못한 이야기만 만들거나, 이야기 도중 주인공의 성격이 달라지는 등 그렇게 좋은 결과를 내놓진 못했습니다.

최근에는 처리할 수 있는 데이터양이 늘어나면서 전보다 훨씬 더 매력적인 이야기를 하고, 더 심도 깊은 페르소나를 만들어 대화할 수 있는 등 빠르게 발전하고 있습니다. 이러한 LLM을 이용하면 시나리오나 대사 등을 만들 때 큰 도움을 얻을 수 있습니다. 앞으로의 AI 웹툰에는 시나리오 단계부터 LLM이 적극 사용될 것입니다(〈그림 53〉).

둘째, 3D AI의 발전입니다. AI 웹툰에서 일관성을 높이기 위한 방법 중 하나가 3D 캐릭터를 만들어 밑 작업으로 사용하는 것입니다. 3D 캐릭터는 다양한 각도/거리에서 일관된 정보를 제공하므로, AI 작업 때 훨씬 일관성 높은 결과를 만들 수 있습니다.

재담미디어에서도 3D 모델링을 사용한다고 언급하기도 하였습니다. 하지만, 3D 모델링의 단점은 제작 비용입니다. 3D 모델링은 고유한 기술과 시간이 필요합니다. 모델링뿐만 아니라 포즈를 위해서는 리깅이라는 기술도 필요합니다. 만드는 시간이 오래 걸리기에, 주인공부터

∎ 그림 53. AI Grok을 활용한 스토리 작성 사례

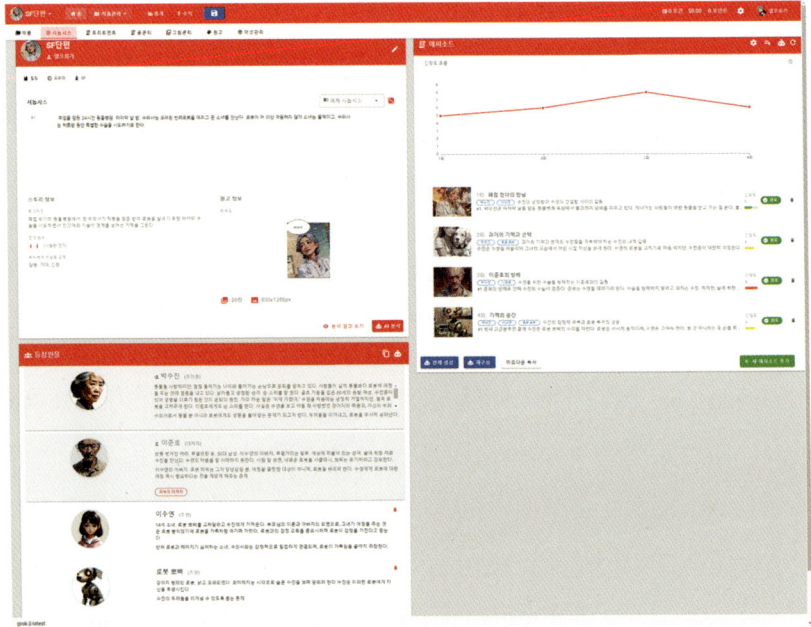

* 자료: 조지훈 제공.

∎ 그림 54. 3D AI를 이용한 사례

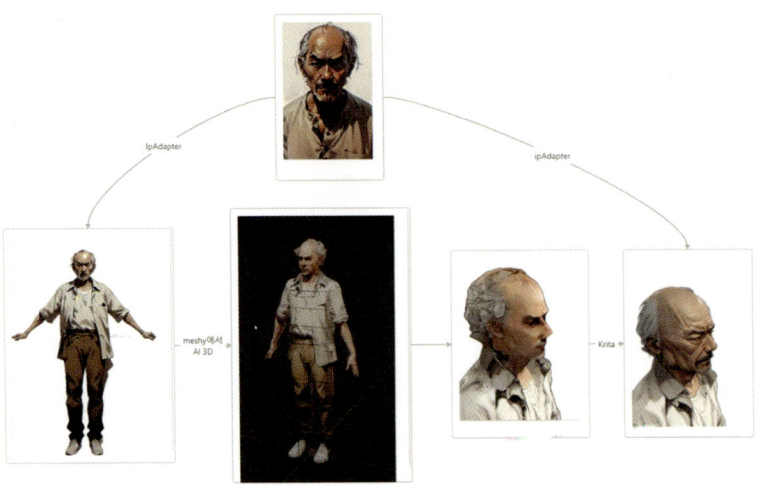

* 자료: 조지훈 제공.

엑스트라까지 다양한 인물들이 빠르게 교차 등장하는 웹툰에서는 초기 비용이 만만치 않게 필요합니다. 하지만 최근 Tripo, Meshy, Hunyuan 3D 등 이미지를 기반으로 3D 모델로 만들고 포즈 리깅까지 적용해 주는 AI 3D 기술이 다양하게 서비스되고 있습니다. 이러한 기술을 이용하면 2D AI로 T-pose 이미지를 만들고, 이를 빠르게 3D로 만든 다음 웹툰에 적용할 수 있습니다. 3D AI를 사용하면 빠르게 3D 모델을 생성하고, 이를 원고에 사용해 일관성과 퀄리티를 높일 수 있습니다(〈그림 54〉).

- **2D AI의 발전**

기존 그림 AI의 기반은 디퓨전 모델입니다. 스테이블 디퓨전, 미드저니 모두 이 방식을 사용합니다. 빠르고 좋은 퀄리티를 내기 때문입니다. 하지만, 이 방법은 컨트롤하기 매우 어려운 방식이며, 일관성이 없다는 큰 단점이 있습니다. 웹툰 등 일관성이 필요한 매체에서 특히 난항을 겪는 이유가 바로 그것입니다.

최근에는 DiT 등 언어 모델과 디퓨전 모델을 결합한 하이브리드 트랜스포머 기법으로 발전하면서 일관성이나 이야기에 대한 이해가 좋아졌습니다. 트랜스포머 네트워크는 텍스트와 이미지의 맥락을 이해하는 데 강력한 성능을 보이며, 이를 디퓨전 모델과 결합함으로써 더욱 정교하고 자연스러운 이미지 생성이 가능해졌습니다. 또한, LoRA 학습과 IPAdapter를 활용하여 AI가 특정 스타일이나 캐릭터를 일관성 있게 생성하는 기술도 큰 발전을 이루었습니다. LoRA(Low-Rank Adaptation)는 대규모 AI 모델을 효율적으로 미세 조정하는 기술이며, IPAdapter는 이미지 프롬프트를 활용하여 스타일을 적용하거나 캐릭터의 일관성을 유지하는 데 사용됩니다.

이러한 하이브리드 기법을 빠르게 적용한 GPT는 4컷 만화를 만드는 등 기존에 할 수 없었던 이야기를 만들어 내기까지 하였습니다. 이처럼 발전한 새로운 2D AI를 이용하면, 이전보다 훨씬 더 수월하게 웹툰 작업이 가능하리라 생각됩니다. 〈그림 55〉처럼 하이브리드 기법은 스토리를 이미지화하는 데 매우 탁월합니다.

■ 그림 55. 챗GPT로 만든 4컷 만화

* 자료: 조지훈 제공.

여전히 AI는 급속도로 발전하고 있으며, 1년 뒤에는 훨씬 더 나은 기술들로 AI 웹툰 작업이 편리해지리라 예상됩니다.

v. 임세준 KBS 드라마 PD

임세준 KBS 드라마 PD는 드라마국에 만난 인연으로 현재 같은 사무실에서 일하고 있다. 지금 추진하고 있는 드라마에 대해 협의를 하다가 '이현세 AI 프로젝트'에 대해 이야기하니, 젊었을 때 이현세 만화 열성 팬이었다는 것을 알게 되었다. 그래서 독자의 입장에서 〈카론의 새벽 리메이크〉 평가를 부탁했더니 흔쾌히 수락하였다.

나음은 〈카론의 새벽 리메이크〉에 대한 소감이다.

AI로 작업한 〈카론의 새벽〉 양가적인, 회색의 인간군상들을 다루는 작품이 되기를 추천합니다. '다크 히어로의 사적 복수'를 주제로 한 기시감이 강한 이야기는 이미 많이 다루어져 선도가 떨어집니다. 다원적 느와르의 공식대로, 기존 원작의 분명한 선악구도를 유지하는 것보다는 선과 악 사이의 중간 영역에 놓여 분투하는 다양한 캐릭터들의 욕망이 충돌하고 대립하는 식의 서사로 진행되는 쪽이 매력적일 것으로 판단됩니다. 지금으로서는 단순히 라이징 선 게이트를 파헤치는 자경단 스토리의 단조로운 정의구현 스토리로 흐를 가능성이 높습니다.

'불우한 가정환경을 딛고 일어서는 자수성가에 가까운 언더독의 분투기'의 테마로 대변되는 작가의 세계관이 어느 정도 현대화되는 노력이 필수적으로 수반되어야합니다. 이현세 작품 전반에 흐르는 비장미가 현재 시점에 가져오는 불일치성에 관해서는 여전히 의문부호가 붙기 때문입니다. 부분적으로는 그런 지점에서의 개선에 대한 노력이 엿보이기도 하고, 어느 정도 달라진 인상을 줄 수도 있지만(형과 주인공의 대화에서 형의 진심에 대해 동생이 "오글거린다", "쌍팔년도 대사 같다"는 식으로 변주), 본질적으로 캐릭터들이 일면적이라는 비판에서 자유롭기는 쉽지 않을 것으로 판단됩니다. 만약 원작의 캐릭터들의 원형을 그대로 유지한 채 작품이 진행될 경우, 일단의 액션 무협물 정도의 범주에서 벗어나지 못하고 그다지 큰 개성을 찾지 못할 것이라 예상됩니다.

과연 공감될 수 있는, 현대화된 언더독이란 어떻게 묘사될 수 있을까요? 내적으로는, 인간적인 결함이 부여된 남자 주인공과 같은 지점들이 일단의 도움을 줄 수 있을 것으로 생각됩니다. 크게 매력적이지는 않은 전사(전 연인에 연관된 기억)지만, 전사와 얽혀 있어 트라우마가 발현되어 범죄자들을 과잉진압할 수밖에 없게 만들어진 주인공이 때로 정의를 위해서 편집적이라거나/광적이라서 정도를 넘어 폭주한다거나 와 같은 식으로 일단의 인간적/내적 결함이 부여되는 것이 필요할 것으로 보입니다. 정의를 위하여 달려가는 주인공은 서서히 더 큰 부조리를 향해 폭주하게 될 것이며(이 경우 형과의 대립은 필연적이다.), 순수악에 가까운 세력들이 아닌, 생활고에 시달려 불가항력적인 악에 (이용) 동조하는 세력을 제거할 때 야기되는 딜레마와 같은 지점이라거나, (다크 나이트를 변주한다면) 주인공을 카피하는 또 다른 세력들이 정의를 표방하여 주인공 이상의 폭력을 횡행하고 다닐 때, 과연 자신이 추구하던 정의가 맞는 것인지에 대한 회의의 지점을 지난다거나, 거악을 제거하기 위해 어느 정도의 악과 연대해야 하는 딜레마와 같은 지점들이 흥미를 배가할 수 있을 것으로 판단됩니다. 상기한 바와 같이, 압도적인 무력이나, 초인에 가까운 주인공의 영웅 서사와 같은 것들이 본 원작의 본질을 망각한 무협물의 길을 걷게 하게 할까 우려되기 때문에, 주인공 내면의 변곡점을 세밀히 교직하여 (시계추처럼) 선과 악 사이에서 왔다 갔다 하는 지점을 필수적으로 배양해야 할 것입니다.

본 응용은 주조연들의 상황에서도 동일하게 적용됩니다. 더 넓게는, (서사의 확장성을 위해서라도) 진실을 밝히기 위해 주인공에게 위협이 되는 여기자라던가, (정의)의 빅픽처를 위해서 주인공을 막아서게 되는 여검사라던가, 여검사를 이용하고 악을 대변하게 되는 형, 그리고 이 4인의 주인공 간의 연대나 대립과 같은 지점들이 서사를 풍성하게 해 줄 것으로 판단됩니다. 주인공의 조력자로 기능하던 조연이 악의 세력에 물들 수밖에 없게 된다면? 영화 〈테러리스트〉에서 가장 흥미로웠지만, 도구적으로 쓰여 안타까웠던 캐릭터가 형 사현(이경영 분)이었는데, 동생의 폭주를 이해하고 공감하지만 범법을 목도하고 기다릴 수밖에 없는 데서 발생하는 딜레마와 같은 지점들은 현재 시점에도 여전히 유효할 것으로 생각됩니다. 뻔한 반전에만 기대지 않는다면, 본 웹툰에서는 형을 악과 연대하거나, 보다 회색지대에 가까운 인물로 묘사하여 주인공과 대비시키는 확장도 가능할 것입니다. 정말은, '라이징 썬 게이트'의 최종 빌런의 초라하고 평범하고 착한 '어머니'와 조우하여 갈등하는 주인공과 같은 상황들이 궁금합니다.

작품 전반에 흐르는 고독감의 대오를 유지하는 선에서, 웹툰 〈카론의 새벽〉이 〈테러리스트〉도 아닌, 2025년에 걸맞은 이야기가 되기를 기원합니다. 해당 원작이 나왔던 시대보다 훨씬 더 선악이 불분명하고, 정의의 가치가 희미해진 작금의 상황이 원작에 녹여질 수 있기를 기대합니다. 원작의 가치가 관찰되는 지점이 있다면, 소위 고독감, 이라는 부분에 관해서입니다. 훨씬 더 혼세(混世)에 가까운 2025년에서 주인공은 더 회의할 수밖에 없고, 불분명한 가치로 둘러싸여 '자신이 제대로 가고 있는 게 맞는 것인가?'에 대해 그 누구에게도 답을 들을 수 없는 외로움과 같은 것들이 과거 종이만화 〈카론의 새벽〉보다 더 울림을 줄 수 있다고 생각합니다.

제3부
웹툰과 AI

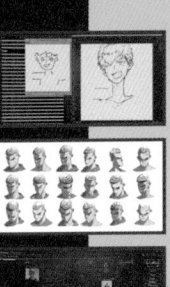
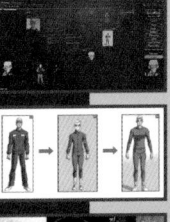

■ 제5장 ■

웹툰과 AI의 연결

5.1. 웹툰의 발전

웹툰의 발전을 피터슨(Peterson, 1990)의 문화생산적 관점을 반영한 '생산 연쇄의 육면 모델(Six-Facet Model of the Production Nexus)'에 따라 분석하면, 스마트폰의 대중화 및 모바일 기술의 일상화(기술), 심의규정 정립 이전 온라인 공간에서 자유로운 표현(법률 및 규제), 온라인 플랫폼의 성장(산업구조), 작가-웹툰PD-플랫폼의 콘텐츠 생산구조 정립(조직구조), 작가 데뷔의 진입장벽이 낮은 측면(직업 경력), 복합적이고 다중적인 시장구조의 변화(시장) 등이다(성연창, 김은정, 2023).

웹툰에 대해 KT경제경영연구소에서 낸 자료집(김재필, 성승창, 홍원균, 2013)의 『웹툰으로 보는 웹툰의 역사』가 쉽게 이해하기 좋다. 웹툰은 '웹(web)'이라는 플랫폼과 만화라는 의미의 'Cartoon'의 합성어로 한국식 조어이지만, 웹툰의 형식이 계속 변화하므로 정확하게 정의를 내리기는 쉽지 않다(서은영, 2024: 24). 외국에서는 웹코믹(Webcomic)이라고 통칭하는데, 최초는 1985년 에릭 밀리킨(Eric Millikin)의 〈마녀와 바늘 땀(Witches and Stitches)〉이다.

웹툰의 원조는 출판 만화다. 출판만화는 잡지나 단행본으로 출판된 만화를 뜻한다. 경기도 부천에 있는 만화 박물관에 전시된 기록에 따르면 국내에서 1909년 대한민보에 게재된 이도영의 삽화를 한국 만화의 시초로 인정한다.[6] 이후 1945년부터 다양한 장르의 만화가 형성되었고, 1970년대에는 암울한 시대를 위안했으며, 1980년대는 한국 만화의 르네상스가 시작되었고, 1990년대에는 새로운 만화의 시대가 열렸고, 2000년대 들어서 디지털 만화가 등장했다.

1990년대 말에서 2000년대 초까지 한국만화는 온라인 공간을 기반으로 한 새로운 변화의 시대를 맞이하게 된다. 초기의 웹 만화의 형식은 1990년대 말에서 등장하기 시작하는데, 작품은 주로 개인 홈페이지나 온라인 카페 등을 통해 발표되었으며, 이들은 온라인 커뮤니티 등을 통해 빠르게 유통되고 확장되었다. 한국의 최초 웹 만화는 1996년 한희작의 〈무인도〉이지만, 본격적인 웹툰 시대로의 도입은 2003년 10월 발표된 강풀 작가의 〈순정만화〉와 함께 시작된다. 〈순정만화〉는 누계 6,000만 클릭을 돌파하며 본격적인 웹툰 시대의 서막을 알렸다.

웹툰은 인터넷의 발달과 함께 디지털만화, 온라인(인터넷)만화를 거쳐 웹툰으로 진화하였다. 디지털 만화는 기존 만화를 PDF로 만들어 컴퓨터로 향유하는 만화를 의미한다. 온라인만화는 신문사 포털이나 개인 홈페이지를 통해 연재하지만, 전개방식은 기존 출판만화와 동일하다. 웹툰은 기획 단계부터 웹에 맞는 소재를 발굴하고 인터넷을 매개로 배포하는 만화이다. 그런 만큼 인터넷과 모바일 기술의 발달에 따라 웹툰을 포섭하는 내용도 변화하고 있다.[7]

초기에는 웹툰을 "만화를 즐겨보는 청소년들을 위해서 만화책을 동영상으로 처리

---

6   한국의 역사상 최초로 여길 수 있는 만화는 1990년 충북 선산에서 발견된 의열도(義烈圖)이다. 의열도는 조선시대 초 1745년, 선산의 부사였던 권상하가 지역에 내려오는 각종 이야기를 담은 책인데 서민들도 쉽게 이해할 수 있도록 일부 이야기는 그림으로 묘사했다. 이 중 주인을 구한 소 이야기를 담은 의우도와 주인을 구한 개 이야기를 담은 의구도는 사실상 4컷 만화로, 그림이 중심이 되는 묘사, 4컷 분할, 기승전결 구조 등 4컷 만화가 갖춰야 할 모든 것을 갖추고 있다. 이후 한국 만화에 별다른 영향을 미치지 못했기 때문에 한국 만화의 시초로 여겨지지는 않는다.

7   한국만화영상진흥원이 개최한 2018년 "웹툰, 어떻게 정의할 것인가"라는 만화포럼에서 장윤주의 〈스노우캣〉(1998), 강풀의 〈순정만화〉(2003), 양영순의 〈천일야화〉(2004)가 웹툰의 분기점을 만든 작품이라는 합의를 도출했다(서은영, 2024: 23).

▍그림 56. 기존 만화와 웹툰의 차이점

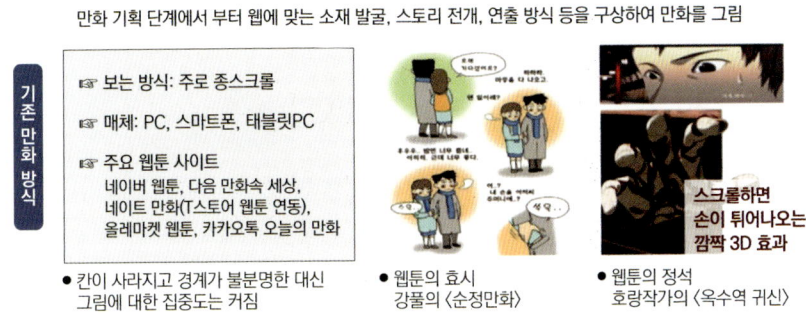

* 자료: 김재필, 성승창, 홍원균(2013. 2쪽).

한 것(조일수, 2000.1.27.)"으로 인식하기도 했다. 웹툰을 네이버, 다음 등의 각종 플랫폼 매체에서 연재되는 디지털 만화를 지칭한다고 정리할 수 있을 것 같다. 유사 용어로는 앱툰, 탭툰, 이펙트툰, 플래시툰, AR툰, 메타버스툰 등이 있다.

웹툰이라는 용어를 처음 사용한 곳은 1999년 초 개국한 인터넷만화방송사이트인 애니비에스(AniBS)이지만(정형모, 1999.6.22.), 상표권은 네이버가 등록했다. 2003년 미디어다음이 '만화 속 세상'을 시작하면서 플랫폼을 중심으로 웹툰 생태계가 구축되었다(서은영, 2024: 5).

최초의 웹툰은 1996년 '인터넷정보 엑스포' 홈페이지에 올라온 한희작의 〈무인도〉를 꼽기도 하고, 2002년 야후코리아가 선보인 '카툰세상'이라고도 하지만, 2003년 오픈한 다음의 '만화 속 세상'이 웹툰 태동의 주된 역할을 하였다. 이전까지는 주로

■ 그림 57. 웹툰으로 보는 웹툰의 역사

* 자료: 김재필, 성승창, 홍원균(2013, 2쪽).

작가의 개인 홈페이지나 블로그를 통해 연재되었는데, 다음과 네이버 같은 포털들이 전문 웹툰 플랫폼을 만들면서 웹툰 개념이 형성되었다(김재필, 성승창, 홍원균, 2013. 1).

다양한 웹툰은 34개의 웹툰 플랫폼에서 공개된다. 까만봉지, 네이버시리즈, 네이버 웹툰, 네이트툰 앤북, 다음스포츠카툰, 디아툰, 레진코믹스, 리디북스, 마녀코믹스, 만화경, 미스터블루, 미툰, 버프툰, 봄툰, 북큐브, 스푼코믹스, 아이나무툰, 애니툰, 에끌툰, 왓챠, 원스토리, 이만배, 조아라, 짱만화, 카카오웹툰, 카카오페이지, 케이툰, 코미코, 큐툰, 탑툰, 톡소다, 투믹스, 포스타입, 피너툰 등이다(2024 만화·웹툰 통계 자료집, 22). 엔씨소프트의 버프툰은 2025년 12월 17일 서비스를 종료한다.

○ 5.1.1 온라인 만화

온라인 만화란 '1990년대 후반부터 2000년대 초반, 즉 포털사이트에서 웹툰이 본격화되기 전까지 온라인 공간에서 게재, 유포되던 다양한 형태의 만화들'을 뜻한다. 종이지면과 온라인 동시 연재가 되고, 공감을 소재로 한 일상툰이 인기를 끌면서 일상툰을 예고하는 변화를 불러왔다. 이 시기의 대표작품이 《조선일보》의 〈광수생각〉(1977.4~2002.11)이다. 〈광수생각〉은 만화에서 웹툰으로 이행하는 과도기적 형태로 창작과 유통 환경의 새로운 패러다임 속에서 개인의 내면에 치중한 미시사의 스토리가 성공한 사례이고, 만화를 원작으로 한 2차 상품 소비도 창출하여 만화산업의 팬덤 문화 가능성도 연 작품이다(서은영, 2024: 34~38).

○ 5.1.2. 아마추어리즘의 대두

초창기 웹툰 시장을 주도한 작가들은 1990년대에 갓 데뷔한 신인이거나 일러스트레이터, 데뷔하지 않은 대학생 같은 아마추어들이었다. 〈광수생각〉의 박광수도 1995년 잡지 《이브》로 데뷔한 신인이었다. 〈비빔툰〉의 홍성우, 〈도날드 닭〉의 이우일, 〈멜랑꼴리〉의 비타민, 〈아색기가〉의 양영순이 대표적인 신인이고, 〈천하무적 홍대리〉의 홍윤표, 〈스노우캣〉의 권윤주, 〈마린블루스〉의 정철연, 〈페페포포 메모리스〉의 심승연 등은 본업이 있는 상태에서 온라인 만화를 그린 'N잡러'이다. 이들은 권위 있는 편집자의 선택을 받아야만 했던 시스템에서 불특정 다수의 소비자들이 선택하는 형태로 만화산업 구조의 패러다임을 바꾸었다. 즉, 소비자 중심의 시장 구조로 개편되는 계기가 되었다(서은영, 2024: 41~42).

이 시기의 디시인사이드 '카툰연재갤러리'는 아마추어들이 만화를 자유롭게 업로드하고 유저들과 소통할 수 있는 하나의 장으로 인기를 끈 유저들이 웹툰산업이 본격화하면서 작가로 영입되었다. 대표적인 작가가 〈폐인의 세계〉의 김풍, 메가쑈킹, 마인드C, 이말년, 기안84 등이다. '삼류만화패밀리(3ch)'의 주호민과 개인홈페이지에 〈낢이 사는 이야기〉를 쓴 서나래도 있다.

1990년대 출판만화를 이끈 천계영, 박무직, 김지원도 디지털 창작도구를 활용하여 창작을 시도했지만 큰 성공은 거두지 못했다. 이는 출판만화와 웹툰 스토리텔링 방식 사이에 간극이 있고, 웹툰에는 적합한 새로운 연출이 있다는 점을 역설적으로 보여준다(서은영, 2024: 43).

○ 5.1.3. 일상툰의 등장

온라인 만화는 다이어리툰, 공감툰, 감성툰, 에세이툰, 생활툰을 망라하는 일상툰이라는 장르를 등장시켰다. 일상툰은 아마추어 작가들의 활발한 창작활동을 견인하여 웹툰이 정착하는 데 중요한 기틀을 마련했다(서은영, 2024: 44).

일상툰은 온라인 만화가 언론사 닷컴이 주도했다면, 처음부터 온라인 게재와 배포를 목적으로 한 작품들이다. 첫 작품이 권윤주의 〈스노우캣〉(1998)으로 자신의 홈페이지에 연재하였다. 웹툰의 기본 형태인 세로 스크롤, 인터넷 업로드, 무료 특징을 보여주어 한국 최초의 웹툰으로도 평가받는다(윤기헌, 2018: 37). 정철연의 〈마린블루스〉(2001), 심승현의 〈파페포포 메모리즈〉(2002) 등이 있다. 초창기 웹툰은 이미지 패킷의 전송속도에 영향을 받아서 숏폼 형식인 일상툰이 향유되었고, 일상툰은 20년이 넘는 기간 동안 다양한 변주를 거듭하면서 웹툰의 대표적인 장르가 되었다(서은영, 2024: 48).

○ 5.1.4. 플랫폼 자본주의와 아마추어리즘의 공존

웹툰이 인기를 끌면서 점차 네이버와 다음 등 플랫폼이 주도권을 갖는 생태계가 구축되었다. 아마추어 작가는 '베스트도전'이나 '도전만화'를 통해 인기를 얻은 후 플랫폼의 선택으로 작가로 데뷔하였다. 대표적인 사례가 네이버의 '"파.괘.왕"공모전' 수상작인 〈공감.jpg〉이다. 다른 플랫폼에서 연재되었던 기성 작품이라는 불만에도 불구하고 네이버는 그대로 연재를 진행하였다.

그럼에도 '인스타툰'이나 'SNS툰'이 등장했다. 플랫폼의 승인을 거치지 않고 개인들이 독창적인 소재와 그림체로 다양한 개성을 표출하는 형태이다. 수신지의 〈며느라기〉, 키크니의 〈무엇이든 그려드립니닷!〉, 맹기완의 〈야밤의 공대생만화〉, 구희의 〈기후위기인간〉 등이 대표적이다.

"플랫폼의 상업 논리에 의해 수익성이 되지 않는 일상툰은 거대 플랫폼에서 설 자리를 잃어가고 있는 반면, 역으로 SNS나 인스타그램과 같은 새로운 유통구조를 발견함으로써 웹툰의 장을 더욱 확장시키고 있다(서은영, 2024: 51)."

○ 5.1.5. 본격적인 웹툰

웹툰은 크게 개화기, 성장기, 확장기, 현재로 구분할 수 있다(김소연, 2025.6.9.). 개화기는 2000년에서 2005년까지 포털에서 웹툰 코너를 운영한 시기이다. 다음의 '만화속 세상'(2003년), 파란닷컴의 '카툰'(2004년), 네이버의 '네이버 웹툰'이 출발했다. 성장기는 2006년부터 2010년까지로 조석, 기안84, 이말년 등의 인기 웹툰작가가 탄생하고, 2006년 강풀의 '아파트'가 영화화하면서 웹툰의 OSMU(One Source and Multi-Use)를 연 시기이다. 확장기는 2011년부터 2019년까지로 웹툰이 해외로 확장한 시기이다. 2013년 웹툰 시장이 1,000억 원을 돌파하였고, 네이버가 일본에 '라인 망가'로 진출하였다. 2016년에는 다음웹툰이 일본에 '픽코마' 브랜드로 진출하였고, 네이버는 미국 법인 '웹툰엔터'를 설립하였다. 현재는 2020년 이후로 넷플

▌그림 58. 웹툰의 역사

개화기(2000~2005)
- 2000년 천리안 '웹툰' 코너 운영
- 2003년 다음 '만화속 세상' 코너 운영
- 2004년 파란닷컴 '카툰' 코너 운영
- 2005년 네이버 '네이버 웹툰' 출발
  (웹툰 단어 대중화, 웹툰 붐 시작)

성장기(2006~2010)
- 2006년 조석, 기안84, 이말년 등 인기 웹툰작가 탄생
- 2006년 네이버 '베스트 도전' 코너로 수 많은 작가 데뷔
- 2006년 강풀 원작 '아파트' 영화화. 웹툰의 영화화 시작
- 2009년 네이버 웹툰 '앱' 출시

확장기(2011~2019)
- 2013년 국내 웹툰 시장 1,000억 돌파
- 2013년 네이버 웹툰 일본 진출
- 2014년 네이버 웹툰 '웹툰' 영어 서비스
- 2014년 카카오페이지 '기다리면 무료' 시작
- 2016년 일본 픽코마에 다음 웹툰 진출
- 2016년 네이버 웹툰 미국법인 '웹툰엔터' 설립
- 2019년 네이버 웹툰 스페인어, 프랑스어 서비스

개화기(2020~)
- 인기 웹툰 드라마, 영화화
  (스위트홈, 유미의 세포들, 지옥, 지금 우리 학교는, 재벌집 막내아들, 중증외상센터, 이태원 클라쓰, 경이로운 소문 등)
- 2024년 네이버 '웹툰엔터' 나스닥 상장

* 자료: 머니투데이(2025.6.9.).

릭스에서 〈스위트 홈〉, 〈지옥〉, 〈지금 우리 학교는〉, 〈중증외상센터〉, 〈이태원 클라쓰〉 등이 드라마로 제작되어 글로벌로 더욱 확장하고 있다. 2024년에는 네이버 웹툰엔터가 나스닥에 상장까지 하였다.

〈스노우캣〉이 웹 초창기 환경을 구축한 일상툰의 시초였다면 강풀의 〈순정만화〉(2003)와 양영순의 〈천일야화〉(2004)는 웹툰산업의 본격화를 연 작품이다(서은영, 2024: 53).

웹툰은 웹이라는 장의 출현과 개인용 디바이스의 보급은 만화를 새로운 환경 변화에 직면하게 했다. 2003년 10월 강풀의 〈순정만화〉(2023.10.24.~2004.4.7.)는 총 페이지뷰 3,200만 회, 1일 평균 페이지뷰 200만 회를 기록하였다. 강풀은 컴퓨터 모니터와 마우스의 세로스크롤 환경에 맞춘 내러티브 전개를 〈순정만화〉에 처음으로 선보였다. 칸을 구분하는 선이 보이지 않기에 향유자들은 칸이 없다고 오해한다. 그러나 보이지 않을 뿐 칸과 단은 여전히 유효하다. 이러한 연출은 향유자들이 내러티브를 쉽고 빠르게 파악할 수 있도록 해서 내러티브 만화의 시대를 열었다. 세로 스크롤의

▎그림 59. 웹툰 플랫폼을 중심으로 한 웹툰 생태계

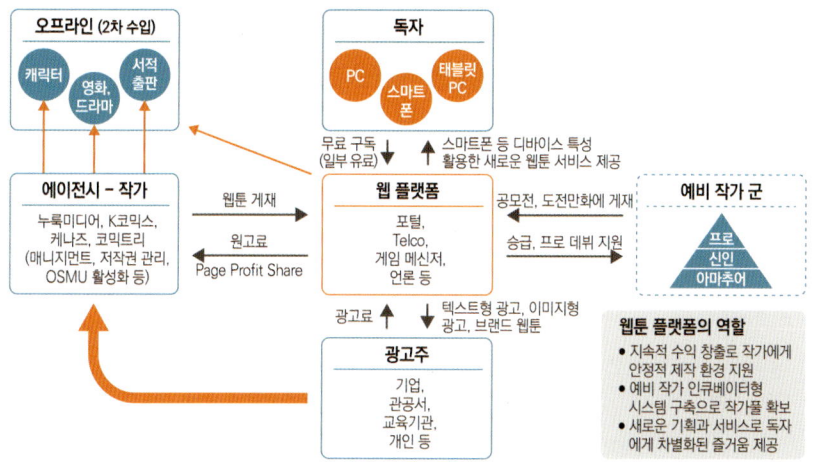

* 자료: 김재필, 성승창, 홍원균(2013.10.18, 14쪽).

시차를 이용한 연출 효과는 양영순의 〈천일야화〉에서 구체화되었다. 스크롤이라는 물리적 행위와 제공되는 이미지의 정보량을 연결시켜 웹툰 연출의 무한한 가능성을 시사했다. 즉, 〈순정만화〉가 세로 스크롤을 통해 내러티브의 전개를 보여주었다면, 〈천일야화〉는 웹툰 연출을 발견함으로써 웹툰만의 재미와 미학을 완성했다(서은영, 2024: 61~65). 윤태호 작가는 〈천일야화〉는 온라인에서도 울림을 담을 수 있는 작품도 가능한 작품이었다고 평가했다(이수운, 2009.5.1.).

포털들은 커뮤니티와 개인홈페이지 등 이곳저곳에 흩어져 각자도생하던 작가들을 본격적으로 영입했다. 후발주자인 네이버는 '도전만화'와 '베스트도전'을 통해 누구든 데뷔할 수 있는 시스템을 마련했다. "플랫폼 산업이 데이터 패권을 쥐고 거대 자본화하면서 '은폐된 비즈니스 전략'은 구조화되고 강화되어 오늘날까지 이어졌다." (서은영, 2024: 58~60)

개인용 디바이스의 상용화에 더불어 기존의 PC환경에서 모바일 환경에 적합한 웹툰으로의 새로운 형식에 대한 고민은 세로 스크롤에서 스마트툰이라는 미학을 만들었다.

2011년에는 호랑이 작가의 〈옥수역 귀신〉과 〈봉천동 귀신〉이 국내외에 돌풍을 일으키면서 각종 신기술이 접목된 효과툰이 우후죽순으로 창작되는 계기가 되었다(서은영, 2024: 82).

2014년 11월, 다음 카카오는 다양한 멀티미디어 효과를 더한 모바일 플랫폼 '공뷰'를 선보였다. 모바일에 최적화된 감상 환경을 제공하며 더빙툰, 채팅툰, 썰툰을 서비스했다.

5.2. 웹툰의 특징

한국의 웹툰은 지속적인 성장을 하고 있다. 한국콘텐츠진흥원이 발간한 『2024 웹툰산업 실태조사』에 따르면 2017년 3,799억 원에서 2023년 2조 1,890억 원으로 5.77배의 성장이 이뤄졌다(〈그림 60〉). 국내 웹툰 플랫폼 중 매출액 파악이 가능한 곳은 11개로 전체 웹툰 플랫폼 트래픽의 98.44%이다. 이를 전체 100%로 환산하면 매출이 약 1조 4,094억 원으로 2022년 추정값 1조 1,277억 대비 약 25% 증가하였다(한국콘텐츠진흥원, 2024: x~xi). 웹툰 CP사는 843개이지만 매출을 파악할 수 있는 236개사의 매출은 약 6,338억 원이고, 매출을 파악할 수 없는 업체의 추정 매출액은 약 1,456억 원이다. 2024년 총 CP사의 총 매출은 약 7,795억 원으로 추정되고, 2023년 7,013억 원보다 11.1% 정도 증가하였다(한국콘텐츠진흥원, 2024: xi). 국내 업체의 46.5%가 수출을 하고 있으며, 수출은 일본(40.3%)과 북미(19.7%), 중화권(15.6%)이 주요 국가이다.

한국콘텐츠진흥원이 발간한 『2024 만화·웹툰 이용자 조사』에 따르면 만화와 웹툰을 이용하는 3,500명을 대상으로 한 조사에서 웹툰은 전체 이용자의 98.5%가 이용하

▌그림 60. 웹툰산업 규모(단위: 억 원)

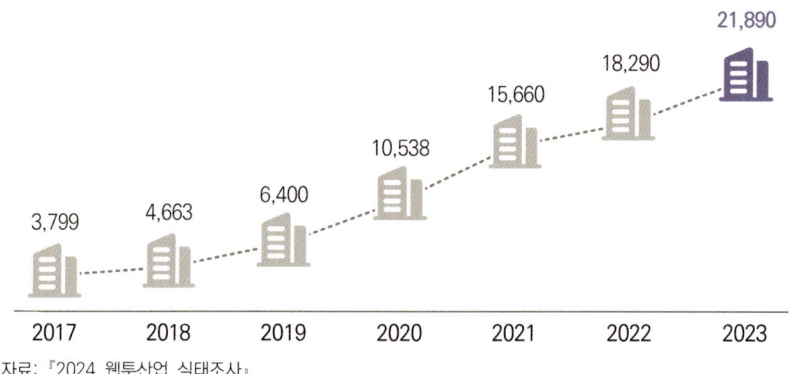

자료: 『2024 웹툰산업 실태조사』.

▌그림 61. 웹툰 이용 시 고려 기준(Base: 웹툰 이용자, 단위: %)

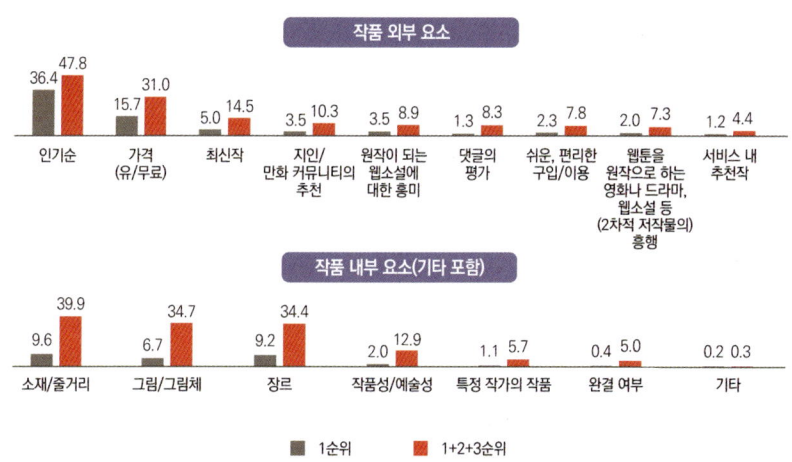

* 자료: 『2024 만화·웹툰 이용자 조사』(35쪽).

고 있으며 2022년 94.9%, 2023년 97.1%에서 지속적으로 증가하고 있다. 출판만화만 이용하는 비율은 1.5%임에 비해 웹툰만 이용하는 비율은 61.6%일 정도로 압도적으로 웹툰 이용자가 많다. 응답자의 66.7%가 '주 1회 이상' 웹툰을 본다(17쪽). 웹툰은 주로 스마트폰(88.3%)으로 보고 있다(28쪽). 전체 응답자의 포털사이트 이용 비율이 89.1%(네이버 웹툰 87.1%, 카카오페이지 37.6%, 네이버시리즈 27.6%, 카카오웹툰 20.8%)로 압도적으로 높고(30쪽), 웹툰 이용은 포털사이트 89.1%, 웹툰 서비스 플랫폼 36.0%, SNS 35.5% 순이다(19쪽). 주당 웹툰은 11.5편을 감상하며(25쪽), 즐겨보는 웹툰 장르는 액션 38.8%, 판타지 32.9%, 로맨스 판타지 30.9%, 코믹/개그 28.1%, 드라마 25.1% 순이다(38쪽). 웹툰 유료 이용자는 47.2%(42쪽)로 이용권 충전(62.5%)을 주로 이용하고 있으며(43쪽), 월 5천 원 미만(55.7%)을 지출하고 있다(45쪽). 웹툰 이용 시 고려하는 기준으로 작품 외부 요소에서 인기순 47.8%, 가격(유/무료) 31.0%, 최신작 14.5% 순이고, 내부 요소에서 소재/줄거리 39.9%, 그림/그림체 34.7%, 장르 34.4%순이다(35쪽)(〈그림 61〉).

2000년대 초부터 2014년 1월까지 총 13여 년간에 걸친 우리나라 웹툰 중에서 원고료를 받고 매체에 정식연재가 된 웹툰을 대상으로 부산대학교 연구팀이 정리한 웹툰의 특징은 주요 포털의 연재 비중이 아직 높지만, 서서히 플랫폼의 다변화가 진행되고 있으며, 작품의 연재 주기는 갈수록 짧아지는 경향을 보이고 있다. 장르적 특성으로는 드라마, 개그, 판타지, 액션 등의 만화의 전통적 인기장르는 여전히 건재하며 최근 사회적 트렌드에 맞게 역사물, 스포츠, 요리 등의 분야가 증가추세에 있다. 웹툰의 활용도 면으로는 릴레이 웹툰, 브랜드 웹툰과 같은 이벤트와 PPL식 상업성을 표방한 새로운 형태의 웹툰도 등장하고 있다. 그리고 웹툰의 저변확대가 활발해지면서 성인물의 증가세도 눈여겨볼 만하다(윤기헌, 정규하, 최인수, 최해솔, 2015).

한국 웹툰의 특징을 정리하면 첫째, 옆으로 넘기는 만화와 달리 화면을 아래로 내리는 스크롤에 최적화한 연출 포맷이다. 웹툰은 처음부터 디지털 환경에 최적화된 새로운 형태의 콘텐츠로 발전했다. 마우스를 아래로 스크롤 하거나 손으로 화면을 이래로 내리면서 보는 '세로 스크롤' 방식의 연출에 맞게 컷의 크기와 배치를 자유롭게 조절하는 '스마트 컷', 움직이는 이미지나 효과음을 활용한 '모션

코믹스' 등이 주된 특징이다. 그 결과로 출판 만화에 비해 칸이 사라지고 경계가 불분명한 대신 그림에 대한 집중도가 커졌다고 평가를 받는다(김재필, 성승창, 홍원균, 2013: 2).

둘째, '기다리면 무료'라는 독특한 비즈니스 모델을 갖고 있다. 콘텐츠의 비즈니스 모델은 크게 월정액의 구독과 개별 구매, 광고 시청 후 무료 보기가 있다. 넷플릭스가 대표적인 구독모델이다. 유튜브(유튜브 프리미엄 제외)가 대표적인 광고 시청 후 무료 보기 모델이다. 웹툰은 1주일을 기다리지 못해 개별 결제를 하는 형태를 유지하고 있다. 웹툰의 구독모델은 만타(Manta)와 리디 등이 있지만 영향력은 높지 않다. 웹툰 제작사들은 즉각적인 수익을 낼 수 있으므로 회차당 결제를 선호한다(김경윤, 2024.9.4.). 네이버 웹툰이 2024년 2월 7일 웹툰 앱에 더 머무르게 하면서 장기 연재 웹툰들에 대한 허들을 낮추기 위해 '몰아보기 1시간권'을 출시했다. 쿠키 10~18개로 1시간 동안 무제한으로 웹툰을 볼 수 있으니, 1천 원 정도로 1시간에 15개 정도 본다고 하면 1/3 가격으로 보고 싶은 웹툰을 볼 수 있다(슈마, 2024.1.29.).

셋째, 웹툰 플랫폼의 운영방식이다. 네이버 웹툰 등 플랫폼은 '요일별 연재', '미리보기', '댓글' 등의 운영방식으로 독자들의 참여를 유도하고 작품에 대한 관심을 지속적으로 유도하고 있다(천호준, 챗GPT, 2024: 9). 웹툰은 요일을 정해 매주 공개하므로 방송처럼 해당 요일을 기다리게 한다. '미리보기'는 유료 회차를 미리 볼 수 있도록 제공하여 관심을 갖게 한 다음, 무료 회차가 끝나면 유료로 이용하도록 유도하는 방식이다.

넷째, 웹툰은 IP 확장이 용이하다. 웹툰은 드라마, 영화, 뮤지컬 등으로 가장 많이 확장하는 장르이다. 최근 인기 있는 〈중증외상센터〉(넷플릭스, 2024)나 〈조명가게〉(디즈니+, 2024) 등 모두 웹툰을 원작으로 제작된 드라마이다.

웹툰이 드라마나 영화의 원작으로 활용되는 이유는 원작의 후광효과를 통한 리스크를 회피하고자 하고,[8] 원작의 장면이 있어서 영상화 작업이 용이하며, 일상 이야기를 흥미롭게 풀어낸 스토리가 많아서 독자들의 공감대를 이끌기 쉽고, 〈킹덤〉이나 〈오징어 게임〉처럼 방송에서 할 수 없는 소재를 OTT 오리지널로 제작할 수 있으며, 성공 확률이 높은 드라마가 많아졌기 때문이다(유건식, 2022.11.11.).

2024 만화·웹툰 이용자 조사에 따르면 만화·웹툰 이용자는 웹툰 IP가 확장된 드라마를 선호도가 54.5%로 가장 높다. 영화 45.2%, 애니메이션 31.1%, 웹소설 13.8%(68쪽) 순이다. 또한 응답자의 68.4%가 타인과 만화·웹툰 내용을 공유(72쪽)할 정도로 웹툰에 대한 관여도가 높다.

다섯째, 콘텐츠와 플랫폼이 하나의 몸체로 해외에 진출하였다. 일본에서 네이버는 라인망가를 출시하였고, 카카오는 픽코마를 론칭하였다. 일본의 모바일 시장 조사기관인 MMD연구소의 '2024년 웹툰 이용자에 관한 조사 보고서'에 따르면 1위가 카카오피코마(35.0%)이고, 2위는 라인망가(32.4%), 3위는 메카코믹(14.5%) 순이었다(홍성일, 2024.10.24.). 한국의 플랫폼이 해외에서 상위를 달리는 분야는 웹툰이 유일하며 다른 K-콘텐츠와는 다르게 해외에서 건강한 생태계를 만들고 있다(노가영, 김봉제, 이상협, 2022: 182).

여섯째, 국내 웹툰 플랫폼이 해외 웹툰 플랫폼을 인수하거나 나스닥에 상장하였다. 카카오는 2021년 북미 최초의 웹툰 플랫폼인 타파스를 인수하였다(홍지인, 2021.5.11.). 네이버는 2020년 5월 네이버 웹툰의 본사를 미국 LA의 웹툰엔터테인먼트로 이전하였고, 2024년 6월 27일 미국 나스닥에 상장하였다.

---

8   평론가 공희정은 "웹툰이 드라마 제작 전에 거쳐야 하는 사전 관문과 같이 생각될 정도"라고 했다.

5.3. 웹툰 창작 패러다임의 변화

AI로 인해 변화될 패러다임의 전환에 대해 오쓰카 에이지(大塚英志)와 아즈마 히로키(東浩紀)는 주요한 시사점을 제공해 준다. 우선, 줄곧 '이야기 구조론'을 창작방법론으로 채택한 오쓰카 에이지는 「AI문학론」에서 '편집자, 작가, 비평가의 죽음'을 예언했다. 그는 "비평하고 '평가'하는 AI가 소설을 '만드는' AI와 한 쌍이 되어, '만드는' AI가 생성한 소설을 '평가'하는 AI가 판정해 피드백하도록 대화시키면 'AI가 쓰는 소설'은 단숨에 향상될 것"이라 주장한다.

오쓰카 에이지는 AI가 생성하는 감정, 문학에 익숙해진 유저들이 또다시 문학의 개념을 바꿀 공산이 크다고 주장한다. 정확히 말하자면, 그는 '문학의 죽임'이 아니라 '순문학(근대문학)의 죽음'을 선언한 것이다.

아즈마 히로키는 작가가 "작품의 유일한 창작자가 아니라 텍스트를 생성하는 AI 시스템의 협력자가 될 것"이라고 주장한다(서은영, 2024: 110~113).

네이버 웹툰 〈마주쳤다〉는 AI와 증강현실을 통해 독자의 얼굴을 카메라로 인식해 곧장 만화 주인공으로 캐릭터화한 뒤 스토리를 전개하는 첫 시도를 2017년 12월 선보인 바 있다. 2018년 네이버 웹툰은 전담팀을 꾸려 웹툰에 딥러닝 기술을 접목하고 있다. 밑그림에서 펜 선을 자동 생성하고 채색까지 알아서 해주는 기술, 종이만화의 웹툰 전환 시 패널과 대사창 등을 자동 인식하고 재배치하는 기술 등이다(정상혁, 2020.3.2.).

카카오페이지의 'AI 키토크'는 2019년 마이셀럽스(현 키토크AI)가 개발한 서비스로, 독자의 댓글 반응을 취합한 뒤 '예쁜 그림체', '걸 크러시' 등 카테고리를 자동 구축해 취향에 맞는 웹툰을 분류·추천하는 시스템이다(박현진, 2019.8.20.). 그러나 2023년 6월 이용률이 낮다고 서비스를 종료했다(이나연, 2023.6.19.). 키토크AI는 2024년 5월 5분 만에 스토리를 완성하는 창작 AI '루이스' 모바일 앱도 출시했다(장세민, 2024.5.30.). 키토크는 웨이브아메리카의 서비스인 코코와에서도 큐레이션을 위해 활용되고 있다.

2022년 챗GPT 3.0이 나온 이후 미디어의 AI 활용이 급증했다. 웹툰 업계에서도 마찬가지이다. 특히, 시장이 성장하면서 웹툰의 생산성을 위해 AI를 도입한 시스템이 증가하고 있다. 국내 최대 웹툰 플랫폼인 네이버 웹툰은 2021년 '웹툰 AI 페인터' 소프트웨어를 도입했다. 컴퓨터가 약 30만 장의 이미지를 통해 얼굴·신체·배경 등 부위별 특징과 색상 스타일을 학습하여 스케치 위에 클릭만 하면 알아서 자연스러운 색을 입혀준다. 웹툰 〈이두나!〉 122화 일부 컷에 이 기술이 적용됐는데, 민송아 작가는 마우스 클릭 두 번 만에 채색이 끝난 그림을 올리며 "(기계에게) 인류는 졌어"라는 장난스러운 코멘트를 남기기도 했다. 네이버는 2022년 2월 '웹툰 AI' 조직도 신설했다(정상혁, 2022.11.1.).

만화계의 고질적 병폐는 작가의 육체적 부담이었다. 고강도 수작업이기 때문이다. 한국콘텐츠진흥원 '2021 웹툰 작가 실태조사 보고서'에 따르면, 710명의 작가가 웹툰 창작 시 겪는 어려움으로 '마감 부담으로 인한 휴식 시간 부족'(85.4%) '과도한 작업으로 인한 정신·육체적 건강 악화'(85.1%)를 꼽았다. 향후 AI가 이 같은 부담을 상당 부분 해결할 것으로 기대된다.

2022년 8월 웹툰 〈나 혼자만 레벨업〉의 장성락 작가가 37세에 사망하면서 웹툰협회는 "과도한 작업량을 멈추지 않는 한 이 순간에도 웹툰작가는 죽어가고 있다. 작가가 살아야 업계가 산다. 작가는 소모품이 되어선 안 된다"라고 밝혔다. 이 작품은 한 주에 70~80컷 이상이었으며 100컷 가까운 분량의 회차도 있을 정도로 점차 컷이 증가하고 있다(최지연, 2022.8.8.).

한국전자통신연구원(ETRI)은 2021년부터 웹툰 자동 생성 기술 '딥툰'을 개발했다. 작가가 시나리오를 짜고 작품 초고인 스케치를 입력하면 인공지능 딥러닝(Deep Learning·기계 사제 학습) 기반 시스템이 기존 작품으로 학습한 정보를 활용해 나머지 제작과정을 처리하는 방식이다(윤태현, 2022.3.1.).

▌표 9. 네이버 웹툰의 생성형 AI 활용 서비스

쉐이퍼	3D 캐릭터 모델링
콘스텔라	모델링 된 캐릭터를 2D로 변환
웹툰 AI 페인터	딥러닝 기술을 활용, 스케치 맥락에 맞는 채색에 도움
AI 캐리커처	이용자가 자신의 얼굴 사진을 넣으면 웹툰 작가의 그림체로 변환 *2023년 5월 선보인 '툰필터'와 비슷하나 고도화됨
캐릭터챗	'하이퍼클로바X'를 활용하여 웹툰 캐릭터와 대화 가능한 챗봇

* 자료: AI와 함께하는 웹툰산업과 스토리 창작의 미래(박수진, 2024)

2024년 4월 툰스퀘어는 한국만화영상진흥원과 투니드엔터테인먼트가 참여한 관련 컨소시엄을 통해 3년간 진행한 프로젝트를 성공리에 완료했고(박준식, 2024.4.29.), 8월 29일 딥툰이 월간 9,900원의 구독료 기준으로 상용화되었다.

이현세 작가는 "종이만화 시절에 배경 효과를 오려 붙이는 스크린톤이라는 게 나왔고 디지털만화 시절에는 각종 3D 도구들이 등장했다. 그때마다 작가들이 사라지는 것 아니냐는 걱정이 있었지만 다 극복했다. AI도 결국 작가를 위한 창작 도구가 될 것"이라고 말했다(이남경, 2022.10.28.).

국내에서 '라이언로켓', '네이버 웹툰', '오노마에이아이' 등에서 스테이블 디퓨전(Stable Diffusion) 모델을 기반으로 웹툰에 특화된 인공지능 모델을 자체 개발, 활용 중이다(박수진, 2024).

네이버는 쉐이퍼, 콘스텔라, 웹툰 AI 페인터, AI 캐리커처, 캐릭터챗 등 다양한 생성형 AI 서비스를 도입하고 있다.

▎그림 62. 현재와 미래의 AI 활용 웹툰 제작 과정 비교

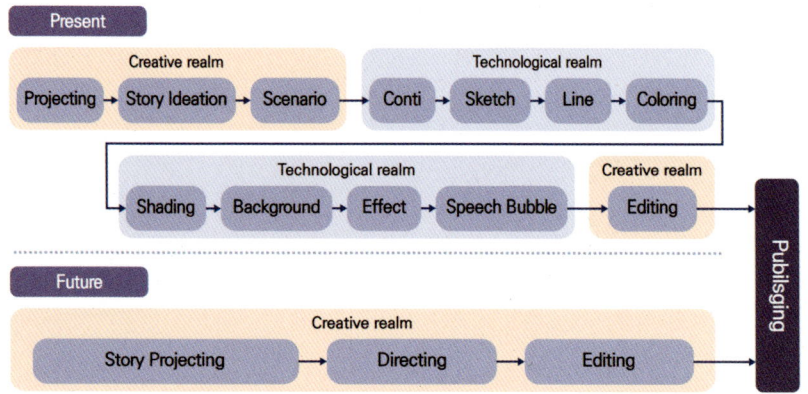

* 자료: 한보라(2024, 96쪽).

5.4. AI가 웹툰에 미치는 영향

AI(Artificial Intelligence, 인공지능)는 20년 전부터 할리우드에서 '디지털 더블(Digital Double)' 기술[9]과 '딥페이크(Deepfake)' 등에 활용되었고, 헐크나 미키마우스와 같은 캐릭터도 AI 인간이라고 할 수 있다(송현호, 2023). AI는 2021년 챗GPT가 나오면서 급속하게 우리의 일상생활로 들어왔다. 이를 두고 '인공지능과의 동거'라고도 표현한다(김동철, 2021: 41). 유엔 정보 통신연합(UN ITU)이 주관하는 '선을 위한 인공지능 국제 회의(AI For Good Global Summit)'의 스티븐 이바라키(Stephen Ibaraki) 회장은 "많은 사람들이 휴대폰으로 이벤트와 뉴스 속보에 대한 업데이트를 읽으며 시간을

---

9   디지털 더블은 특정 인물을 3D 스캔하여 모니터 화면 속에서도 그 인물과 똑같이 보이게 만드는 작업으로 2D 형태 이미지를 짜깁기하는 딥페이크(가짜 동영상)와 달리 실제 모델을 직접 촬영하고 형태를 분석하기 때문에 보다 실제 모습에 가깝게 얼굴 모습을 구현할 수 있다.

보내고 있지만, 이러한 콘텐츠를 생성하는 주체가 인공지능이라는 사실을 깨닫지 못하고 있다"라고 말했다(Sahota, 2010.9.16.).

  웹툰 공정은 크게 창의적인 부분과 기술적인 부분으로 나누어진다. 창의적인 부분은 기획, 스토리 구상, 시나리오, 편집이 해당하고, 기술적인 부분은 콘티, 스케치, 펜 선, 채색, 명암, 배경, 말풍선, 특수효과가 포함된다(한보라, 2024: 95). AI는 이 모든 부분에 영향을 미치고 있으며 향후에는 창의적인 영역까지 AI의 역할이 확대될 것으로 전망한다. 창의적인 영역은 스토리를 만들고, 연출이나 편집 과정에 AI의 영향이 미칠 것이다. 이처럼 AI는 이야기와 캐릭터 디자인을 생성하여 인간의 창의적 사고를 촉진하는 역할을 한다(Ryohei & Kenichi, 2020).

  AI를 활용한 웹툰 제작과정은 다음과 같다.

"웹툰에서 AI 기술의 첫 번째 활용 방안은 협업하는 인력들의 원활한 분업화를 위한 가이드 역할로 제시되고 있다. 그림의 'Conti with text'부터 'Sketch'까지의 단계에서 'Text to image' 기능을 통해 글 작가와 그림 작가의 콘티 단계를 더 수월하게 할 수 있다. 이는 글 작가가 연출에 관련된 이미지 레퍼런스를 직접 생성하거나, 러프하게 짜인 이미지를 그림 작가에게 전달하여 스케치 작업을 돕는 것을 의미한다. 다음으로, AI 기술을 활용하여 제작 단계의 일부를 자동화함으로써 단순 반복 작업과 고강도의 노동 환경을 개선할 수 있다. Sketch 단계 이후에는 배경과 캐릭터 부분을 나누어 작업하게 된다. 배경은 'Image to image' 기능을 활용하여 이미지를 생성하고, 캐릭터는 메인 작가의 스타일을 학습한 고유의 AI 모델을 통해 라인 작업에 소요되는 시간을 단축시킨다.

이후 컬러와 명암 작업에서는 앞서 언급한 AI 모델들처럼 사용자가 지정한 색이나 명암 영역을 힌트로 삼아 결과물을 완성해 나간다. 마지막으로, 여기까지의 결과물을 작업자가 수정 및 편집하여 최종 작업을 완료한다(김지은, 오나예, 박진완, 2024: 1406~1407)."

■ 그림 63. 인공지능 모델을 활용한 웹툰 제작 프로세스

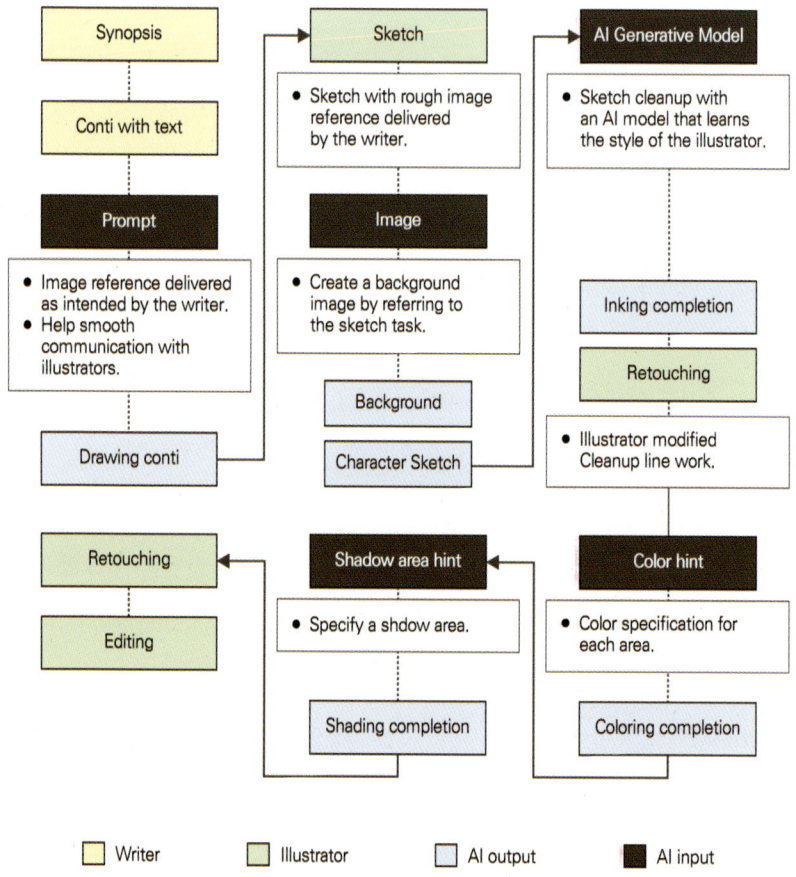

* 자료: 김지은, 오나예, 박진완(2024, 1407쪽)

○ 5.4.1. AI의 긍정적 영향

최근 AI가 대부분의 분야에서 활용되고 있고, 2022년 말 챗GPT가 공개된 이후 활용이 급속하게 증가하고 있다. 생성형AI는 2014년 생성적 적대 신경망(Generative Adversarial Network)[10] 개념이 제안되면서 데이터를 생성하는 데 활용될 수 있는 기술로 주목받았고, 2017년 구글이 제안한 트랜스포머 아키텍처[11]는 AI의 텍스트 생성

기능을 크게 향상시켰으며, 2022년 11월 OpenAI가 출시한 GPT-3.5는 "AI가 인간과 유사한 수준의 대화, 글쓰기, 코드 작성 등이 가능함을 입증했고, DALL-E는 텍스트로 이미지를 생성하는 멀티모달의 가능성을 보여주면서 생성형 AI의 실질적 상업화와 대중화를 촉진"하였다(곽동균 외, 2024: 8). 과학기술정보통신부와 한국방송통신전파진흥원(KCA)(2024)이 조사한 자료에 의하면 방송 콘텐츠 10편 중 1편은 AI를 활용하고 있다. 기획 단계는 11.1%, 제작 단계는 9.4%, 서비스 단계는 6.9%이다. 종편·보도PP는 기획 단계에서 38.8%나 활용하는 것으로 나타났다. 방송 기획 단계에서 AI가 사용되는 사례는 자동 영상 촬영·편집, 대본 등 자동 구성, 음원 편곡 등이다. 제작 단계에서는 영상 특수효과(VFX)나 디지털 휴먼 등이 대표적인 활용 사례다. 서비스 단계에서는 자동 자막, 언어 번역, 데이터 아카이브 등에서 이용된다.

AI 기술의 도입으로 가장 영향을 받을 분야는 노동강도가 높은 보조 작가이다(황선태, 2024; 이동후, 2023; 김지은, 오나예, 박진완, 2024; 채원석, 김현진, 2021; Han-gook Kim, 2022; 이제경 외, 2023; 이승진, 왕덕원, 2023). AI는 창작자의 노동을 줄이고 창작 효율성을 높일 수 있는 도구로 주목받고 있다. 웹툰 창작은 스토리 구상, 콘티 작성, 스케치, 펜터치, 채색 등 전 과정에서 상당한 노동력이 요구되는 작업이다. AI 기술은 이러한 반복적이고 기술적인 작업을 지원하여, 작가가 창의적인 과정에 더 집중할 수 있도록 도움을 줄 수 있다. 특히, AI를 통한 일정한 퀄리티 유지와 작업시간 단축은 웹툰 제작에서 큰 장점이 될 수 있다(황선태, 2024: 3150).

---

10 GAN은 두 개의 신경망 모델, 즉 생성자(Generator)와 판별자(Discriminator)가 서로 경쟁하면서 데이터를 학습하고 양자의 상호작용을 통해 점점 더 진짜 같은 데이터를 생성하는 AI 모델이다.
11 트랜스포머 아키텍처는 구글이 2017년 발표한 단어의 맥락과 의미를 더 정확하게 포착하는 획기적인 자연어 처리 신경망으로 챗GPT도 이를 기반으로 하고 있다.

○ 5.4.2. AI의 한계

　AI는 물리적인 측면에서는 인간을 대체할 수 있으나 공감 부분에서 대체하기 어려운 것으로 보고 부정하기보다는 협업을 강조하고 있다. 한보라(2024)는 웹툰에 대한 AI 활용을 스토리 기획자, 시각 연출가, AI 편집자로 구분하였다. AI 기술의 발달에 따라 웹툰의 활용 단계로 기계형, 인간형, 초월형으로 구분하였다. '약한 인공지능'에 해당하는 기계형 AI는 전체 자립적 생성력은 없으나 부분 자동시스템으로 대체가 가능한 인간을 보조해 주는 것을 그 목적으로 한다. '강한 인공지능'에 해당하는 인간형 AI는 동일 작업을 진행하는 인간과 협업을 하며 자립적으로 기존 인간 작업자를 대체할 수 있는 수준이다. '초 인공지능'에 해당하는 초월형 AI는 궁극적인 목표였던 인간형의 완성과 동시에 성립되는 단계로 명령과 통제 없이 개체 활동이 가능해 더는 인간을 위해 존재하지 않음을 의미한다(95쪽).

　미래 AI는 자립적인 존재로 인간과 협업이 가능한 수준으로 인간 작업자를 대체할 것으로 예측됐으며, 그 한계점 역시 드러나, 물리적 기술 측면에서는 AI가 대체할 수 있으나, 인간 공감형 분야만큼은 존속시킬 수 있음을 알아보았다. 스토리 기획자, 시각 연출가, AI 편집자라는 창의적인 영역이 창작자의 역할 모형으로 도출되었다. 또한, 현시점에서의 모호한 용어 정의로 인한 혼란을 해소하고자 AI 3단계 단계별 모형으로 기계형, 인간형, 초월형으로 더 현실적으로 분리 제안하였다. 이러한 결과를 통해 연구자는 앞으로 유입될 신진 창작자나 기존의 창작자들의 재 역량 개발을 위한 가이드라인으로 새로운 기술인 AI에 대한 부정 수용보다는 협업을 통한 상생임을 제시하였다.

5.5. AI 웹툰 프로젝트

웹툰 창작에 인공지능을 도입하고 활용하는 것에 대해 긍정 여론과 부정 여론이 공존한다. 대체로 인공지능이 AI 페인터처럼 창작 보조 도구로 활용되는 데는 긍정적인 편이나, 자체적으로 작품을 창작하는 데에는 부정적인 편이다. 일부 웹툰 작가는 인공지능 기술을 긍정적으로 평가하여 작업 효율을 향상시켰지만, 독자들은 인공지능이 창작한 작품의 퀄리티에 의문과 불만을 표현하고 있다. 인공지능의 창작물에 대한 회의적인 시각은 주로 인공지능이 작가의 업무를 보조할 수 있어도 사람의 창의력을 완전히 대체할 수 없다는 논의에서 비롯된다(함민정, 2023).

○ 5.5.1. 데즈카 2020 프로젝트

2020년 3월, '일본 만화의 신', '현대 만화의 아버지'라 불리는 데즈카 오사무(1928~1989)[12]가 사후 31년 만에 신작 〈파이돈〉을 발표했다. 일본의 키옥시아(KIOXIA)사에서 만든 '데즈카 오사무 AI'에게 생전의 작품들을 학습시켜 캐릭터와 스토리, 설정을 만든 후 로봇팔로 기본적인 밑그림까지 그린 작품이다.[13][14] 내용은 2030년 도쿄를 배경으로 기억을 잃은 노숙자가 작은 로봇 새와 함께 행방불명된 과학자를 찾아 나서는 이야기이다.

데즈카 2020 프로젝트는 데즈카 오사무가 2020년에 살아 있었다면 어떤 만화를 그렸을까 하는 발상에서 출발하였고(折原良平, 森健一, 2000), 실질적으로는 2017년

---

[12] https://tezukaosamu.net/
[13] https://gall.dcinside.com/board/view/?id=comic_new2&no=2222810
[14] https://gall.dcinside.com/board/view/?id=comic_new2&no=5292058

▌그림 64. 데즈카 AI의 〈파이돈〉

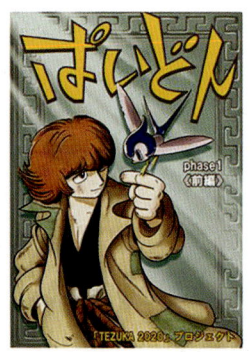

* 자료: www.kioxia.com.

리마대학 제7연구실의 '데즈카 오사무 디지털 클론' 프로젝트이다(松原仁, 2000). 2019년 도시바 메모리는 키옥시아로 회사명을 바꾸면서 홍보를 위해 2020년 2월까지 신작 만화를 만들어 달라고 요청했다.

회의를 거쳐 프로젝트는 AI가 만화 그리기에 있어서 기여할 수 있는 것은 한정되어 있고, 만화를 그리는 중심은 어디까지나 인간이며, AI는 인간을 보조하는 것에 불과하므로 인간과 AI의 공동 작업으로 만화를 그린다는 컨셉으로 정해졌다. 최종 AI는 스토리 작성과 캐릭터 생성의 힌트를 주는 것으로 역할이 정해지고, 이후는 데즈카 프로덕션의 스태프가 담당하였다(松原仁, 2000).

이 프로젝트의 홈페이지[15]에는 "AI와 인간의 힘으로 협업하여 만드는 세계 최초의 시도"라고 밝히고 있다. 데즈카 오사무가 남긴 방대한 작품 중 20,000개가 넘는 캐릭터의 얼굴을 AI가 머신러닝으로 학습하여 AI의 힘으로 새로운 주인공을 탄생시켰다. 또한 데즈카 만화의 스토리를 13가지 법칙으로 분해하여 AI로 읽어 들여 에센

---

15 https://www.vml.com/work/tezuka-2020-project

스를 추출하여 최신작의 플롯을 만들어 냈고, AI가 만들어낸 새로운 캐릭터와 플롯을 바탕으로 인간이 마무리한 43페이지 분량의 만화 〈파이돈〉이 완성되어 만화 잡지 《모닝》에 실렸다. 파이돈은 플라톤의 대화편에서 따온 제목이다(이선인, 2023.9.5).

이 프로젝트는 데즈카의 장남인 데즈카 마코토(手塚眞), '데즈카 프로덕션'과 AI 연구자, IT기업 전문가가 공동으로 오사무의 장편 65개와 단편 131개의 작품에서 '스토리'와 '캐릭터' 각각의 데이터를 추출하여 AI에게 입력하여 생성한 결과물이다. 그러나 인간 만화가들이 창작하는 작품보다 퀄리티가 높지 않았다는 평이 대부분이었고, 인간과 캐릭터를 구분하는 데 어려움을 겪었고, 다작한 작가일수록 학습에 곤란을 겪는 한계점이 있었다(서은영, 2024: 95~97). 특히, 아이디어의 판단, 선별, 실질적 제작은 전부 인간이 했다. 시나리오의 아베 미카(あべ美佳), 콘티의 키리키 켄이치(桐木憲一), 작화 츠노가이(つのがい)의 힘으로 해낸 결과물이다.

데즈카 오사무는 '만화기호론'을 주장한 바 있다. 이는 만화 표현은 암호나 특수문자, 혹은 상형문자와 같은 기호에 불과하며, 이 기호의 패턴들을 조합한 것이 만화라는 주장이다. 그에 따르면 만화 표현의 패턴들은 표준화할 수 있고, 이 조합에 따른 경우의 수가 많을수록 다작이 가능하다. 그런 연유로, 실제로 그는 만화창작이 어렵지 않다고 말하기도 했다. 데즈카 프로덕션 역시 데즈카 오사무의 기호들을 데이터베이스로 삼아 계층적 구조 작업이 가능하다고 생각했으나 예측은 보기 좋게 빗나갔다. 실제로 만 개의 데이터를 넣더라도 AI가 읽을 수 있는 것은 불과 천 개도 되지 않았다고 한다. 기호의 속성이 '자의적'이라는 점을 간과한 것이다. 개별적인 데이터들이 조합을 이룬다고 해도 그 패턴 안의 미묘한 변주들은 오히려 AI학습에 장애 요소였다. 예를 들어 데즈카 오사무는 '만화기호론'에서 화가 났을 때 눈을 위로 치켜든 얼굴 표정을 고안했지만, 정작 그의 만화 속 화난 캐릭터들이 모두 동일한 모양과 각도, 크기로 눈을 치켜뜨고 있는 것은 아니기 때문이다(서은영, 2024: 108~109).

데즈카2020 소개 영상에서 마쓰바라 히토시 공립 나코다테미래대학의 AI 연구원이 "데즈카 오사무와 같은 만화를 AI만으로 그릴 수 있는 기술은 전혀 없다. 그래서 결국에 마코토(데즈카 프로덕션의 비주얼리스트 이사)나 그 데즈카 전문 만화가가 맡아달라고 부탁한 AI와 인간의 협업이었다. AI는 애초에 인간을 대체하는 것이 아니라 인간을 돕기 위한 것"이라고 했듯이, AI가 완전히 대체하기보다 보조수단으로 활용해야 하지 않을까 한다.

2023년에는 데즈카 오사무의 대표작 〈블랙잭〉의 신작이 AI의 도움으로 제작되었다. 이번 프로젝트에서는 GPT-4가 〈블랙잭〉의 전체 에피소드를 학습했고, 이를 기반으로 새로운 스토리와 그림을 생성했다. 구체적으로는 〈블랙잭〉 200화분의 텍스트 데이터, 데즈카의 단편 만화 200화분의 텍스트 데이터, 데즈카가 직접 그린 캐릭터 2만 장의 얼굴 이미지를 AI에 학습시켰다. 새 작품의 제목은 'TEZUKA2023 블랙잭 기계의 심장 – Heartbeat Mark II'로, 2023년 11월 22일 발매된 만화 주간지 '소년 챔피언'에 32페이지 분량으로 연재되었다. 이 작품은 완전해야 할 AI 인공심장에서 발생한 혈종을 치료하기 위해 블랙잭이 도전하는 이야기를 그리고 있다(경영로스팅, 2024.12.14.). AI기술 기반의 의료기업에 〈블랙잭〉의 오리지널 등장인물인 피노코가 들어가게 되고, 해당 기업에서는 "인공지능을 사용해 완전 기계화된 심장"을 이식받았지만 심장에 오류가 생기면서 위기에 빠지자 블랙잭에게 수술을 요청, 피노코가 블랙잭을 설득하면서 인공지능 심장을 수술한다는 내용이다(이재민, 2023.12.7.).

○ 5.5.2. 시미즈 료의 만화

AI 개발자 시미즈는 2일 동안 3시간을 투입하여 챗GPT와 클립 스튜디오 페인트(Clip Studio Paint)를 이용하여 20컷의 만화를 제작하였다(清水亮, 2022.12.9.).

그러나 이에 대해 "클립 스튜디오 페인트를 사용했다는 이유만으로 이미지 생성 AI로 만들었다고 의심 받게 된다"는 등 평이 좋지 않았다[16].

셀시스(CELSYS, 클립 스튜디오 개발사)는 "모든 사람의 감정에 가까이 다가갈 수 없었다"며 사용자에게 사과하고, "앞으로는 이런 우려가 있는 클립 스튜디오 페인트에

■ 그림 65. 시미즈 료의 만화

* 자료: 淸水亮(2022.12.9).

이미지 생성 AI를 사용한 기능을 설치하지 않겠다"라고 선언했다[17].

○ 5.5.3. 웹툰 〈신과 함께 돌아온 기사왕님〉

동명의 웹소설 〈신과 함께 돌아온 기사왕님〉을 원작으로 2023년 서비스 한 현대 판타지 웹툰으로 AI를 활용한 것으로 알려졌다.

블루라인스튜디오에서 제작한 웹툰 〈신과 함께 돌아온 기사왕님〉은 독자들에게 사물·옷·손 모양이 부정확하다는 점, 그림이 전체적으로 선명하지 않다는 점, 머리카락 표현이 자연스럽지 않다는 점 등을 지적받았다. 이에 독자들은 웹툰 창작에 인공지능을 사용한 것 같다는 의문을 제기하였고, 블루라인스튜디오는 콘티, 선화, 배경 작업 등 창작의 영역에서 수작업을 했지만, 작업 효율을 높이기 위해 최종 보정 단계에서 인공지능을 사용했음을 인정하였다. 이와 더불어 이 작품의 캐릭터 생김새가

---

16 https://image.itmedia.co.jp/l/im/news/articles/2212/09/l_ks_shi0.png
17 https://www.clipstudio.net/kr/news/202212/02_01/

▌ 그림 66. 〈신과 함께 돌아온 기사왕님〉 74화의 한 컷(오른손 손가락 7개 등 논란)

* 자료: 네이버 웹툰.

일본 애니메이션 〈무직 전생 ~ 이 세계에 갔으면 최선을 다한다 ~ 〉의 캐릭터, 미국 영화 〈가디언즈 오브 갤럭시〉의 캐릭터와 유사했으므로, 독자들은 작화 과정에서 인공지능을 활용한 것 같다는 의견을 제기했다. 이에 블루라인스튜디오는 문제 작화들을 모두 수정하여 작품을 다시 업로드하는 곤욕을 치렀다. 독자들은 인공지능을 활용한 창작, 작품의 낮은 퀄리티와 타 작품의 작화 도용 등을 이유로 낮은 평점을 줌으로써 이 작품의 1화 별점은 10점 만점에 1~2점대를 기록하였다.

○ 5.5.4. 중국 다롄이공대학과 홍콩시티대학의 영상을 만화로 자동 변환

2021년 2월에는 중국 다롄이공대학과 홍콩시티대학의 연구팀이 비디오 영상을 만화로 자동 변환하는 시스템을 개발하여 발표하였다. 이 시스템은 자막이 있는 입력 비디오를 분석하여 키 프레임을 추출하고, 이를 만화 스타일 이미지로 변환한다. 또한, 다중 페이지 레이아웃 프레임워크를 활용하여 여러 페이지에 걸쳐 이미지를 배치하며, 이미지 간의 관계를 반영하여 눈길을 끄는 레이아웃을 생성한다. 이 시스템의 특징은 등장인물의 감정에 따라 말풍선의 형태를 다르게 생성한다는 점인데 이를

▌그림 67. 만화 자동 생성 시스템의 작동 과정

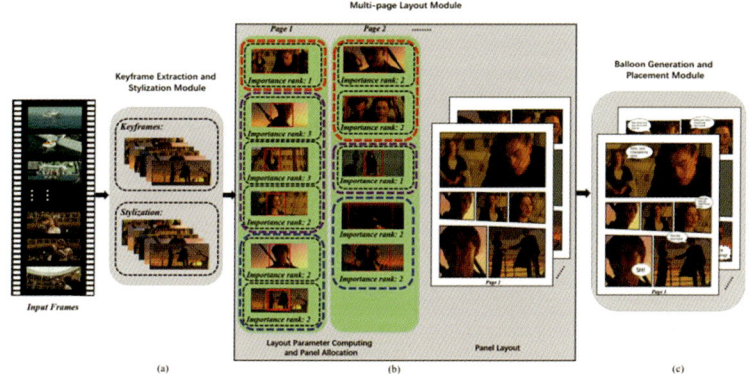

* 자료: 《AI Times》(2021.2.23).

위해 영상의 오디오 트랙과 자막을 분석하여 각 대화에서 전달되는 감정을 파악하며, 이를 바탕으로 말풍선의 모양과 단어의 크기를 조정한다. 이 시스템은 〈타이타닉〉, 〈바람의 소리〉, 〈프렌즈〉, 〈업 인 디 에어〉 등의 영화와 드라마에서 발췌한 16개의 비디오 클립을 기반으로 만화를 생성해 시스템의 성능을 증명하였다(윤영주, 2021.2.19.; 김한재, 2023.5.26.).

○ 5.5.5. 웹툰 〈팝콘예술학교〉

2023년 네이버 웹툰의 '지상최대공모전'에서 인공지능으로 제작된 웹툰이 등장하였다. 내용은 팝콘예술고등학교에 모인 젊은이들의 우정과 사랑 이야기. 연예인이 되고 싶은 청춘들의 꿈을 향한 좌충우돌 스토리이다.

그러나 '팝콘예술학교'는 인공지능을 활용하여 만들어진 작품으로, 낮은 작화 퀄리티로 비판을 받았다. 예를 들어, 작품 속 캐릭터들이 교실에 앉아 있는 장면이 있는데, 하체 부분이 완성되지 않아 마치 캐릭터들이 하반신이 없는 것처럼 느껴졌다. 이 작품은

▎그림 68. 하반신이 없는 〈팝콘예술학교〉의 한 컷

* 자료: 네이버 웹툰.

10점 만점에 1.56점의 낮은 평점을 기록하면서 인기 순위도 수직 하락하였다. 네이버는 공모전 1차 접수 단계에서 인공지능 창작 작품을 허용한다고 발표했지만, 이 사례를 통해 2차 접수 단계부터는 허용하지 않겠다는 입장을 표명하였다(함민정, 2023).

○ 5.5.6. 만화 〈사이버펑크 모모타로〉

일본의 슈에이샤는 2023년 5월 AI 챗봇 서비스 '코믹 코파일럿'을 출시하며 만화 창작 업계에 혁신을 일으켰다. 이 서비스는 오픈 AI의 챗GPT API를 기반으로, 〈원피스〉와 〈슬램덩크〉 등 다수의 히트작을 만들어낸 《소년 점프》 편집진의 노하우를 학습한 AI를 활용했다. '코믹 코파일럿'은 작품의 테마와 제목, 등장인물의 이름, 필살기명 등 창작 아이디어를 제안하며, 대사와 문장을 교정하고 가상 독자의 피드백을 제공하여 창작자를 돕는다.

이 서비스는 특히 신인 작가들에게 유용한데, "우주를 배경으로 한 로봇 소년의 모험"이라는 간단한 프롬프트를 입력했을 때, '코믹 코파일럿'은 '스타드리머'라는 제목과 주인공 '네오'의 설정, 우주 해적단과의 대결 구도, 그리고 '스타 버스트 펀치'

■ 그림 69. '코믹 코파일럿'의 소개 화면

* 자료: ComicCopilot.

라는 필살기를 제안했다. 특히 대사를 말풍선 크기에 맞게 조정하는 기능은 반복 작업을 줄여주는 실질적인 도움을 제공한다.

〈사이버펑크 모모타로〉는 일본 만화 역사에서 AI 기술이 가져온 혁신을 상징하는 작품으로, 2023년 3월 9일 출간되었다. 이 만화는 일본 민담 '모모타로'를 사이버펑크 세계관으로 재해석한 작품으로, 작가 루트포트(Rootport)가 스토리와 대사를 작성하고, AI 이미지 생성기 미드저니를 사용해 비주얼을 완성했다. 루트포트는 "사이버펑크 모모타로 한밤중 일본"과 같은 텍스트 프롬프트를 입력해 이미지를 생성했고, 수천 장의 결과물 중 스토리에 맞는 이미지를 선별하여 만화를 구성했다. 작품은 분홍색 머리를 가진 주인공 '피치 존'이 네오-오카야마라는 디스토피아 도시에서 모험을 펼치는 이야기를 담고 있다. 이를 통해 AI와 인간 창작자의 협업이 새로운 형태의 변화를 어떻게 만들어낼 수 있는지를 보여준다.

〈사이버펑크 모모타로〉의 제작 과정은 단순히 AI 기술에 의존한 것이 아니라, 인간의 창의성과 AI의 효율성이 결합된 사례로 주목받았다. 루트포트는 AI가 생성한 이미지의 일관성을 유지하기 위해 캐릭터에 분홍색 머리와 같은 뚜렷한 특징을 부여했으며, 배경과 캐릭터 이미지를 따로 생성한 뒤 수작업으로 합성하여 완성도를 높였

■ 그림 70. 루트포트가 '미드저니'로 그린 사이버 펑크 모모타로

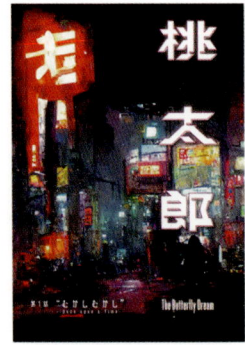

* 자료: ComicCopilot.

다. 그러나 그는 AI가 인간 손을 표현하는 데 어려움을 겪는 점과 같은 기술적 한계에도 직면했으며, 이를 해결하기 위해 반복적인 시도와 조정을 거쳤다. 이러한 노력 끝에 완성된 〈사이버펑크 모모타로〉는 120페이지 분량의 풀컬러 만화로, 단 6주 만에 제작되었으며 이는 전통적인 만화 제작 방식과 비교했을 때 놀라운 속도이다.

특히, 코믹 코파일럿을 활용해 제작된 〈AI의 신부〉는 2024년 하반기 최고의 화제작으로 떠오르며 AI와 인간 협업의 가능성을 입증했다(경영로스팅, 2024.12.14.).

○ 5.5.7. 만화 〈여명의 자리야〉

2022년 9월 작가 크리스 카시타노바는 그림 생성 인공지능인 '미드저니'를 이용해 창작한 만화 〈여명의 자리야(Zarya of the Dawn)〉의 저작권을 미국 저작권청에서 승인받았다가(김성민, 2022.09.28.) 2023년 2월 저작권 등록 취소 통보를 받았다(USCO, 2023.2.21.). 이 작품은 작가가 작품 스토리를 직접 창작했고, 그림 생성 인공지능인 미드저니가 스토리와 여러 그림을 소합한 결과물이다. 최초 미국 저작권청은 이 작품에 쓰인 인공지능을 창작 도구로 인정하고, 창작 도구를 활용해 작품을 만든 작가에게

■ 표 10. 생성형 AI 관련 주요 이슈 및 논란 (2022년~2023년)

연도	사건	개요
2022년 8월	'미드저니'가 그린 그림, 미술대회에서 우승	'미드저니'로 제작된 작품 〈스페이스 오페라 극장〉이 미국 '콜로라도 주립박람회 미술대회'의 디지털아트 분야에서 1등을 함
2023년 1월	게티이미지, 저작권 침해로 스테빌리티 AI 고소	이미지 판매 사이트 게티이미지가 저작권 위반 혐의로 스테이블 디퓨전의 개발사 스테빌리티 AI를 상대로 소송을 제기함
2023년 2월	만화 〈여명의 자리야〉 미국 내 저작권 등록 취소	'미드저니'로 제작된 만화 〈여명의 자리야〉에서 작가가 쓴 본문을 제외한 AI 생성 일러스트에 대해서 미국 내 저작권 등록이 취소됨
2023년 3월	오픈 AI, '미드저니' 무료 평가판 서비스 잠정 중단	하얀 패딩을 입은 프란치스코 교황, 경찰에게 체포되는 트럼프 미국 대통령 등, '미드저니'를 통해 생성된 허구의 이미지가 온라인에서 확산되며 가짜 뉴스까지 양산될 수 있는 우려 하에 무료평가판 서비스를 잠정 중단함

* 자료: 이승진, 왕덕원(2023, 239).

■ 그림 71. 크리스 카시타노바의 〈여명의 자리야〉

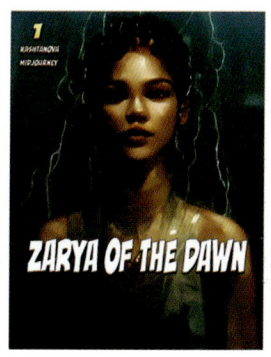

* 자료: 위키피디아커먼즈.

저작권을 부여했다. 그러나 이후 저작권청은 "'인간의 저작물이 아닌(Are Not the Product of Human Authorship)' 작품에 저작권을 부여할 수 없다"라면서 인공지능이 그린 그림에 대해선 저작권을 박탈하고 작가의 글, 작가의 그림 선택과 배치에 대해선 저작권을 부여하였다. 작가는 자신의 작품에 대한 글과 그림의 배치 방식에 저작권을

■ 그림 72. 〈기사가문 망나니는 10 클래스〉의 타이틀

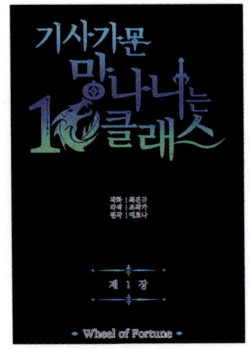

* 자료: 카카오페이지.

인정받음으로써 인공지능 기술을 창의적으로 활용한 작품이 보호받을 수 있다는 사실에 대해 오히려 좋다는 입장을 보였다(Brittain, 2023.2.23.).

〈여명의 자리야〉처럼 논란이 된 사례는 미드저니로 제작된 〈스페이스 오페라 극장〉의 1등, 게티이미지의 스테빌리티AI를 상대로 한 저작권 위반 혐의 고소, 파란 패딩을 입은 프란시스코 교황, 경찰에게 체포되는 트럼프 전 대통령 등이 있다(이승진, 왕덕원. 2023: 239).

○ 5.5.8. 웹툰 〈기사 가문 망나니는 10 클래스〉

옥토끼 스튜디오에서는 최진규 작가의 웹툰 〈기사 가문 망나니는 10클래스〉(원작 소설 예로나)를 기반으로 스테이블 디퓨전(Stable Diffusion)의 컨트롤넷과 인페인트 기능에 펜터치를 학습시킨 파일을 적용하여 원고 적용을 위한 샘플 제작을 연구하고 있다(김한재, 2023.5.6.).

이 웹툰은 2022년 6월 28일부터 2023년 1월 16일까지 50화가 연재되었다.

제6장

웹툰과 AI의 미래 전망

 지금까지 우연히, 아니 필연으로 '이현세 AI 프로젝트'와 인연을 맺어 세부 과정을 깊숙이 들여다보고 정리를 하였다. 현재 생존하는 유명 작가의 웹툰을 리메이크한 작업은 매우 의미가 깊다. 이 프로젝트가 모든 것을 대변하지는 않지만, 이 과정을 통해 웹툰과 AI의 미래에 대해 고민하고, 그 산고를 통해 나온 결과들을 정리하였다.
 먼저 조지훈 작가에게 〈카론의 새벽 리메이크〉에 대해 평가를 부탁했는데, 웹툰의 미래에 대해서도 글을 주어 소개한다.

 "AI 웹툰은 예상을 뛰어넘는 혁신을 가져올 것이다. AI로 인한 웹툰의 변화는 단순히 기존 제작 방식의 자동화나 생산성 향상에 그치지 않을 것이다. 지금 우리가 기대하는 변화. 즉, 작업 속도 향상, 비용 절감, 일관성 개선은 실제 일어날 혁신의 일부분에 불과하다. 진정한 혁신은 '우리가 예상할 수 있는 모든 경우의 수를 제외한 미래'에 있다. 웹툰이라는 매체 자체가 출판 만화의 디지털화가 아닌, 완전히 새로운 형태의 콘텐츠로 진화했듯이, AI 웹툰 역시 우리의 예상을 뛰어넘는 방향으로 발전할 것이다.
 2002년, 필자가 첫 디지털 만화 원고를 작업할 당시, 내가 시도했던 최첨단 기술(디지털 톤 변환, 3D 배경)은 단순히 기존 출판만화를 더 효율적으로 제작하기 위한 도구였다. 그러나 실제 일어난 혁신적인 변화는 내 예상과는 달랐다. 웹이라는 플랫폼에 최적화된 스크롤 컷, 화려한 컬러, 작품별 구매 시스템 등 출판만화와는 근본적으로 다른 '웹툰'이라는 새로운 매체의 탄생이었다. 이처럼 AI가 가져올 변화는 기존 웹툰의 제작 방식을 개선하는 것보다 훨씬 더 혁신적일 수 있다. 어쩌면 전혀 다른 형태의 시각 스토리텔링이 등장할지도 모른다.

모건 하우절(Morgan Housel)이 이야기한 것처럼, 인간은 확실성을 선호하는 경향이 있다. 하지만 진정한 혁신이란 우리가 상상했던 모든 것을 뛰어넘어 예상치 못한 곳에서 갑자기 등장하며, 기존의 개념을 파괴하는 방식으로 일어나기 마련이다. 그런 혁신의 미래에서 우리는 어떤 대비를 해야 할까?

작가로서 우리가 준비해야 할 것은 첫째, 변화를 받아들이는 유연성이다. 아이러니하게도 출판 만화에서 웹툰으로의 전환기에서 성공적으로 적응한 작가는 손에 꼽을 정도로 적었다. 겉으로는 비슷해 보이는 글+그림 매체였지만, 연출법, 독자 취향, 비즈니스 모델까지 근본적으로 달랐기 때문이다. 마치 고래와 고래상어가 겉보기만 비슷할 뿐 폐로 숨을 쉬는 포유류와 아가미로 숨을 쉬는 어류라는, 근본부터 다른 종인 것처럼. 웹툰에서 AI로의 변화 역시 마찬가지다. 변화에 맞춰 새로운 기술과 매체 형식을 이해하고, 실험하며, 습득하려는 자세가 필요하다. 미드저니, GPT 등 AI 툴을 직접 사용해보거나, 스테이블 디퓨전 등 그림 AI 커뮤니티에 적극 참여하고, 다양한 실험적 시도를 두려워하지 않아야 한다. ComfyUI와 같은 노드 기반 인터페이스의 발전은 이러한 AI 기술들을 보다 효율적이고 사용자 친화적인 방식으로 활용할 수 있도록 돕고 있어, 작가들이 쉽게 접근할 수 있는 환경이 조성되고 있다.

둘째. 변화하지 않는 본질에 집중하기이다. 기술이 변해도 변하지 않는 것은 '독자에게 이야기를 전달하는 것'이라는 본질일 것이다. AI가 발전해도 독자의 마음을 움직이는 매력적인 스토리텔링 능력, 공감할 수 있는 캐릭터 만들기, 디테일한 연출 감각 등은 작가의 핵심 경쟁력으로 남을 것이다. 이를 위해 다양한 매체의 스토리텔링을 연구하고, 독자와의 소통을 강화하며, 자신만의 독특한 세계관과 메시지를 구축할 필요가 있을 것이다.

셋째, 저작권에 대한 이해이다. AI의 등장은 그리 오래되지 않았다. 때문에 그 관련법 역시 미비한 편이다. 해외에서 조금씩 저작권 판례가 등장하고 있을 뿐이다. AI 학습에 사용되는 데이터의 저작권 침해 문제와 AI가 생성한 결과물의 저작권 귀속 문제 등은 아직 명확하게 해결되지 않은 숙제이다. 작가로서 이러한 윤리적, 법적 문제들을 이해하고 적절히 대응할 수 있는 지식을 갖추는 것도 중요할 것이다. 앞서 이야기하였듯이, AI 웹툰의 미래는 단순히 현재 웹툰의 AI 버전이 아닌, 완전히 새로운 형태의 스토리텔링이 될 가능성이 높다. 이 변화를 두려워하기보다는, 작가로서 본질에 집중하며 새로운 가능성을 받아들이는 자세가 중요하다.

AI는 궁극적으로 작가의 창의성을 대체하는 도구가 아닌, 확장하는 도구가 될 것이다. 즉, 기술 발전과 예술적 가치의 균형을 이루는 것이야말로 AI 시대 웹툰산업의 지속 가능한 성장을 위한 중요한 열쇠가 될 것이다."

지금까지 논의를 바탕으로 웹툰산업에서 AI 활용을 전망해 보면, 첫째, 웹툰산업에 AI의 도입은 필수 불가결하다. AI 기술의 급속한 발달에 따라 현재도 AI를 활용하고 있고, 앞으로도 AI의 활용은 급속도로 증가할 것이다. 실제로 2022년 10월 박은혁 작가의 〈랜덤채팅의 그녀(258화)〉가 AI를 사용한 작화에 대한 논란에 휩쓸렸을 때만 해도 AI를 창작 도구로 활용하는 것에 대한 부정적인 인식이 많았는데, 이제는 최고의 이야기를 만들기 위해서라면 어떤 도구라도 적극적으로 받아들이고, 자신의 창작 도구로 만들어 활용하는 것이 중요한 과제로 여겨지고 있다. 이는 창작 과정에서 AI의 역할과 가능성을 새롭게 인식하는 변화를 반영한 것일 것이다(김한재, 2023.5.26.). 세종대 한창완 교수도 "시간이 지나 AI를 더 학습시키면 AI 웹툰도 우리가 선도하는 날이 더 빨리 올 거라고 생각한다"라고 말했다(이지은, 2024.10.31.).

AI 활용의 가장 큰 문제가 캐릭터의 동일성 유지가 문제였는데, '로어 머신' 툴들이 나오면서 점차 해소되고 있다. 〈카론의 새벽 리메이크〉에 대한 평가를 보니 더 그런 생각이 든다.

다만, 이러한 작업은 일본의 데즈카 프로덕션처럼 저작권을 소유한 곳에서 전문적인 작업이 필요한 듯하다. 데즈카 프로덕션의 〈파이돈〉에 비해 〈카론의 새벽 리메이크)는 상당한 시간이 소요되기도 하고, 아직 완결을 보지 못했다. 또는, IP를 확보하여 기존의 웹툰 회사에서 프로젝트를 지속적으로 추진해도 좋을 듯하다. 재담미디어 같은 웹툰 제작사에서 이현세 이후의 프로젝트로 다양한 작가의 작품을 진행하는 것을 권장해 본다.

둘째, 웹툰 시장은 AI를 활용하여 단순한 웹툰 공정은 AI로 대체되고, 과도한 노동 부담이 해소될 것이다. 창의 산업(Creative Industry)에서는 국내외를 막론하고 열정 페이를 기대하고, 종사자들도 그런 경향이 있다. 잠시의 힘듦을 참고 실력을 기르면 곧 보상을 충분히 받을 수 있는 구조이기 때문이다. 웹툰도 엄청난 노동의 시간이 요구된다. "일이 많다 보니 밤늦게까지 눈 비비며 모델 작업할 체력이 안 되네요. 한약 먹으면서 버티는 중"이라고 토로하는 글도 있다(아리아재, 2024.3.31.).

웹툰을 인공지능 기술의 생성 이미지 생산 능력을 창작력에 두기보다는 인간 노동의 대체를 가능하게 하는 자동화에 초점을 맞추어야 함을 강조하기도 한다(이수진, 강지영, 2023).

강동대학교 김한재 교수(2023.5.26.)는 "AI의 활용은 창작 과정을 개선하고, 작가의 부담을 줄이며, 크리에이티브한 과정을 돕는 도구로서의 역할을 수행할 수 있다"라고 주장한다. 그는 만화/웹툰 제작하는 데 Chat GPT를 활용해야 하는 이유로 캐릭터 및 대사 생성에 대한 자동화, 창의성 증대, 시간과 비용 절감, 독자 맞춤형 서비스 제공을 들고 있다.

이제 AI가 도입되면서 웹툰에서는 스케치, 채색, 배경 생성 등 단순 반복적인 작업을 AI를 통해 자동화해 작가의 노동 강도는 크게 줄어든다. 예를 들어 네이버 웹툰의 'AI 페인터'는 한 컷에 1시간 걸리던 작업을 5분 만에 끝낼 수 있다. 작가들은 웹툰의 제작 과정에서 벌어지는 일들을 고생스럽게 하지 않고 AI 기술에 의존할 수 있게 되었고, 상대적으로 여유로운 시간을 좀 더 창의적인 일에 사용할 수 있게 되었다.

그러나 AI를 활용한다고 해도 바로 노동 부담이 감소하지 않는다. 수없는 프롬프트를 넣어서 나온 장면을 선택해야 하고, 너무나 많이 도출된 장면에서 하나를 선택해야 하므로 상당한 시간이 소요된다. 그럼에도 AI 도입이 일자리에 부정적인 영향을 미칠 수 있다는 의견이 많다. 미국의 여론조사기관 퓨 리서치 센터의 2023년 조사에 따르면 'AI가 고용환경에 크게 영향을 미칠 것'이라는 응답이 62%에 달했다. AI 도입에 대한 고용 영향력에 대해선 32%가 부정적이고, 13%가 긍정적으로 나타났다.

셋째, AI를 활용하여 웹툰의 다양성이 증가하고, 웹툰 연재의 수량이 증가할 것이다. 웹툰을 1주일에 하나씩 생산한다는 일은 엄청난 노력이 필요하다. 요일별로 정해진 시간에 업로드되지 않으면 인기 순위가 내려간다고 한다. 앞에서도 언급했듯이 노동의 강도가 약해지는 것과 동시에 다양한 스토리의 웹툰이 생산될 것이다.

한국만화영상진흥원이 발간한 『2024 만화·웹툰 유통 통계 자료』에 따르면 2024년 만화규장각 아카이브에 등록된 웹툰은 18,792개(2023년 20,141개보다 감소)의 작품이다(출판만화 4,567권, 디지털만화 8,893권). 이 중 신작 웹툰은 14,723작품으로 78.3%를 차지하고, 기성 작품은 2,684작품으로 21.7%이다(27쪽). 웹툰 플랫폼은 네이버 웹툰, 카카오웹툰 등 34개이다.

앞으로는 웹툰의 장르를 구분하여 통계를 낸다면 장르의 다양성을 확대하는 데 도움이 될 것이다. 웹툰에서도 DEI(다양성, 형평성, 포용성)가 증진될 수 있는 노력이 이루어지길 바란다.

넷째, 웹툰 제작툴의 증가로 인해 누구나 웹툰을 제작할 수 있는 웹툰 생태계의 민주화가 이루어질 것이다.

AI를 활용한 웹툰 제작은 『AI 메이커 교사가 만든 AI 아트디렉터를 위한 찐 실전 챗GPT 생성형 AI 창의 융합 교육 — AI 웹툰·동화책 만들기/AI 작곡하기』(조보미 외, 광문각출판미디어, 2025), 『생성형 AI로 웹툰 만화 제작하기: 스테이블 디퓨전·미드저니·챗GPT』(김한재, 성안당, 2024), 『인공지능(AI)과 에듀테크+투닝으로 웹툰 콘텐츠 만들기』(김규섭 외, 지오북스, 2024), 『the AI GRAPHICS: 인공지능, 캐릭터, 웹툰, 패션, 세계관, 디지털디자인』(김성완 외, 비엘북스, 2024), 『아이디어를 현실로 생성하는 웹툰 제작 가이드 with AI』(김가이, 길벗캠퍼스, 2025), 『웹툰 클립스튜디오 2.0: 웹툰의 확장 3D부터 AI까지』(조지훈, 디지털북스, 2023), 『생성형 AI로 만드는 웹툰의 모든 것: AI 웹툰 작가로의 도전』(이신우, 두온교육, 2024) 등의 책이나 유튜브를 통해 웹툰 제작을 공부하여 누구나 웹툰을 그릴 수 있다.

이렇게 그린 웹툰은 〈AI 코믹 북스(AI Comic Books)〉, 〈AI 코믹스(AI comics)〉, 〈룰(Loool)〉 등에 올릴 수 있다.

경희대 김상균 교수는 AI의 창작이 작가의 창의성을 대체할 수는 없지만 창작의 방식은 크게 바뀌게 될 것이라고 내다봤다. "AI를 통해 모두가 창작자가 될 수 있다면 콘텐츠 산업은 폭발적으로 성장하고 모두가 아름다움을 추구할 수 있는 기회를 얻을 수 있다"라고 밝혔다(인현우, 2024.11.1.).

이런 과정을 통해 개인들의 웹툰 제작이 활성화할 것이고, 이 중에서 유명 웹툰 작가가 더욱 많이 탄생하길 바란다.

다섯째, AI 기술의 발달에 따라 웹툰 제작툴의 정교화가 강화될 것이다. AI 기술의 발달은 엄청난 속도를 내고 있다. 2022년 12월 챗GPT 3.5가 나온 이래 AI 에이전트 간의 경쟁이 치열해지고, 이를 기반으로 다양한 도구들이 나오고 있다. 부록에 소개한 다양한 웹툰 도구들을 보면, 시간이 지날수록 고도화하고 있다. 다양한 스타트업에서 기존의 부족한 부족을 계속 채워나가고 있어서 우수한 웹툰 도구들이 나올 것이다. 그러다 보면 인간과 인공지능을 구분하는 튜링 테스트를 통과할 가능성도 높아지고 있다.

여섯째, AI 저작권이 정비될 것이다. AI가 도입되면서 문제 중의 하나가 저작권이다. AI가 학습을 하려면 기존의 자료를 활용하는데, 무단으로 이용하여 소송도 진행되고 있다. 대표적인 사례가 2024년 2월 뉴스 사이트 〈로 스토리(Raw Story)〉와 〈알터넷(AlterNet)〉이 오픈AI를 상대로 낸 저작권 침해 소송이다. 오픈AI가 '챗GPT'의 훈련 데이터로 자신들의 뉴스 기사를 스크랩하는 과정에서 저작권 관리 정보(CMI)를 삭제해 출처나 저작권 정보를 표시하지 않고 기사의 내용이 재생산될 수 있다고 주장했다.

■ 그림 73. AI를 보조적으로 사용해 저작권을 인정받은 사례

Prompt: "a young cyborg woman (((roses))) flowers coming out of her head, photorealism, cinematic lighting, hyper realism, 8k, hyper detailed."

* 자료: 《뉴스프리존》(2025.1.31).

그러나 콜린 맥마흔 뉴욕 남부 연방법원 판사는 원고가 "소송을 제기할 법적 자격이 부족"하고, "원고들이 실제로 피해를 입었다는 점을 증명하지 못했"고, "챗GPT의 초기 버전은 저작권 침해에 해당할 수 있는 콘텐츠를 생성했을 가능성이 있지만, 방대한 오픈AI 데이터 저장소를 감안할 때 최근 버전이 피고들의 기사만을 특정해 생성할 가능성은 매우 낮다"고 판결하고 소송을 기각했다(박찬, 2023.9.21.). 음악저작권협회는 AI 작곡가 '이봄(EvoM)'이 작곡한 곡에 저작권료 지급을 중단했다(박설민, 2022.10.16.).

미국 저작권청(USCO)은 창작자가 AI도구를 보조적 역할로 사용하는 경우는 저작권을 보호받을 수 있다고 규정했다. 예를 들어 AI 도구로 일러스트레이션에 3D 효과를 입히는 것과 같은 사례는 저작권을 인정할 수 있다고 했다(정병일, 2025.1.31.).

일본 정부는 AI 학습과 저작권, 그리고 관련된 처벌에 대해 명확한 지침을 제시하고 있다. '생성형 AI 저작권 안내서'에 따르면, 원칙적으로 AI가 생성한 창작물은 저작물로 인정되지 않으며 저작권 등록 대상이 아니다. 그러나 인간의 창작적 개입이 있는 경우에 한해 제한적으로 저작권을 인정하며, 이 경우 '편집저작물'로 등록할 수 있다(경영로스팅, 2024.12.14.).

국내에서도 지난 1월 KBS·MBC·SBS 등 지상파 3사가 자사 뉴스 등을 무단으로 생성형 AI에 활용했다며 네이버를 상대로 저작권 침해·부정경쟁방지법 위반으로 인한 손해배상 청구, 학습금지 등을 청구하는 소송을 제기했다(홍윤지, (2025.1.18.).

최근 챗GPT에서 지브리풍 이미지를 생성해주는 서비스가 나왔다. 이에 대해서도 논란은 있지만 아직 소송으로 이어지고 있지 않다. 아이디어는 저작권법적으로 보호를 받지 못하는 한계가 있지만, 이러한 현상은 지속될 것이다. 서은영(2024: 115)은 화풍을 베끼는 것은 저작권에 위배되지 않는다는 현행법이 도리어 AI시대에 창작권 침해를 조장하는 모순을 드러냈다고 주장한다. "인공지능 발전과 신뢰 기반 조성 등에 관한 기본법"이 지난 1월 21일 제정되었으므로 이를 기본으로 웹툰에서 AI의 활용과 관련되어 저작권 이슈가 정비될 것이고 정비되어야 한다.

일곱째, AI의 번역을 통해 웹툰의 글로벌 유통이 확대될 것이다. 엔터테인먼트 산업 중에서 웹툰은 텍스트이므로 영상에 비해 번역이 수월하다. 또한, 텍스트에 따라서 이미지를 그리기 때문에 텍스트에 맞는 이미지를 그리는 동안 텍스트를 번역할 여유가 있다. 넷플릭스가 〈오징어 게임 3〉를 20개 국어로 더빙하고, 35개 국어로 자막을 제공했다. KBS AI 프리뷰의 경우 특정 언어의 영상을 75개 언어로 번역할 수 있는 기능을 갖추고 있다.

AI를 활용하여 해외의 다른 언어를 사용하는 이용자를 위해서 AI를 활용하여 서비스할 수 있다. 라쿠텐 비키의 경우에는 다수가 사용하지 않는 언어인 경우에 일반 이용자가 자막을 만들어 올릴 수 있는 기능이 있다. 점차 이러한 서비스가 AI의 도움으로 활성화할 것이다.

문제는 텍스트는 인식은 좋지만, 의성어에 대한 성능이 떨어진다. 장면 텍스트 인식 모델 등을 통해 많은 학습 예시를 추가하여 데이터셋을 늘리고, 의성어 데이터베이스를 통해 세계 언어의 의성어 비교 및 사용에 대한 정보도 구축할 필요가 있다(Abid Furqan and 문준일, 2024).

여덟째, 웹툰 종주국답게 웹툰산업의 진흥은 확대될 것이다. 문화체육관광부와 콘텐츠진흥원은 올해 2월 한국 웹툰의 위상 제고 및 슈퍼 IP(지식재산) 발굴 도모를 위해 82억 5,000만 원을 지원하겠다고 밝혔다. 글로벌 웹툰 IP의 제작 지원과 현지화 콘텐츠 발굴을 새롭게 추진하고, 번역 지원도 확대 개편한다.

또한, 콘텐츠진흥원은 한국만화영상진흥원이 수행해 온 '다양성 만화 제작 지원사업'과 '창작초기단계 제작 지원사업'도 올해부터 이관 받았다. 기존 지원 내용과 규모를 유지하면서도 공모 방식을 개선할 방침이다(오진영, 2025.2.25.).

웹툰에 대한 진흥을 담당하는 기관은 크게 한국만화영상진흥원과 한국 콘텐츠진흥원이다. 만화영상진흥원 홈페이지[18]에 보면, 만화영상진흥원에서는 창작 및 제작지원, 만화 인력 양성, 우수만화 콘텐츠 발굴, 창작 인프라 지원, 만화문화 확산 사업을 운영한다. △창작 및 제작지원으로는 만화 원작 콘텐츠 제작 지원으로 〈이세계 국밥 마스터〉를 선정하여 2025년에 애니메이션으로 방송을 준비하고 있다. △만화인력양성 사업으로는 장애인의 시선에 맞는 특수한 웹툰 교육시설과 커리큘럼을 제공하는 청년장애인 웹툰 아카데미, 시니어 작가 대상의 디지털 재교육을 하는 웹툰 시니어 멘토링, 작가 양성을 위한 소수 정예 만화 웹툰을 교육하는 한국만화웹툰아카데미 등이 있다. △우수만화 콘텐츠 발굴 사업으로는 가장 유서 깊은 대한민국 창작만화 공모전, 최고의 신인 웹툰작가 등용문인 네이버 웹툰 최강자전, 만화평론공모전, 전국 학생만화공모전, 〈식객〉(허영만), 〈아파트〉(강풀) 등의 수상작을 낸 부천만화대상, 한중일 신인만화 콘테스트 등이 있다. △창작 인프라 지원 사업으로는 1인 창조기업 지원, 만화인 헬프데스크 등이 있다. △만화문화 확산 사업으로는 아시아 최고의 글로벌 만화축제인 부천국제만화축제(BICOF) 개최, 글로벌 만화 코스프레의 성지인 경기국제코스프레페스티벌 개최, 한국만화박물관 운영, 디지털만화만화규장각 운영 및 웹툰아카이브 구축, 만화영상콘텐츠산업 클러스터 운영 및 웹툰융합센터 건립,

---

[18] https://www.komacon.kr/komacon/business/mediaculture.asp

국제만화가대회(ICC) 사무국 운영, 한국만화 해외전시 및 만화교류 등이 있다.

한국만화영상진흥원의 2025년도 업무계획에서 예산은 2024년도에 비해 40%가 감소한 126.6억 원으로 대한민국 융복합 만화클러스터 운영, 만화 테마도시 부천 구현, 제28회 부천국제만화축제, 한국만화박물관 운영, 만화문화 기반 구축, 만화산업 성장환경 조성 등이 있다.

한국콘텐츠진흥원은 매년 지원사업설명회를 한다. 2025 한국콘텐츠진흥원 지원사업설명회 자료집에 따르면, 웹툰 분야 벤처기업 육성 지원, 만화 IP 활성화 지원(웹툰페스티벌 개최, 웹툰IP보호 캠페인 등), 대한민국 콘텐츠대상 만화부문, 만화(웹툰)·스토리 해외진출 지원(전시 및 번역 등), 글로벌 웹툰IP 제작 지원, 현지화 콘텐츠 발굴 지원, 다양성만화 제작 지원, 창작 초기단계 제작 지원, 콘텐츠IP마켓 개최가 있다. △웹툰 분야 벤처기업 육성 지원 사업은 상품·서비스 개발, 국내외 판로개척 지원 통한 만화 웹툰 창업 기업의 시장 안착을 유도하기 위한 사업이다. △만화(웹툰)·스토리 해외진출 지원 사업은 국내 만화(웹툰)·스토리 해외 행사 참가 지원 및 해외 비즈니스 지원하는 사업이다. △콘텐츠IP마켓 개최 사업은 우수 콘텐츠 IP 발굴 및 국내외 바이어와 비즈매칭을 통한 IP 비즈니스 활성화하기 위한 사업이다.

아홉째, 웹툰의 활성화에 따라 웹툰-웹소설-드라마-영화-애니메이션 등의 미디어믹스가 확대될 것이다. 웹툰이 드라마로 처음 제작된 작품은 2006년 KBS2TV의 〈궁〉이다. 2025년까지 드라마로 제작된 웹툰은 〈킹덤〉, 〈미생〉, 〈모범택시〉, 〈술꾼도시 여자들〉, 〈정년이〉, 〈약한 영웅〉, 〈지금 우리 학교는〉, 〈조명가게〉, 〈무빙〉 등 185편으로 CJ 47편, 지상파 44편, 넷플릭스 22편, 웹드라마 22편, 종편 14편이다. 영화는 〈신과 함께〉, 〈내부자들〉, 〈은밀하게 위대하게〉 등 48편이 제작되었고, 2022년에는 조석의 〈문유〉를 원작으로 한 〈문맨〉 등 6편이 개봉되었다. 애니메이션은 2009년 지강민의 〈와라! 편의점〉이 애니메이션으로 제작된 이후 34편이 제작되었고, 2020년에는 8편이나 제작되었다.

또한, 〈나 혼자만 레벨업〉처럼 소설이 웹툰으로 제작도 되고, 〈굿닥터〉나 〈이상한 변호사 우영우〉처럼 드라마가 웹툰으로 제작도 되고, 〈7FATES: CHAKHO〉처럼 방탄소년단의 한국 판타지 웹툰도 있다. 이처럼 스토리를 AI를 통해 빠르게 웹툰화할 수 있으므로 미디어 믹스는 다양하게 확대될 것이다.

열째, AI가 발달하더라도 인간과 AI의 역할은 구분이 될 것이고, 누가 AI를 활용하느냐가 관건일 것이다. 2011년 IBM이 만든 인공지능인 왓슨이 화제가 된 적이 있다. 보통 과학자가 하루 5개씩 읽으면 38년이 걸릴 7만 편의 논문을 한 달 만에 분석하여 항암 유전자에 영향을 미치는 단백질 6개를 찾아냈고, 놀랍게도 왓슨이 제공했던 치료법은 98%나 정확하게 맞았다. 그렇다고 왓슨이 인간을 대체했나? 그렇지 않다. 왓슨을 잘 활용하는 의사가 최후의 승자이다.

AI는 단순한 도구가 아닌, 창작의 새로운 파트너로서의 역할을 하고 있다. 김한재 교수(2023.9.5.)는 "작가는 AI의 능력을 최대한 활용하면서도 자신만의 스타일과 개성을 유지해야 할 것이다. 그렇게 우리는 새로운 창작의 경험과 가능성을 발견하며 내일로 가는 것이다"라고 의견을 피력했다.

AI를 활용하는 웹툰에서도 동일할 것이다. AI가 그리는 이미지는 인간이 최종 선택하여 확정하게 된다. 이현세 선생도 인터뷰에서 "인간은 생각을 하는 존재고 AI는 수행을 하는 존재"라고 밝혔듯이 아무리 AI가 생각하는 인간처럼 진화한다고 해도 역할은 구분될 것이다.

양지훈과 윤상혁(2023)은 생성형 AI 기술로 촉발될 변화에 대응하기 위한 생성형 AI 활용 경쟁 우위 전략으로 제시한 3i(inquiry-inspection-idea)도 관심을 기울일 필요가 있다고 주장한다. '잘 질문하는 방법(inquiry)'을 익히고, '생성형 AI의 생성 결과를 확인하는 과정(inspection)'이 필요하며, '생성형 AI의 결과물에 자신의 전문성과 창의성을 더해야(idea)' 한다(양지훈, 윤상혁, 2023: 69).

인류의 복지를 위해, 웹툰의 성장을 위해 AI를 활용할 수 있도록 웹툰의 창작자들은 철저히 준비해야 할 것이다.

▌ 감사의 글 ▌

2013년 첫 저서 『미드와 한드 무엇이 다른가』(한울)를 출간한 이후 15번째 출간을 앞두고 있다. 단독 10권, 공저 5권이다. 이번 책은 특별한 의미를 지닌다. 어떻게 보면 필자는 웹툰에 문외한이다. 그럼에도 본 도서를 쓰게 된 데는, 드라마를 하면서 드라마 원작을 확보하려고 또는 기획된 드라마의 원작 웹툰을 확인하는 게 주된 연결고리였다. 그런 필자에게 본 도서를 집필하게 된 데는 우연이 많이 작용했고, 많은 사람들의 도움 덕분에 탈고할 수 있었다.

우선 KBS 드라마국에 재직할 당시 드라마 기획안을 사면서 인연을 맺은 'YZOO 크리에이티브' 윤주 대표(국가유산청 문화유산·자연유산 위원)가 2022년 제25회 부천국제 만화축제 집담회 〈이: 세계로의 출발〉에 초대해 준 게 결정적인 인연이 되었다. '이현세 AI 프로젝트'도 인지하게 되고, 2022 세계웹툰포럼에서 '웹툰이 미디어 생태계에 미치는 영향과 전망'이라는 제목으로 기조 발제도 하게 되었다. 이 프로젝트와 인연을 맺게 연결해 준 윤주 대표에게 감사함을 전한다.

이 프로젝트를 진행한 재담미디어 황남용 대표가 아니었다면 이 책은 세상에 빛을 보지 못했을 것이다. 2013년 한국콘텐츠진흥원에서 주최한 '제1회 K-Story in America'에 한국 스토리를 미국에서 같이 피칭하면서 인연을 맺었다. 실제로 지인 찬스가 있었던 셈이다. 황 대표의 결단으로 프로젝트를 추진한 박석환 이사 등을 소개받고, 눈덩이 표집처럼 연결을 통해 구체적인 프로젝트의 실체를 확인하고 정리할 수 있었다. 감사하게도 추천사까지 써 주었다. 무한한 감사를 전한다.

그 누구보다 이현세 선생님이 아니었으면 또한 저술 작업은 진행이 될 수 없었다. 이 프로젝트는 저작권자의 허락이 필요하다. 황남용 대표에게 프로젝트 과정을 정리하고 싶다고 연락했을 때, 이현세 선생님께 허락이 필요하다고 했고, 답을 얻는데 상당 기간이 소요되었다. 인터뷰할 때 책으로 정리해줘 오히려 고맙다는 말씀을 하시는 걸 보고 상당히 오픈 마인드라는 것을 알게 되었다. 이현세 만화의 어떤 장면도 사용할 수 있다는 말씀까지 하셨다. 직접 사무실에서 뵙고 장시간 말씀도 나누고 이렇게 책으로 정리할 기회를 주셔서 개인적으로 영광이고 진심으로 감사드린다. 출판사에 편집한 원고를 검토 요청하려고 찾아뵈면서 독자들에게 이 책을 소개하는 만화를 요청했는데, 흔쾌히 전체를 꿰뚫는 글과 그림을 그려 주신 것도 더없는 영광이다.

다음으로 박석환 이사께 감사한다. 여러 프로젝트를 하느라 바쁘면서도 이현세 선생님과 약속을 잡고 인터뷰에 동행하여 편안한 분위기에서 진행할 수 있도록 해주었고, 부천에 있는 재담미디어 AI연구소에서 프로젝트 소개와 경과 등에 대해 김영근 실장과 같이 설명해 주었다. 전체적인 프로젝트의 흐름을 이해시켜 주고, 잘못된 부분을 바로잡고 보완해 준 두 분께 감사한다.

다음으로 세종대에서 서재일 교수가 실무를 진행했는데, 인터뷰에 응해준 서재일 교수와 장현지, 이현진 학생에게 감사함을 전한다. 프로젝트 진행 보고서가 있는데, 실질적인 작업에 대해 진솔한 의견을 주었다. 또한, 장현지, 이현진 학생은 프로젝트 보고서를 정리한 것에 대해 피드백을 해주어 완성도를 높일 수 있었다.

AI를 활용하여 제작한 〈카론의 새벽 리메이크〉 웹툰에 대해 평가를 받았다. 바쁘신 와중에도 연락했을 때 모두 흔쾌히 수락해 주었다. 박세현 한국만화평론가협회장, 임세준 KBS 드라마 PD, 김성철 Time Fixer 대표, 최진규 옥토끼 스튜디오 대표, 조지훈 엘프화가에게 감사함을 전한다. 업계 전문가로서 평가가 앞으로의 프로젝트 진행에도 상당히 도움이 될 것이다.

얼마 전 한양대 김종걸 교수님이 관여하는 경북세미나에서 유철균(이인화 작가) 경북연구원장님이 〈문화관광 콘텐츠에서의 경북 AI 대전환〉 강의에서 AI에 대해서 강조를 많이 하셔서, 강의가 끝나고 별도로 추천사를 부탁드렸는데 흔쾌히 수락하였다. KBS 드라마국에 근무할 때부터 인연이 있었던 존경하는 유 원장님이 추천사를 써 주셔서 감사드린다.

항상 물심양면으로 응원해 주는 아내 주은경과 딸 혜민에게 감사를 전한다. 혜민이는 유타대학교에서 3년 만에 조기 졸업하면서도 전략 커뮤니케이션 부전공까지 하느라 고생했는데, 앞으로 사회에 기여하면서 살기를 바란다.

어려운 출판 상황에서도 5번째 출간을 결정해 주신 한울 김종수 대표님과 부족한 글을 꼼꼼하고 멋지게 다듬어 품격을 높여준 한울 편집부에 감사를 표한다.

이 책을 읽어 주시는 모든 독자분께 무한한 감사를 표한다.

마지막으로, '이현세 AI 프로젝트'를 정리하면서 행복한 시간을 보냈고, 개인적으로 기록을 남기는 영광을 얻은 데에도 감사한다. 다만, 내용을 정리하면서 웹툰에 대해 지식이 부족하여 잘 못 된 부분도 있을 수 있다. 이는 전적으로 필자의 책임임을 밝힌다.

2025년 8월

남한산성이 바라보이는 거여동에서

부록

AI를 활용한 웹툰 도구

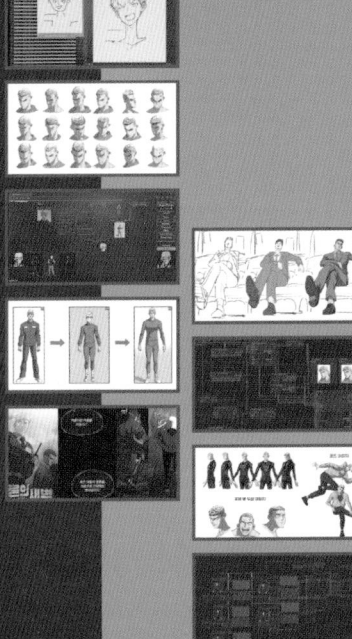

웹툰은 스토리텔링 기반 시각 콘텐츠다. 작가들은 작품 창작을 위해 스토리보드를 작성하고, 이를 기반으로 스토리를 한 컷씩 작화하고 채색한다. 이러한 창작 과정은 한정된 시간(마감 기한) 안에 수작업으로 진행되는 것이므로 작가들에게 많은 노력을 요구한다(함민정, 2023). 한국콘텐츠진흥원이 발간한 『2024 웹툰산업 실태조사』에 따르면 실제로 웹툰작가는 일주일에 평균 5.9일을 일하며, 하루에 10.1시간을 일하고 있으므로 일주일에 59.6시간의 중노동을 하고 있다.

그런 측면에서 AI 웹툰 도구는 웹툰 작가의 창작 활동에 도움을 주는 인공지능 기술이다. 단순한 채색 도구부터 웹툰 전체를 AI가 그리게 하는 도구까지 스펙트럼이 넓다. 그러나 아직은 이러한 도구들은 창작에는 일정한 한계가 있어서 최근의 인공지능 개발 업체들은 인공지능이 창작자의 작품 제작을 보조하는 방향으로 서비스를 고도화하고 있다(동우샘, 2021).

현재 미드저니와 스테이블 디퓨전이 스튜디오와 작가들 사이에서 가장 많이 사용되고 있는 프로그램이다. 일본 만화체를 원한다면 니지저니를 사용하기도 한다. 미드저니는 컨셉아트에 탁월한 능력을 보이고 있고, 스테이블 디퓨전은 세부조정을 통해 컷연출, 애니메이션화까지 가능성을 보이고 있다. 명령어를 프롬프트라고 하는데 이 프롬프트를 어떻게 입력하느냐에 따라 다양하고 완성도가 높은 이미지를 얻을 수 있다.

일반적인 작화 연구 진행순서는 첫째, 미드저니로 컨셉아트를 뽑아보고, 둘째, 스테이블 디퓨전 이미지를 생성해 보고, 셋째, 오픈포즈, 캐니, 뎁스맵, 스크리블 등 콘트롤넷(ControlNet)을 적용해보고, 넷째, 비디오 투 애니메이션을 사용해 본다(김한재, 2023.5.26.).

네이버 웹툰의 AI 페인트, 카카오엔터의 헬릭스, 딥툰, 젠버스, 투닝, 로어 머신를 비롯하여 25개의 도구들을 소개한다.

▎그림 74. 네이버 '웹툰 AI 페인터'

* 자료: 네이버 웹툰 AI 페인터.

1) 네이버 웹툰의 '웹툰 AI 페인터'

'웹툰 AI 페인터'는 네이버가 2021년 러닝 기술을 활용하여 만들어낸 스마트 툴이다. 누구나 쉽게 채색할 수 있도록 도와주는 채색 소프트웨어로 베타 테스트 중이다. 네이버는 약 30만 개 웹툰 데이터를 활용해 자사 딥러닝 모델에 캐릭터의 얼굴, 신체, 배경 등 각 영역의 특징을 학습시켰다. 얼굴·신체·배경 등 부위별 특징과 색상 스타일을 학습, 스케치 위에 클릭만 하면 알아서 자연스러운 색을 입혀준다(함민정, 2023). 웹툰 〈이두나!〉 122화 일부 컷에 이 기술이 적용되었다(황순민, 김대기, 2023). 이처럼 기존에 작가들은 채색에 많은 시간과 노력을 들여야 했지만, 이 기술을 활용하면 몇 번의 터치만으로도 채색이 가능하다.

기본 기능은 채색하기, 채색모델(기본 모델, 포스터 모델, 그리자유 모델, PC용 전경 마스킹 모델) 사용하기, 저장하기(PSD는 PC에서만 가능), 공유하기(추후 재오픈 예정)이다. 채색 모델도 바꿀 수 있고 히스토리가 저장되어 작업 내역도 확인 가능하다.

이용자가 색을 선택하고 원하는 곳을 터치하면 AI가 필요한 영역을 구분하여 자동으로 색을 입혀주어 수작업 채색 방식에 비해 시간과 노력을 크게 절감할 수 있고 아마추어에게도 웹툰의 진입 장벽을 낮출 수 있다. 채색 후에는 추가 작업이 편리할

▎그림 75. 네이버 '웹툰 캐리커처'

* 자료: 네이버 웹툰.

수 있도록 레이어 분리 기법을 통해 스케치와 채색 성분 레이어를 분리한 PSD 파일을 다운받을 수 있다.

2) 네이버 웹툰의 '웹툰 AI 에디터'

현재 개발 중인 '웹툰 AI 에디터'는 AI 기술을 활용해 배경을 제외하고 캐릭터를 따내는 '누끼따기' 작업이나 불필요한 물체를 지우는 작업을 자동으로 가능하게 해준다. 또한 특정 컷의 해상도를 높이는 것도 가능해 웹툰 컷을 활용하는 디자이너나 마케터의 업무 효율을 크게 높여줄 것으로 기대된다(서울예술실용전문학교, 2024).

3) 네이버 웹툰의 '웹툰 캐리커처'

네이버 웹툰이 2024년 7월 내놓은 AI 서비스로 자기 얼굴 사진을 AI가 웹툰 작가의 그림체로 캐리커처를 그려주는 기능이다. '복학왕 캐리커처', 'AI 침착맨의 와장창 캐리커처', '마음의 소리 캐리커처' 등을 선택하여 사진을 업로드하고 1,500원을 결제하면 6장의 캐리커처를 만들어 준다. iOS에서만 지원되고, 네이버 웹툰 앱에서 더보기를 클릭하면 된다.

유사한 AI 서비스였던 사진을 웹툰 그림체로 바꿔주는 '툰필터'는 서비스를 종료하였다.

4) 네이버 웹툰의 작가별 맞춤형 AI 툴

네이버 웹툰은 2023년 8월 팀네이버 컨퍼런스 '단(DAN)23'에서 작가별 AI툴을 구축한다고 밝혔다. 네이버 웹툰이 개발 중인 작가별 AI툴은 이를테면 내가 만든 캐릭터를 학습해 해당 캐릭터가 여러 장면에서 쓰일 때 반복 작업에 대한 수고를 덜어주는 컨셉으로 전해졌다(한광범, 2023.12.10.).

5) 네이버 웹툰의 AI 기반 BGM 선곡

AI 기반으로 한 BGM 선곡 기술은 AI 기술로 웹툰의 속성 정보와 독자의 피드백을 고려해 현재 감상 중인 만화에 어울리는 음원을 재생해 준다. 즉 작가의 의도와 사용자의 니즈에 맞춰 자동으로 BGM을 골라준다. 네이버 웹툰은 2023년 AI로 웹툰에 적절한 배경음악(BGM)을 틀어주는 특허를 등록했다.

이 기술은 1단계에 웹툰에 대한 속성 정보를 콘텐츠의 전체 내용, 특정 페이지, 특정 장면, 특정 객체 중 적어도 하나에 연계하여 등록하고, 2단계에 만화 콘텐츠의 속성 정보를 이용하여 오디오 콘텐츠를 검색하여, 3단계에 만화 콘텐츠의 제공 시 만화 콘텐츠에 연동하여 오디오 콘텐츠를 제공한다. 음악을 선곡할 때는 시간, 계절, 날씨 위치 등의 환경 정보를 함께 고려한다(이성용, 2024.5.12.).

음원 사이트나 유튜브에는 웹툰 OST 모음도 인기를 끌고 있다. 〈취향저격 그녀〉에 산들의 '취기를 빌려', 규현의 '내 마음이 움찔했던 순간', 정은지의 '너의 밤은 어때', 카더가든의 '밤새' 등이 있고, 〈바른연애 길잡이〉에는 적재의 나랑 같이 걸을래, 김준수의 '사랑하고 싶지 않아', 양요섭의 '한 번에 알아본 사랑' 등이 있다(Music is my life. 2020.12.19.).

▌그림 76. 네이버 웹툰의 BGM 선곡 절차

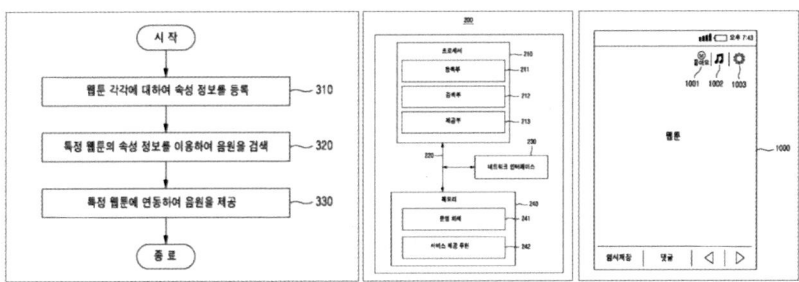

* 자료: 윕스온(2024.2.13.).

6) 네이버 웹툰의 AI 큐레이터

'AI 큐레이터'는 딥러닝과 머신러닝을 기반으로 네이버 웹툰이 자체 개발한 콘텐츠 추천 기술이다. 웹툰·웹소설 콘텐츠 추천에 특화되어 있으며 열람과 결제까지 이어질 정도로 취향에 맞는 작품을 추천할 가능성을 더 높였다.

이 기능 단순히 인기순이 아닌 이용자의 취향과 작품의 특성을 분석해 추천함으로써 더 다양한 작품들이 이용자에게 발견되고, 연결될 수 있도록 지원하고 있다. AI 큐레이터는 트랜스포머 기반 추천 모델과 강화학습 기반 추천 모델 등이 시스템에 활용되었으며, 연재 형식이라는 네이버 웹툰 서비스의 특성과 이용자의 장기 취향을 고려했다는 점이 가장 큰 차별점이다. 또한, 이용자의 클릭, 열람, 결제 등 이용 정보를 고려해 이용자와 유사한 취향의 독자가 선호하는 작품, 특정 작품 열람 이용자들이 좋아하는 작품 등 독자가 실제 열람 및 결제할 가능성이 높은 작품을 개인화해 추천한다(네이버 웹툰, 2024.6.28.).

네이버 웹툰은 2024년 6월 말 네이버 웹툰 앱 진입 시 나타나는 작품 노출 순서의 기본값을 '인기순' 정렬에서 'AI 큐레이터'를 기반으로 하는 '알아서 딱!' 정렬로 변경했다. '알아서 딱!'은 대중적 인기와 상관없이 이용자의 취향과 선호를 고려해 AI가 추천하는 작품을 우선 노출하는 방식이다.

■ 그림 77. 네이버 웹툰의 AI 큐레이션이 선정한 작품이 노출된 화면

* 자료: 네이버 웹툰.

　'인기순(대조군)' 정렬 데이터와 '알아서 딱!(실험군)' 정렬 데이터를 비교 분석한 결과, '알아서 딱!'으로 작품이 추천될 경우 다양한 기준에서 '시장 집중도(허핀달-허쉬만 지수(Herfindahl-Hirschman index, 이하 HHI)'가 모두 감소했다. HHI는 시장집중도를 측정하는 경제학 지표다. 지수가 낮아질수록 기업 간 경쟁이 활발해져 시장 쏠림이 덜하다는 것을 의미한다. 클릭 수 HHI는 21.9% 감소했으며 열람 수 HHI는 12.2% 감소, 결제 수 HHI는 23.4% 감소, 노출 대비 클릭률 HHI는 23.6% 감소했다(안희정, 2024.12.10.). 디지털 경제에서는 확증편향과 체임버 효과가 큰 문제로 대두되는데 이를 해결하기 위한 꽤 바람직한 움직임이다.

■ 그림 78. 하이프툰의 AI 웹툰 제작 툴

* 자료: 하이프툰.

7) 하이프툰의 AI 기반 웹툰 제작 툴

하이프툰(Hype Toon)은 DAO(Decentralized Autonomous Organization, 탈중앙화 자율 조직)가 운영하는 탈중앙화 웹툰 콘텐츠 플랫폼으로 블록체인 기반에서 창작자와 팬을 연결하는 웹3 웹툰 플랫폼이다. 2025년 1월 현재 9만 8천 명의 멤버가 등록되어 있고, 웹툰은 3천 편이 서비스되고 있었으나, 2025년 7월 현재 서비스가 안 되고 있다.

AI 기반 웹툰 제작 툴은 2024년 베타 버전을 거쳐 2025년 알파 버전을 출시하겠다고 밝혔다(하이프툰, 2023: 21). 컨셉 작업부터 최종 마무리까지의 기간을 90% 절약할 수 있다고 안내하고 있다. 하이프툰은 웹툰 창작 과정에서 채색뿐만 아니라 스토리 생성, 그림 생성에도 적극 참여하는 인공지능을 제공할 계획이다(엄금희, 2023.10.11). 하이프툰의 인공지능은 텍스트에 따라 이미지를 생성하는 딥러닝 모델인 스테이블 디퓨전(Stable Diffusion)을 기본 엔진으로 활용하며, 누구든 스토리 아이디어만 있으면 웹툰을 창작할 수 있는 툴이다. 이 툴을 이용하는 작가는 웹툰 창작에 드는 시간과 노력을 절감할 수 있을 것으로 기대되고 있다(함민정, 2023).

▌그림 79. '젠버스'의 포트폴리오

* 자료: 젠버스.

8) 라이언로켓의 '젠버스'

라이언로켓은 2019년 설립된 이미지/영상 생성 AI 스타트업으로 2024년 AWS(아마존웹서비스)의 생성형 AI 스타트업 육성 프로그램에 선정됐다. 2023년 대표 서비스로 웹툰 제작 파트너 '젠버스(Genvas)'를 출시했다. 캐릭터 고정과 포즈 제어 기술로 웹툰 생산성을 90% 향상하겠다고 밝히고 있고, 실제로 40% 이상의 비용 절감 효과를 본 회사도 있다. 젠버스는 "독자적인 자체 AI 기술을 통해 기존의 웹툰 시장의 문제를 해결하고 10배 이상의 높은 생산성을 만듭니다. 모든 사람이 자유롭게 크리에이터가 될 수 있도록 웹툰 시장의 새로운 패러다임을 제시합니다"라고 설명한다.

내부의 학습시트를 활용하여 단 10장의 학습 이미지만으로 고퀄리티의 캐릭터 고정-구현이 가능하고, 웹툰에 가장 필요한 맥락에 맞는 일관적인 캐릭터 고정-구현이 가능하다. 기획안이 나오면 100일 만에 연재를 시작하며 일주일 최대 4회 연재를 지원한다.

■ 그림 80. 툰스퀘어의 '투닝' 소개 화면

AI 기반 나만의 맞춤형 학습 도우미

투닝 GPT는 학생들의 질문 능력과 정보 탐색 역량을 강화하며,
개인화된 AI 대화를 통해 맞춤형 학습 경험을 제공합니다.

대화하기

투닝 매직 AI
단어 몇 가지만 입력하면 상상한 이미지가 다양한 화풍으로 만들어져요.

투닝 에디터
클릭 몇 번만으로 웹툰, PPT 등 스토리텔링 콘텐츠를 쉽고 빠르게 완성합니다.

투닝 보드
에디터에서 완성한 나만의 콘텐츠를 친구들과 함께 모아보고 실시간으로 소통해요.

* 자료: 투닝.

9) 툰스퀘어의 '투닝'

투닝은 툰스퀘어가 개발한 글로 쓴 문장을 만화로 바꿔주는 AI 웹툰 서비스이다. 다시 말하면, 문장으로 표현한 스토리에 맞는 인물이나 배경 등을 웹툰으로 자동 탄생시키는 문장 기반 웹툰 자동 생성툴이다. 특허심사 중에 있는 이 기술은 첫째, 문장을 인식하고 인식된 문장 내에 포함된 적어도 하나의 단어를 각각 식별하는 단계, 둘째, 인식된 문장의 시작 지점 및 끝 지점 중 적어도 하나에 위치한 문장 부호의 종류를 식별하는 단계, 셋째, 식별된 문장 부호의 종류를 기반으로 문장을 일반 표현 문장, 대사 표현 문장 및 감정 표현 문장 중 어느 하나로 판단하는 단계, 넷째, 문장이 일반 표현 문장인 경우, 일반 표현 문장에 포함된 단어를 기반으로 만화 이미지를 자동 생성하는 단계, 다섯째, 문장이 대사 표현 문장 또는 감정 표현 문장인 경우, 대사 표현 문장 또는 감정 표현 문장의 주체를 파악하는 단계, 여섯째, 캐릭터 상에 대사 표현 문장 또는 감정 표현 문장을 말풍선 형태로 삽입하는 단계 등을 통해 자동으로 웹툰을 탄생시킨다(이성용, 2024.5.12.). 투닝은 이용자가 입력한

■ 그림 81. '투닝 스튜디오' 화면

* 자료: 투닝.

문장에 따라 만화 이미지를 자동으로 생성해주기 때문에 그림 솜씨가 없는 사람도 쉽게 원하는 만화 이미지를 획득할 수 있게 해주는 효과가 있다.

투닝은 투닝 GPT, 투닝 매직 AI, 투닝 에디터, 투닝 보드로 구성되어 있다. 투닝 GPT는 역사적 인물과 대화를 통해 학습하고 스토리를 구상한다. 투닝 매직 AI는 몇 개의 단어를 입력하면 상상한 이미지가 다양한 화풍으로 만들어 준다. 투닝 에디터는 클릭 몇 번만으로 웹툰, PPT 등 스토리텔링 콘텐츠를 쉽고 빠르게 완성한다. 투닝 보드는 에디터에서 완성한 나만의 콘텐츠를 친구들과 함께 모아보고 실시간으로 소통하게 한다.

툰스퀘어는 웹툰을 창작하는 생성형 AI 솔루션 투닝 스튜디오를 운영하고 있다. 세계 최초 웹툰 LCM(Latent Consistency Models)로 원하는 연출이 무엇이든 스케치로 이미지를 10배 빠르게 생성한다. 작가 화풍을 학습하여 저작권에서 자유로운 작가 전용 AI 캐릭터를 생성한다. AI는 매번 달라지는데 다양한 표정과 역동적인 동작에도

▌그림 82. '클립 스튜디오 페인트' 화면

* 자료: 클립 스튜디오..

캐릭터의 일관성이 유지되고, 다양한 구도나 2인 이상의 함께 있는 경우에도 정교한 표현이 가능하다. 명령어 없이 버튼을 조합하여 원하는 이미지를 생성할 수도 있다. 투닝 기능을 이용하여 만든 이미지로 AI 영상을 만들어 영화, 광고, 애니메이션, 교육 콘텐츠 등에 적용이 가능하다. 이렇게 만든 IP의 수익화를 위해 AI 웹툰 플랫폼 '툰비(Toonbe)'를 론칭했다.

10) 셀시스의 '클립 스튜디오 페인트 EX'

클립 스튜디오 페인트는 코믹 스튜디오와 일러스트 스튜디오 등을 개발한 일본의 셀시스(CELSYS)에서 개발한 비트맵 & 벡터 기반의 페인팅 툴이다. 제작 장르는 컨셉 아트 및 페인팅, 캐릭터 및 드로잉, 디자인 및 일러스트, 만화 및 웹툰, 애니메이션이 있다.

웹툰은 클립 스튜디오 페인트에서 컬러 만화, 모노크롬 만화, 웹툰용의 세로로 긴 형식과 같은 프리셋이 있어 바로 작품을 제작할 수 있다. 컷 나누기, 말풍선, 효과선, 특수 자 등 다양한 도구가 있다. 웹툰 제작에 특화된 기능에도 충실하여 세로로 긴 원고 전체를 확인할 수 있으며 스마트폰의 화면 비율로 작품을 미리 확인할

▌ 그림 83. 헬릭스 쇼츠의 제작 과정

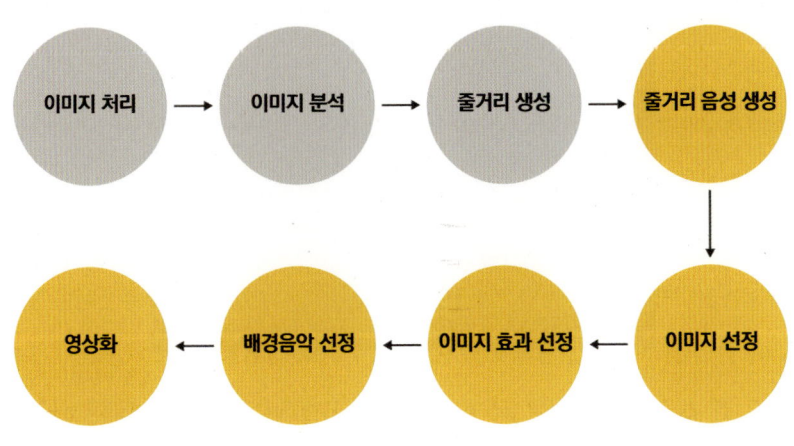

* 자료: 카카오(2024.11.1).

수 있다. 여러 개의 이미지로 분할하여 내보낼 수 있는 웹툰 내보내기, 팀 작업을 가능하게 해주는 기능 등도 탑재되어 있다.

11) 카카오엔터테인먼트의 헬릭스

헬릭스 큐레이션(Helix Curation)은 AI 개인화 기반의 IP 자동 편성 기술이다(카카오엔터테인먼트, 2024.4.30.). 헬릭스(Helix)는 원래 '나선'을 뜻한다. 카카오엔터테인먼트는 여기에 '인간의 경험을 학습하고, 이를 향상시키며, 확장해 나가겠다(Humanity Experience Learning Improvement eXpansion)'는 의미를 더해 23년 9월 정식 서비스를 시작했다.

헬릭스는 이용자들이 콘텐츠를 가장 필요로 하는 시간에, 가장 흥미롭게 느낄 콘텐츠를 전달하는 것을 핵심 목표로 삼았다. 1만여 개 오리지널 IP를 보유한 카카오엔터테인먼트는 국내 최대 웹툰, 웹소설 플랫폼인 카카오페이지를 통해 넓은 스펙트럼의 작품들을 선보이고 있으며, 콘텐츠 누적 규모도 나날이 커지고 있다. 이 다채로

▍그림 84. 헬릭스 서비스의 컨셉

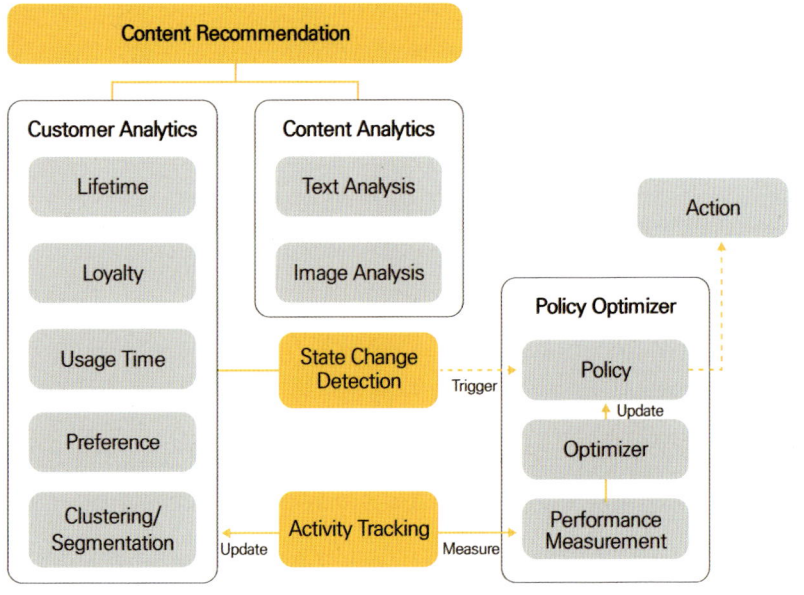

* 자료: 카카오.

운 작품들 사이에서 이용자 스스로 작품을 탐색하는 과정은 의미 있지만, 한편으로 키워드 검색과 작품 선택에 많은 시간과 노력이 필요하다.

헬릭스 푸시는 개별 이용자를 대상으로 맞춤형 푸시 메시지로 작품을 추천하는 서비스로 생애주기 예측 모델, 이용량 및 이용시간 예측 모델, 작품 선호도 모델, 이용자 작품 열람 성향 분류 모델이 있다. 이용자가 로그인 후 플랫폼을 방문하고 콘텐츠를 구매하면 AI가 자체적으로 개별 이용자의 방문, 열람, 구매 데이터를 학습하고, 이를 바탕으로 이용자가 가장 선호할 것으로 여겨지는 작품과 시간대를 결정한다. 헬릭스는 이 결과를 바탕으로 이용자에게 해당 작품과 혜택을 포함한 푸시를 보낸다 (카카오 Tech Ethics. vol. 6).

카카오엔터테인먼트는 '헬릭스 큐레이션'에 이어 2024년 2분기에 '헬릭스 쇼츠 (Helix Shorts)'를 공개했다. 이 기능은 웹툰, 웹소설 CP사(Content Provider)를 대상으로 개최한 '카카오엔터테인먼트 스토리 비즈니스 데이 2024(SBD 2024)'에서 발표한 바 있다. '헬릭스 쇼츠'는 AI가 웹툰/웹소설 스토리를 짧게 요약한 영상(쇼츠)을 세삭하는 기술로, 완성된 쇼츠를 앱 내 홈화면에 띄워서 열람으로 이어지게 한다. 기존에도 작품 쇼츠를 만들어 SNS에 선보여 왔지만, AI를 통해 쇼츠를 제작하면 제작 기간과 비용을 축소할 수 있기에 더 많은 쇼츠를 제작하고, 그에 따른 다량의 작품 노출 효과를 가져올 수 있다.

헬릭스 쇼츠는 GPT-4o와 w vision 생성형 AI 기술을 사용하여 만든 웹툰 미리보기 서비스이다. 헬릭스 쇼츠는 기존에는 약 3주 소요되던 제작방식을 약 3시간으로 줄였다. 기존에는 십여 개를 수백 개로 만들 수 있게 했다. 제작비도 기존에는 200만 원에서 5만 원으로 감소시켰다. 무엇보다 쇼츠가 노출된 하단 영역 거래액이 40%가 증가한 데서 그 효용의 가치를 알 수 있다(카카오, 2024.11.1.).

12) '딥툰'

딥툰(Deeptoon)은 인공지능 웹툰제작 플랫폼(AI Webtoon Production Platform)이다. 사람이 컷마다 일일이 그려야 하는 기존 웹툰의 개념에서 벗어나, 누구나 시나리오만 있으면 생성 AI의 도움을 받아 쉽고 빠르게 웹툰 제작이 가능하다.

한국전자통신연구원(ETRI)은 2021년부터 웹툰 자동 생성 기술 '딥툰'을 개발 중이라고 밝혔다. 작가가 시나리오를 짜고 작품 초고인 스케치를 입력하면 인공지능 딥러닝(Deep Learning·기계 자체 학습) 기반 시스템이 기존 작품으로 학습한 정보를 활용해 나머지 제작과정을 처리하는 방식이다. 연구원 측은 "민간 업체 등의 사용으로 기능이 더 개선되면 상용화로 이어질 것"이라 전망했다(윤태현, 2022.3.1.).

딥툰은 인공지능을 활용하여 사용자가 제공한 시나리오와 콘티를 바탕으로 웹툰을 자동으로 생성하는 플랫폼이다. 딥툰으로 아이디어 구현(스토리 작가, 창작자들이 자신의

▍그림 88. '세이브 더 AI 캣'의 시연장면, 엘프작가(조지훈)

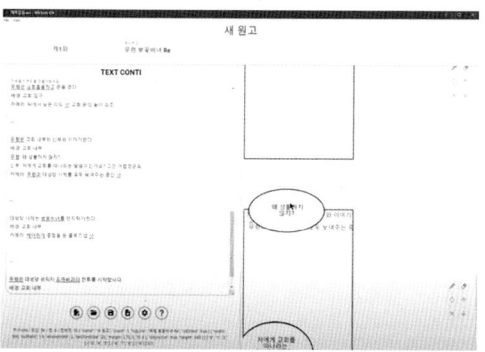

* 자료: 김한재(2023.5.26.).

브 더 캣: 모든 영화 시나리오에 숨겨진 비밀)』(2007)에서 이름을 따 온 듯하다. 할리우드 시나리오 작가 블레이크 스나이더는 자신이 제시한 BS2의 우수성과 범용성을 소개하는데, 스토리를 15단계로 정리하였다.

'세이브 더 AI 캣'(2020)과 '세이브 더 AI 웹툰'(2021)은 한국콘텐츠진흥원에서 진행된 콘텐츠임팩트 프로젝트의 일환으로 김한재, 조지훈, 김종익, 이림경, 문태연 작가들에 의해 개발된 인공지능 기반의 글 작성 보조 프로그램이다. '세이브 더 AI 캣'은 작가의 입력을 바탕으로 문맥을 파악하고 새로운 시나리오를 제안하며, 작가가 사용한 단어 중에서 유사한 의미의 단어나 관련된 힌트를 제공하여 창의적인 아이디어를 도출하고 완성도 높은 글 작성을 지원한다.

또한 '세이브 더 AI 웹툰'은 문장에 알맞은 그림 콘티를 자동으로 생성하는 프로그램을 개발하고 있으나, 저작권 문제와 데이터 수집의 어려움으로 인해 개발이 지연되고 있지만 조지훈(엘프화가)이 지속 연구 중에 있다(김한재, 2023.5.26.).

AI를 활용하여 웹툰을 제작하려는 시도는 지속되고 있다. 중국의 량원펑이 오픈AI의 18분의 1의 비용으로 챗GPT를 뛰어넘는 딥시크 R1을 개발했듯이 새로운 웹툰 제작툴이 나오기를 기대한다. 유경호(2023)는 AI를 활용하여 첫 번째 단계에서는

▎그림 87. 어도비에서 공개한 '코믹 블라스트' 시연장면

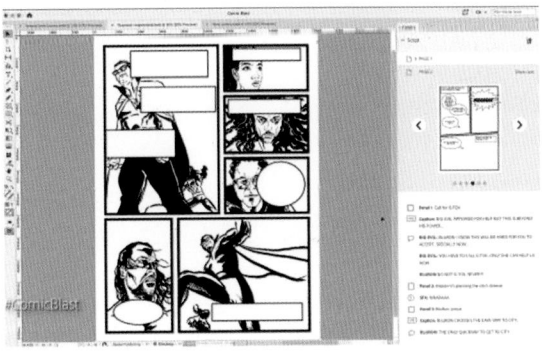

* 자료: 동우샘(2021).

14) 어도비의 '코믹 블라스트'

포토샵 등 다양한 창작도구를 제공하는 어도비(Adobe)는 2020년 신규 서비스 공개 행사인 어도비 맥스(Adobe Max)에서 만화 전문 창작도구인 '코믹 블라스트(Comic Blast)'를 공개했다. 코믹 블라스트는 MS 워드에서 작성한 메모를 자동으로 콘티로 작성하고, 말풍선을 채우거나 칸 구성을 해주는 등 창작에서 많은 시간을 잡아먹는 콘티 단계를 크게 도와주는 기능을 선보였다. 뿐만 아니라 이야기의 분기점 만들기, 웹페이지에서 창작자가 독자에게 제공할 수 있는 분기점 생성은 물론 2D 이미지에 움직임 자동 삽입, 3D 스캔한 얼굴을 자동으로 2D 변환해 사용할 수 있도록 렌더링하는 기능, 실시간 클라우드 기반 협업 등 인공지능 기반의 기술이 다수 포함됐다(동우샘, 2021).

15) 콘텐츠 임팩트의 '세이브 더 AI 캣'

'세이브 더 AI 캣' 프로젝트는 스토리 제작과 콘티 단계까지 인공지능의 도움을 받을 수 있도록 하는 도구를 만들고 있다. 작법으로 유명한 책 『Save the Cat! Goes to the Movies: The Screenwriter's Guide to Every Story Ever Told(세이

▌그림 86. '노벨 AI'가 작성한 이미지

* 자료: 인포포포.

13) 안라탄(Anlatan)의 '노벨 AI'

노벨AI(Novel AI)는 스테이블 디퓨전 기반으로 2022년 10월 출시된 그림 인공지능 프로그램으로 보통 Novel AI Diffusion 혹은 NAI Diffusion이라고 부른다. 노벨 AI는 입력한 문장의 문맥을 분석한 뒤, 이어지는 스토리와 대사를 즉석에서 '창작'해 내는 방식으로 유명하다. 이미지 제너레이터는 "자동차를 타고 있는 대머리 남자의 사진을 그려줘"나 "영화 대부에 호머 심슨이 등장했다면 어떤 모습일지 그려줘" 식으로 스크립트만 입력하면 그에 상응하는 사진이나 그림을 그려주는 프로그램으로, 과거에도 달리(DALL·E) 2나 달리미니(DALL·E mini) 등이 꽤 높은 퀄리티를 보여주며 인기를 끌었는데 노벨 AI의 경우 만화풍 일러스트를 그리는데 높은 실력을 보이며 인기를 끌고 있다.

노벨 AI는 소설을 작성해 주는 사이트로 시작했지만 요즘은 AI 이미지 생성 이용자가 훨씬 많아졌다(FOFOFO, Mozzida). 프롬프트를 직관적으로 만들 수 있는 사이트 (https://novelai.app/)도 있다.

■ 그림 85. '딥툰' 홈페이지

* 자료: www.deeptoon.com.

아이디어를 웹툰 형태로 시각화), 빠른 프로토타입 제작(웹툰 기획자들이 제작 전에 스토리의 전체적인 느낌을 확인 가능), 개인 프로젝트(독립적인 웹툰 창작 및 SNS 공유용 콘텐츠 제작), 비즈니스 활용(광고, 교육, 마케팅 콘텐츠로 웹툰을 활용하여 메시지를 효과적으로 전달)이 가능하다(다모아AI). 구체적으로 딥툰에서 프로젝트와 에피소드 제목을 만들고 '체인지' 샘플을 활용하여 시나리오를 작성한 후, 자동 각색, 자동 셋업, 자동 콘티를 만들 수 있다.[19]

---

19   딥툰 공지사항에 있는 더 자세한 사용법은 다음과 같다. 1) Producer 메뉴에서 프로젝트와 에피소드를 만든다. 2) Writer 메뉴에서 Sample 버튼을 눌러 딥툰에서 제공하는 샘플 프로젝트 '체인지'의 시나리오를 로드한다. 3) Writer 메뉴에서 Convert 버튼을 사용하면 정리되지 않은 소설이나 글콘티 또는 딥툰 표준 포맷에 맞지 않는 시나리오도 AI가 딥툰 표준 포맷에 맞게 각색을 해 준다. 4) Setup 메뉴에서 Create Prompt 버튼을 클릭하면 캐릭터, 배경 프롬프트가 자동으로 생성되고, Create Image 버튼을 클릭하면 자동으로 캐릭터, 배경 이미지를 생성해 볼 수 있다. Send 버튼을 누르면 저장된다. 5) Director 메뉴에서 테이크를 생성한 이후 연출하고 싶은 이미지 썸네일을 고르고 Pick 버튼을 클릭하고 Generate Pose 버튼을 클릭하면 뼈대로 표시되며 원형 포인트를 마음대로 옮겨서 수정하거나 오른쪽 포즈 셀렉터와 애드 포즈 버튼 또는 단축키를 이용하여 포즈 변경, 추가, 삭제, 복사, 첨부, 좌우, 앞뒤 변경 등의 다양한 편집이 가능하다. 포즈 수정 이후 Save Skeleton 버튼을 클릭하면 포즈를 Skelton 형식으로 저장할 수 있다. 우측 콘티타입 셀렉터에서 5번 스켈레톤을 선택한 후 Generation 버튼을 누르면 수정한 포즈로 컷 이미지를 재생성할 수 있다.

▎그림 89. 챗GPT(달리)로 생성한 이미지

* 프롬프트: 눈 속에서 놀고 있는 포메라이안

생성하고자 하는 트리트먼트와 가장 유사한 이미지를 데이터 셋에서 찾고, 두 번째 단계에서는 가장 유사한 이미지를 Depth-to-Image 모델에 텍스트와 함께 입력하여 웹툰을 생성하는 방법을 연구하였다(46쪽).

16) 오픈AI의 '달리'

달리(DALL·E)는 오픈AI(OpenAI)에서 개발한 AI 기반 이미지 생성 도구이다. 텍스트 설명을 입력하면 AI가 자동으로 이미지를 생성한다. 2023년 오픈AI가 이미지 생성 AI '달리'의 새로운 버전인 '달리 3'를 출시하고 이를 챗GPT에 통합하였다. 달리 3는 챗GPT와 통합, 사용자가 이미지에 필요한 구체적인 프롬프트를 입력해야 할 필요가 없어지게 됐다. 대화하듯 이미지를 설명하고 프롬프트를 작성해 달라고 요청하면 챗GPT가 프롬프트를 생성하고, 이를 토대로 '달리 3'가 이미지를 생성한다. 세부적인 사항도 추가할 수 있고, 생성된 이미지에 대한 부분 수정 작업도 가능하다(박찬, 2023.9.21.).

박하나(2023)는 이미지 생성 AI 달리(DALL·E)의 활용 사례를 살펴본 논문에서 달리(DALL·E)는 첫째, 디자이너와 예술가에게 상상의 이미지를 시각화 시켜주는 도구로

▌그림 90. '스테이블 디퓨전'의 화면

* 프롬프트: op art dog illusion red blue chromostereopsis maximum saturation
* 자료: 스테이블 디퓨전.

창의적 영감의 원천으로 활용될 수 있고, 둘째, 이미지 생성 AI는 기업의 광고나 마케팅, 홍보에 적용하여 상업적인 도구로 활용이 가능하며, 셋째, 다양한 분야의 디자인 산업에 이미지 생성 AI 기술이 활용되면 디자이너의 작업을 돕는 조력자로서 역할을 할 수 있으며, 넷째, 이미지 생성 AI는 예술가들에게 창작을 실현하는 도구로 다양한 창의성을 실험할 기회를 제공할 수 있음을 확인하였다.

17) 스태빌리티 AI의 '스테이블 디퓨전'

스테이블 디퓨전(Stable Diffusion)은 스태빌리티 AI(Stability AI)에서 2022년 8월 출시한 오픈소스 라이선스로 배포한 문장을 이미지로 만들어 주는(Text-to-Image) 인공지능 모델이다. 2024년 2월 3.0 버전을 출시했다.

대다수의 이미지 인공지능들은 온라인에서만 서비스하는데, 스테이블 디퓨전은 개인의 PC로 실행 즉 '로컬 환경'으로 설치 및 실행할 수 있는 게 큰 차이점이다. 엔디비아의 GPU가 있어야 설치도 쉽고, 잘 작동하고 Web UI를 통해 PC에서 사용할 수 있고, 스태빌리티 AI에서 API 키를 발급받아 구글 코랩(Colab)을 통해서도 이용하면 매우 편리하다.[20] 'Stable Image Ultra', 'Stable Image Core', 'Sd3 and SD3.5', 'Sketch', 'Structure', 'Style', 'Upcale', 'Conservative Upscaler' 등을 기본으로 제공한다.

18) 미드저니의 '미드저니'

미드저니(Midjourney)는 텍스트를 입력하면 AI가 이미지를 생성해 주는 (Text-to-Image) 모델로, 스테이블 디퓨전과 함께 현시점 가장 유명하면서 생성되는 이미지의 퀄리티가 높은 AI 이미지 제너레이터다. 가입부터 이미지 생성/편집까지 모든 작업이 디스코드 서버에서 이뤄진다. 즉, 디스코드 앱 설치(PC에서는 웹앱 사용 가능) 및 가입이 필요하다.

기본적으로는 디스코드에서 공개방 형식으로 작업물이 생성된다. 즉, 내가 작업하는 것을 누구든지 볼 수 있고 누구나 작업물을 다운로드할 수 있다. 디스코드에서 개인 서버를 만들어서 작업하더라도, 미드저니 홈페이지에는 실시간으로 이미지와 이미지 생성에 사용된 프롬프트가 공유된다.

2022년 9월 미국 콜로라도 주정부가 개최한 미술 공모전 디지털 아트 부문에서 제이슨 앨런이 출품한 '우주 오페라 극장(Théâtre D'opéra Spatial)'이 1위를 차지했는데, 미드저니를 이용해 만들었다고 밝혀 예술계가 발칵 뒤집어졌다.

미드저니는 유료 구독을 통해서만 사용할 수 있으며 2025년 7월 현재 가장 저렴한 구독 베이직 플랜의 월 비용은 10달러, 15시간을 이용할 수 있는 스탠다드는 30달러이다. 내 작업물을 타인이 보지 못하게 하는 스텔스(Stealth) 모드가 있는 프로(Pro)는 60달러, 메가(Mega)는 120달러이다. 다른 그림 인공지능들과는 달리, 스탠다드 플랜 이상의 요금제만 결제하면 무한정 사용할 수 있다. 달리(DALL.E 2)나 노벨은 그림이나

---

20 https://colab.research.google.com/drive/161kWIr0igIzAlWUGnm99eH2WhzJKJSDD#scrollTo=pVBZ1o3fH1HX

▎그림 91. '미드저니'로 만든 '우주 오페라 극장'

* 자료: commons.wikimedia.org.

▎그림 92. '미드저니'의 화면

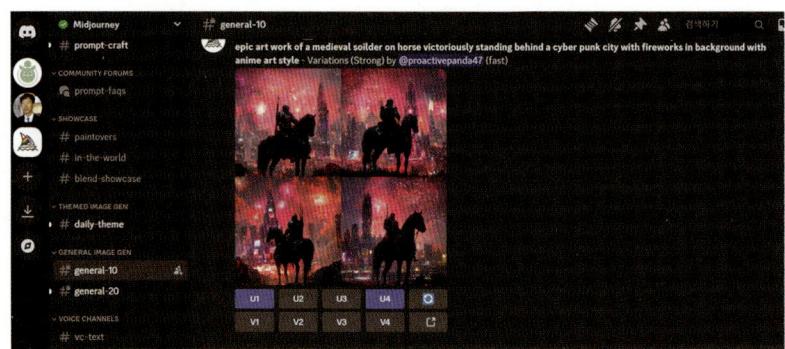

* 자료: www.midjourney.com.

사진을 생성할 때마다 토큰 혹은 화폐를 소모하며 다 사용하면 돈을 추가로 더 내야 하므로 월 정액제의 장점이 있다.

V6부터는 자연어 처리 능력 강화 및 텍스트 생성이 가능해졌으며, 출력하고자 하는 텍스트 내용을 큰따옴표로 둘러싸면 된다.[21]

21　https: //namu.wiki/w/Midjourney#rfn-5

▌ 그림 93. '니지·저니'의 웹 화면

* 자료: www.nijijourney.com.

19) '니지·저니'

니지·저니(Niji·journey)는 디스코드에서 일본 애니메이션 이미지를 만들어내는 특화된 모델이다. 홈페이지에는 "스펠브러시(Spellbrush)와 미드저니(Midjourney)의 뛰어난 정신이 함께 디자인한 마법 같은 콜라보레이션"으로 "당신만을 위한 맞춤형 애니메이션 일러스트레이션을 그리는 최첨단 AI"라고 소개되어 있다. 홈페이지에 이미지별로 프롬프트를 확인할 수 있어 다른 곳에서도 입력하여 비교할 수 있다. 2025년 7월 현재 월이용료는 베이직 8달러, 스탠다드 24달러, 프로 48달러, 메가 96달러이다.

니지·저니는 개인화 모델을 제공하여 "--p" 파라미터를 사용하여 개인의 고유한 스타일을 디자인할 수 있다. 이미지 생성 결과물에서 고유한 코드를 얻어서 향후 동일한 스타일을 유지하며 이미지를 생성할 수 있다. 또한, 이 코드(예. /imagine knight with green hair --p q9qrcqo)를 공유하면 타인이 사용할 수도 있다.

디스코드에서 작업을 할 수도 있고, 웹에서 할 수도 있다. 미드저니에서 니지·저니를 일회성으로 사용하고 싶을 때는 미드저니 프롬프트를 입력하고 매개변수로 '--niji 6'만 입력하고, 계속해서 이용하고 싶을 때는 세팅에서 'Niji Model V6'를 선택하고 이미지를 생성하면 된다(핌포나, 2024.3.19.).

▌그림 94. '스냅툰'의 화면

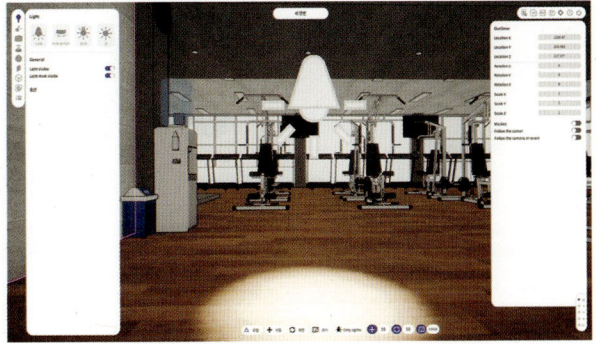

* 자료: www.snaptoon.co.kr.

20) 데비올렛의 '스냅툰'

스냅툰(Snaptoon)은 3D를 쉽게 다룰 수 있게 만든 툴로 조명, 스타일, 카메라를 통해 원하는 장면을 연출할 수 있다. 게임을 하는 듯한 조작법으로 스냅툰 자체 모델링 외에도 스케치업 파일 역시 사용이 가능하도록 개발이 되었다. 이동과 클로즈업, 화각과 조리개 등의 카메라 연출은 물론 조명, 선 변형이나 추출 등, 만화에 적합한 소스로 변환하여 별도의 보정과정 없이 배경으로 바로 사용하기 쉽게 서비스가 되고 있다. 졸업예정자는 무료모델링 등의 서비스도 하고 있다(김한재, 2023.5.26.).

스냅툰웨어하우스에서 기존에 만들어진 작품을 구매하여 사용할 수도 있다.

21) 오노마에이아이의 '투툰'

오노마에이아이(OnomaAI)의 '투툰(Tootoon)'은 시나리오 작성부터 스토리보드 이미지 생성까지 웹툰 창작을 AI 기술로 보조하는 도구로, 작가의 캐릭터 그림체를 학습하여 웹툰 제작을 지원한다. '투툰'은 패뷸레이터(기획), 아티펙스(선화), 아니마(일러스트레이션), 엠포리움(캐릭터, 베타 버전) 등의 상호 연결된 도구를 통해 창작 과정을 지원한다. 특히 아니마 디퓨전은 여러 에피소드에 걸쳐 일관된 그림체 유지를 목표로

260　이현세 AI로 영생하다

▎표 11. '니지·저니'와 '야누스 AI 프로' 비교

니지·저니	야누스 AI 프로

* 프롬프트: Anime boy with brown hair, smiling and reaching out to the viewer from behind an overgrown garden filled with flowers, wearing a white shirt, black pants, and suspenders. Text "Poster of the Day" in white font at the bottom center, in the style of anime aesthetic.
* 필자가 니지·저니와 야누스 AI 프로로 작성.

하며, 캡션을 추가하여 인체 표현을 세밀하게 조정할 수 있다.

투툰의 직관적인 사용자 인터페이스는 초보자부터 전문가까지 누구나 쉽게 접근할 수 있으며, 그림체 및 문체 학습 기능을 통해 작품의 스타일을 창의적으로 표현할 수 있게 설계되었다.

오노마에이아이의 인공지능(AI) 기반 콘텐츠 창작 엔진 '투툰'(TooToon)이 세계 최대 정보 기술 전시회인 CES 2025에서 인공지능과 콘텐츠&엔티테인먼트 2개 부문의 수상자로 선정됐다(송재민, 2024.11.14.).

22) 딥시크의 '야누스 AI 프로'

야누스 AI 프로[Janus AI Pro(www.janusai.pro/ko)]는 딥시크(Deepseek)에서 출시한 이미지 이해와 생성 기능을 모두 결합한 고급 통합 멀티모달 AI 모델이다. 홈페이지에는 이전 작업인 야누스의 고급 버전이고, 야누스 프로에는 최적화된 학습 전략, 확장된 학습 데이터, 더 큰 모델 크기로의 확장 기능이 통합되어 있다고 설명되어 있다.

■ 그림 95. '로어 머신'의 홈페이지

* 자료: www.loremachine.world.

플럭스(Flux)는 멀티모달 기능은 없지만, 고품질 이미지를 빠르게 생성하는 데 탁월하다고 설명한다.

아래 그림은 니지·저니 프롬프트를 그대로 야누스AI에 넣었더니 바로 나온 이미지이다. 두 개를 비교하니 꽤 유사하여 가성비가 훌륭하다.

23) 모던 아츠의 '로어 머신'

모던 아츠가 만든 로어 머신(Lore Machine)은 장문의 스토리를 입력하면, 스토리에 맞춰 다양한 스타일의 이미지나 사운드, 애니메이션을 생성해 웹툰이나 그래픽노블을 만들어 주는 인공지능(AI) 도구로 '일관성 유지'가 가장 큰 장점으로 꼽힌다. 이미지 생성에는 스테이블 디퓨전을 활용하고 있으며, 자체 개발한 언어모델을 내장하고 있다. 이 도구는 텍스트 프롬프트에 단편 소설이나 대본 등을 입력하여 일관성 있는 이미지를 생성해 웹툰 등을 제작할 수 있다. 대본, 책, 짧은 스토리, 팟캐스트, 아티클 등을 업로드하고 수백 개의 아트 스타일을 선택하고 캐릭터를 만든 다음 영상화(visualize) 버튼을 클릭하면 된다. 이용료는 월 10~160달러로 운영되는데, 한 달에 10달러(Easy-Start)를 내면 10만 단어를 업로드하여 80개의 이미지를 만들 수 있고,

▌그림 96. 시비타이의 'Hassaku XL' 정보 표시창

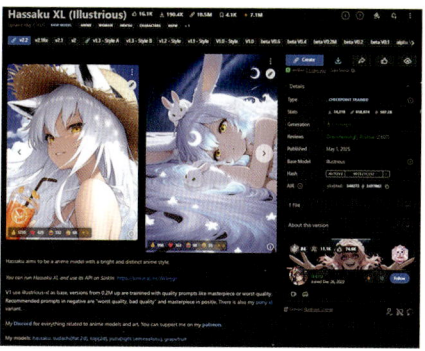

* 자료: www.civitai.com.

가장 비싼 160달러(Enterprise)짜리는 224만 단어로 1,792개의 이미지를 생성해 낼 수 있다. 이미지는 북미식 카툰부터 일본식 만화, 수채화, 실사형 등으로 다양하게 커스터마이징할 수 있으며, 스토리보드에 따라 장면을 선택하고 생성해 작품을 완성한다. 모던 아츠는 이 도구를 활용, 현재 넷플릭스 인기 애니메이션 '러브, 데스+로봇' 만화 시리즈를 개발 중이다(임대준, 2024.3.6.).

24) 시비타이

시비타이(Civitai)는 다양한 창작자들이 올린 AI 이미지 학습 모델과 프롬프트 정보들을 모아 놓은 곳으로 AI 이미지 생성을 위해 찾는 큰 규모의 플랫폼이다. 스테이블 디퓨전과 연계하여 활용할 수 있으며 '체크포인트', '로라', 'VAE' 등의 모델을 주로 활용한다. 시비타이 플랫폼 상단 메뉴에는 '모델', '이미지', '비디오', '포스트' 등으로 구분되어 있고, 모델 메뉴를 보면 '캐릭터', '스타일', '셀레브리티', '컨셉', '옷', '베이스 모델', '포즈', '배경' 등의 다양한 메뉴를 통해 원하는 이미지를 손쉽게 검색할 수 있다. 또 해당 이미지를 클릭하면 프롬프트 정보가 표기되어 있다. 스테이블 디퓨전만을 활용하여 원하는 포즈와 표정, 완성도 높은 이미지를 만들어 내기가 어렵기

▌그림 97. '오픈아트'의 화면

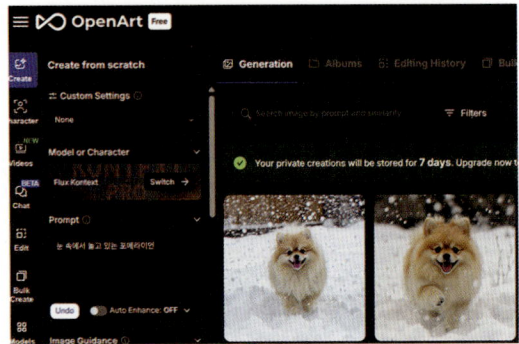

* 자료: www.openart.ai.

때문에 시비타이 등의 플랫폼을 통해 정보와 자료를 얻어 적용하는 것이다. 특히 AI를 통해 구현하기 어려운 다양한 동작이나 자연스러운 표정 등이 잘 묘사되어 있다는 평가를 받고 있다(백종성, 2024.3.9.).

25) '오픈아트'

오픈아트(OpenArt)의 AI는 전 구글 직원이 샌프란시스코에서 오픈AI의 기계학습 알고리즘을 기반으로 개발한 AI 예술 생성기이다. 오픈AI의 달리 100과 같은 3개 이상의 모델과 스타일을 사용하여 사실적인 이미지부터 애니메이션 및 유화 스타일에 이르기까지 다양한 예술적 스타일을 생성한다. 이미지 업스케일러, 스톡 이미지 변환기 및 스케치의 이미지화 기능이 있다. 장점의 하나는 생성한 이미지를 플랫폼에서 직접 편집할 수 있다는 점이다(Janine Heinrichs, 2024.9.12.).

■ 참고문헌

【단행본】

김동철. 2021. 『뉴스를 전합니다 빅데이터와 인공지능』. 영진닷컴.
노가영, 김봉제, 이상협. 2022. 『2023 콘텐츠가 전부다』. 미래의 창.
대중서사장르연구회. 2009. 『대중서사장르의 모든 것 2: 역사허구물』. 이론과실천.
박인하. 2018. 『이현세』. 커뮤니케이션북스
박인하, 김낙호. 2012. 『한국현대만화사 1945~2010』. 두보CMC
서은영. 2024. 『웹툰, 시대를 읽다』. 역락.
이상훈, 이현세. 2021. 『바스락 : 김하락』. 광복회.
이현세. 2014a. 『내 인생의 책 이현세 편』. i-경향북스.
_____. 2014b. 『인생이란 나를 믿고 가는 것이다』. 토네이도.
_____. 2024~. 『늑대처럼 홀로』. 학산문화사.
장상용. 2004. 『한국대표만화가 18명의 감동적인 이야기 2』. 크림슨.
잭 런던. 임종기 역. 2010. 『야성의 부름(The Call of the Wild)』. 문예출판사.
정준영. 1994. 『만화보기와 만화읽기』. 한나래.
천호준, ChatGPT. 2024. 『AI가 웹툰에 미치는 영향: 인공지능이 바꾸는 웹툰의 미래』. 작가와.
최열. 1995. 『한국만화의 역사』. 열화당.

【논문】

곽동균, 김남두, 주성희, 황현정. 2024. 「생성형 AI가 미디어 분야에 미칠 영향」. 『KISDI Premium Report』. 정보통신정책연구원.
김재필, 성승창, 홍원균. 2013.10.18. 「웹툰 플랫폼의 진화와 한국 웹툰의 미래」. KT경제경영연구소. https://www.slideshare.net/slideshow/ss-27343196/27343196
김지은, 오나예, 박진완. 2024. 「웹툰 제작 과정에서의 인공지능 기술 활용 방안 연구」. 《디지털콘텐츠학회 논문지》, 제25권 제6호, 1399~1409.
박하나. 2023. 「이미지 생성 인공지능(AI) 달리(DALL·E)의 활용 사례 연구」. 《조형미디어학》, 제26권 제1호, 102~110.
성연창, 김은정. 2023. 「출판만화에서 웹툰으로: 피터슨의 육면 모델 이론으로 분석한 한국 웹툰 산업의 이행 과정」. 《PREVIEW : 디지털영상학술지》, 제20권 제3호, 59~84.
유건식. 2022.11.11. 「웹툰이 미디어 생태계에 미치는 영향과 전망」. 『2022 제10차 세계웹툰포럼 발제집』. 한국만화영상진흥원.
유경호. 2023. 「멀티모달 AI를 적용한 웹툰 생성 연구」. 국내박사학위논문. 조선대학교 대학원.
윤기헌, 정규하, 최인수, 최해솔. 2015. 「웹툰 통계 분석을 통한 한국 웹툰의 특징」. 《만화애니메이션 연구》, 통권 제38호, 177~194.

이동후. 2023.1.12. 「창작·예술 분야의 생성형 AI 활용 방법에 대한 연구」. 《2023년 한국컴퓨터정보학회 하계학술대회 논문집》, 제31권 2호, 569~572.

이수진, 강지영. 2023. 「인공지능 생성 기술 기반의 웹툰 생태계 패러다임 전환 연구」. 《융복합지식학회논문지》, 제11권 제3호, 45~54.

이승진, 왕덕원. 2023. 「인공지능 웹툰 작가의 가능성과 성공에 대한 연구: 혁신 확산 이론을 중심으로」. 《애니메이션연구》, 제19권 제2호, 231~254.

이제경, 김정기, 안정인, 임지연, 차경애. 2023. 「GAN을 이용한 웹툰 배경 이미지의 생성과 분석」. 《멀티미디어학회논문지》, 제26권 제8호, 1075~1085.

채원석, 김현진. 2021.6.23. 「웹툰 이미지 제작공정 단계별 활용 가능한 스케치 관련 인공지능 기술」. 『한국정보과학회 2021 한국소프트웨어종합학술대회 논문집』.

한보라. 2024. 「Coexistence Direction of AI and Webtoon Artist」. 《한국컴퓨터정보학회논문지》, 29권 2호, 87~99.

황선태. 2024. 「웹툰 제작에서 AI 사용 활성화를 위한 작가보조형 AI 연구」. 《디지털콘텐츠학회논문지》, 25(11), 3149~3155.

Furqan, A. & 문준일. 2024. 「Development of AI Technology for Automatic Translation of Korean Webtoon into Foreign Languages」. 《외국학연구》, 67, 235~252.

Han-Gook, K. 2022.11.26. 「AN ANALYSIS ON ADVANCED TECHNOLOGY CHANGES AND MARKET TRENDS FOR WEBTOON INDUSTRY」. 『한국엔터테인먼트산업학회 2022년도 추계학술대회 논문집』.

Matsubara. H. 2020. 「TEZUKA 2020 Project - Creation of Comics by Human and AI -」. The Janpanese Societit for Artificial Intelligence. 《ARTIFICIAL INTELLIGENCE》, Vol.35 No.3, 391~394.

【언론기고문】

김경윤. 2022.10.1. "이현세 "AI프로젝트 준비중…사후에도 내 그림체로 작품 나오길"". 《연합뉴스》. https://www.yna.co.kr/view/AKR20221001033200005

_____. 2024.5.9. "이현세 "AI가 너무 빨리 배워 화 나기도…저도 계속 새작업하죠"". 《연합뉴스》. https://www.yna.co.kr/view/AKR20240509092100005

_____. 2024.9.4. "구독서비스, 웹툰엔 왜 안 통할까…'만타'도 회차별 결제 도입". 《연합뉴스》. https://www.yna.co.kr/view/AKR20240903135400005

김선하. 2011.10.22. "국가대표 만화가 이현세와 5시간 격정 인터뷰". 《중앙일보》. https://news.zum.com/articles/738074

김성민. 2022.09.28. "AI가 그린 만화, 미국서 사상 첫 저작권 인정받아". 《조선일보》. https://www.chosun.com/economy/tech_it/2022/09/28/SYT5QI4EO5FN3NC2OJDTD6BNB4/

김성휘. 2024.2.10. ""내가 사라져도 까치는 산다? 통쾌"…거장 이현세도 매료시킨 AI". 《머니투데이》. https://news.mt.co.kr/mtview.php?no=2024013010590996073

김소연. 2025.6.9. ""손가락으로 슥슥, 이젠 일본도 따라해"…K 수식어 필요 없는 '웹툰'". 《머니투데이》. https://news.mt.co.kr/mtview.php?no=2025052817501263534

김윤종. 2016.1.20. "이현세 작가 "내 작품은 판타지… 전쟁 준비 해야죠"". 《동아일보》. https://www.donga.com/news/article/all/20160120/76011342/1

김태훈. 2021.3.6. "만화가 이현세 "한국에서 가장 다양한 만화 그린다는 게 내 자부심"". 《경향신문》. https://www.khan.co.kr/article/202103061333001

김한재. 2023.9.5. "AI의 만화 생성 어디까지 왔나". 《지금, 만화》, 제19호, 16. https://www.kmas.or.kr/webzine/ContemporaryComicsJournal/2024020032

남은주. 2019.10.19. "허영만·이두호·장태산…환갑 넘은 거장들의 생존 비법". 《한겨레》. https://www.hani.co.kr/arti/culture/culture_general/689630.html

박설민. 2022.10.16. "인공지능 작곡가 '이봄'이 저작권료 못 받게 된 이유". 《The ni》. https://www.newstheai.com/news/articleView.html?idxno=3447

박준식. 2024.4.29. "툰스퀘어, 한국전자통신연구원(ETRI) 'DeepToon' R&D 생성 AI 웹툰 과제 성료". 《한국경제TV》. https://www.wowtv.co.kr/NewsCenter/News/Read?articleId=A202404290229

박찬. 2023.9.21. "챗GPT, 이제는 그림도 그린다…오픈AI, 다음달 '달리3' 통합". 《AI Times》. https://www.aitimes.com/news/articleView.html?idxno=153832

박현진. 2019.8.20. "마이셀럽스, 카카오페이지에 'AI 키토크' 검색 제공". 《인공지능신문》. https://www.aitimes.kr/news/articleView.html?idxno=14070

송재민. 2024.11.14. "오노마에이아이 '투툰', 2년 연속 CES 혁신상 수상". 《이데일리》. https://www.edaily.co.kr/News/Read?newsId=04998726639085720&mediaCodeNo=257

안희정. 2024.12.10. "네이버 웹툰, AI 추천으로 인기 작품 쏠림 현상 완화". 《ZDNET Korea》. https://zdnet.co.kr/view/?no=20241210090715

엄금희. 2023.10.11. "AI 기반 웹툰 제작 하이프툰, 포브스차이나 칼럼서 언급". 《컨슈머뉴스》. https://www.proconsumer.co.kr/news/articleView.html?idxno=13663

오진영. 2025.2.25. "문체부·콘진원, 우리 콘텐츠 지원 대폭 확대…"웹툰에 82억 투입"". 《머니투데이》. https://news.mt.co.kr/mtview.php?no=2025022514222058911

윤영주. 2021.2.23. "최애 드라마나 영화, 이제 만화책으로 소장한다…중국·홍콩 연구진 공동개발". 《AI Times》. https://www.aitimes.com/news/articleView.html?idxno=136682

윤태현. 2022.3.1. "웹툰 제작에 AI 접목한 '딥툰' 개발 추진…업계 관심". 《연합뉴스》. https://www.yna.co.kr/view/AKR20220228110900065

이나연. 2023.6.19. ""이용률 낮아져 종료" 올들어 두 번째…카카오페이지, 작품 이용 기능 손본다". 《디지털데일리》. https://m.ddaily.co.kr/page/view/2023061910164707742

이남경. 2022.10.28. "재담미디어, 이현세와 만화&웹툰 제작 위한 AI 공동 기술개발 협약 체결". 《MBN》. https://star.mbn.co.kr/view.php?year=2022&no=958814

이선인. 2023.9.5. "인공지능은 정말 만화를 그리고 있을까?". 《지금, 만화》, 제19호. 67. https://www.kmas.or.kr/webzine/ContemporaryComicsJournal/2024020038

이성용. 2024.5.12. "AI 접목한 '웹툰'은 진화 中… BGM 자동선곡·문장→웹툰으로". 《특허뉴스》. https://www.e-patentnews.com/11287#google_vignette

이수운. 2009.5.1. "[내인생의 만화] 윤태호 작가/양영순 작가의 '천일야화'". 《전자신문》. https://m.etnews.com/200904300094?obj=Tzo4OiJzdGRDbGFzcyI6Mjp7czo3OiJyZWZlcmVyIjtO O3M6NzoiZm9yd2FyZCI7czoxMzoid2ViHRvIG1vYmlsZSI7fQ%3D%3D

이재민. 2023.12.7. "AI 프로젝트 "데즈카 2023"으로 만든 "블랙잭"". 《Webtoon Insight》. https://webins.co.kr/ai-프로젝트-데즈카-2023으로-만든-블랙잭/

이정현. 2021.6.25. "렘브란트의 대표작, AI 기술로 되살렸다". 《ZDNET Korea》. https://zdnet.co.kr/view/?no=20210625094229

이주영. 2023.12.1. "이현세 작가 "AI로 유한한 생명에 통쾌한 복수…사후에도 내 캐릭터는 계속 탄생할 것"". 《AI Times》. https://www.aitimes.com/news/articleView.html?idxno=155589

이지은. 2024.10.31. "이현세 'AI 프로젝트 진행중…AI로 까치·엄지 캐릭터 영생 꿈꾼다'". 《뉴스핌》. https://m.news.nate.com/view/20241031n28447

이호재. 2023.6.20. "이현세 "AI에 내 만화책 4174권 학습시켜…불멸 영생하고 싶어"". 《동아일보》. https://www.donga.com/news/Culture/article/all/20230620/119847725/1

인현우. 2024.11.1. "[현장]데뷔 46년 차 만화가 이현세가 'AI 만화' 품은 까닭은". 《한국일보》. https://www.hankookilbo.com/News/Read/A2024103117350005633

임대준. 2024.3.6. "스토리 입력하면 웹툰 만들어주는 생성 AI 출시". 《AI Times》. https://www.aitimes.com/news/articleView.html?idxno=157726

장세민. 2024.5.30. "키토크AI, 5분 만에 스토리 완성하는 창작 AI '루이스' 모바일 앱 출시". 《AI Times》. https://www.aitimes.com/news/articleView.html?idxno=160181.

정병일. 2025.1.31. "AI 이용 창작물도 저작권 인정 가능". 《뉴스프리존》. https://www.newsfreezone.co.kr/news/articleView.html?idxno=606727

정상혁. 2020.3.2. "AI로 부활한 '만화의 神'". 《조선일보》. https://www.chosun.com/site/data/html_dir/2020/03/02/2020030200026.html

_____. 2022.11.1. "'AI 이현세' 나온다… "만화가 死後에도 신작 가능해"". 《조선일보》. https://n.news.naver.com/mnews/article/023/0003725502?sid=103

정형모. 1999.6.22. "만화전문 인터넷방송 '애니비에스' 인기". 《중앙일보》. https://www.joongang.co.kr/article/3792261#home

조시형. 2023.5.24. "웹툰 '신과 함께 돌아온 기사왕님', AI후보정 작업 논란, 왜?". 《한경》. https://www.hankyung.com/article/2023052454025

조일수. 2000.1.27. "인터넷상 만화 동영상처리한 웹툰 인기". 《KBS뉴스》. https://news.kbs.co.kr/news/pc/view/view.do?ncd=3813634

최서인. 2023.6.8. "작가 200명 "도둑" 이현세는 "도우미"…AI에 뒤숭숭한 웹툰업계". 《중앙일보》. https://www.joongang.co.kr/article/25168341

최지연. 2022.8.8. "웹툰협회 "작가들 과중한 노동환경 개선 촉구". 《Digital Today》. https://www.digitaltoday.co.kr/news/articleView.html?idxno=456613

한광범. 2023.12.10. ""내 그림만 학습자료로"…네이버 웹툰, 작가별 AI툴 구축한다". 《이데일리》. https://m.edaily.co.kr/News/Read?newsId=01521926635837208&mediaCodeNo=257

홍성일. 2024.10.24. "'日 집중' 카카오픽코마, 이용률 조사서 라인망가 제치고 '1위' 등극". 《The Guru》. https://www.theguru.co.kr/news/article.html?no=78865

홍윤지. 2025.1.18. ""AI학습에 왜 우리 기사 쓰냐" 방송사들 네이버에 소송". 《법률신문》. https://www.lawtimes.co.kr/news/204853

홍지인. 2021.5.11. "카카오·네이버, 북미 웹툰·웹소설 인수…글로벌 콘텐츠 공략". 《연합뉴스》. https://www.yna.co.kr/view/AKR20210511038851017

황순민, 김대기. 2023.03.09. ""나도 웹툰 한번 그려볼까"…그림 못 그려도 가능하다는데". 《MirakleAI》. https://www.mk.co.kr/news/it/10675566

Brittain, B. 2023.2.23. "AI-created images lose U.S. copyrights in test for new technology". 《Reuters》. https://www.reuters.com/legal/ai-created-images-lose-us-copyrights-test-new-technology-2023-02-22/

Orihara. R. & Mori. K. 2020. 「Reviewing TEZUKA 2020 - As a Case Study of AI-based Creativity Support and a PR Campaign」. The Janpanese Societit for Artificial Intelligence. 《ARTIFICIAL INTELLIGENCE》. Vol.35 No.3, 422~29.

清水亮. 2022.12.9. "AIでどこまでできる？ 繪心のないプログラマーが「ChatGPT」と「作畵AI」でマンガを描いてみた". 《ITmedia》. https://www.itmedia.co.jp/news/articles/2212/09/news139.html

【기타】

YAMAHA. 2019.10.8. "Yamaha VOCALOID: AI™, 전설적인 일본 보컬리스트 히바리 미소라(Hibari Misora)의 노래를 충실히 재현하다". https://kr.yamaha.com/ko/news_events/2019/20191008_vocaloid_ai.html

강정구. 2024.12.14. "AI가 가져올 일본 만화의 미래". 웹툰의 모험 일본편, 25화. 경영로스팅. https://brunch.co.kr/@jaydenkang/231

김한재. 2023.5.26. "이제는 실전이다, 덤벼라 AI - 2부) AI 기술을 활용한 웹툰 제작 활용 및 사례". 만화규장각. https://www.kmas.or.kr/webzine/cover/2023050053

네이버 웹툰. 2024.6.28. "AI Curator, 다양한 취향 저격 스토리 발견의 즐거움". https://webtoonscorp.com/ko/storiesDetail?seq=31874

다모아AI. "딥툰". https://www.damoa.ai/services/72

동우샘. 2021.11.15. "네이버 웹툰의 자동채색과 어도비의 '코믹 블라스트': 인공지능 기술은 우리에게 무엇을 남기게 될까". 만화규장각. https://www.kmas.or.kr/webzine/cover/28559

만화규장각. "작가 인물 정보 이현세". https://www.kmas.or.kr/archive/writrList/detail/0000034764

박수진. 2024.8.2. 「AI와 함께하는 웹툰 산업과 스토리 창작의 미래」. 《KOCCA Focus》, 169호. 한국콘텐츠진흥원.

백종성. 2024.3.9. "AI 그림과 웹툰 플랫폼은 어떻게 진화하고 있는가?". 만화규장각. https://www.kmas.or.kr/webzine/ContemporaryComicsJournal/2024020033

서울예술실용전문학교. 2024.2.15. "네이버 웹툰 AI 서비스 확장 소식". https://www.sart.ac.kr/new/division/new_view?uid=i_00000031&idx=42223

석재정. 2010.8.24. "카론의 새벽". 만화규장각. https://www.kmas.or.kr/webzine/review/5108

송현호. 2023. "AI·디지털 기술 변화가 가져올 미디어·콘텐츠 산업 변화". 《미디어 이슈&트렌드》, 2023년 11·12월호, Vol.59. 한국방송통신전파진흥원. https://www.kca.kr/Media_Issue_Trend/vol59/pdf/Media_Issue_Trend(vol59)_31.pdf

슈마. 2024.1.29. "네이버 웹툰 몰아보기 이용권 웹툰 한 번에 보기". https://blog.naver.com/needtime0514/223336610667

양지훈, 윤상혁. 2023. 「ChatGPT를 넘어 생성형(Generative) AI 시대로 : 미디어 · 콘텐츠 생성형 AI 서비스 사례와 경쟁력 확보 방안」. 《미디어 이슈 & 트렌드》, 2023년 3·4월호, Vol.55. 한국방송통신전파진흥원.

아리아재. 2024.3.31. "뉴비들을 위한 시비타이 모델들 소개". AI 반실사 그림 채널. https://arca.live/b/aiartreal/102468509

엘프화가. 2025.1.15. "Deeptoon을 떠나며". https://brunch.co.kr/@labica/151

윕스. 2024.2.13. "웹툰의 기술, 다채로워진 만화 속 세상을 만나다". https://blog.naver.com/wipsmaster/223352202988

인포포포. "노벨 ai 사용법 (ai 그림 사이트 시리즈 1)". https://infofofo.com/노벨-ai-사용법-ai-그림-사이트-시리즈-1/

카카오. 2024.11.1. "생성형 AI 기반의 웹툰 미리 보기 'Helix 쇼츠' 개발기". https://speakerdeck.com/kakao/ifkakao24-63

_____. "끊임없는 즐거움…카카오엔터테인먼트의 AI 추천 기술". 《Tech Enthics》, vol. 6. https://www.kakaocorp.com/page/detail/10722

카카오엔터테인먼트. 2024.4.30. "카카오엔터, AI 개인화 기반 IP 자동 편성 기술 '헬릭스 큐레이션(Helix Curation) 론칭". https://kakaoent.com/pr/detail/45

핌포나. 2024.3.19. "일본 애니메이션 AI이미지 생성 니지저니 가입 미드저니에서 사용방법". https://blog.naver.com/zziba/223387579243

하이프툰. 2023.10.23. 『하이프툰 백서』. https://drive.google.com/file/d/1O-wdHkgga-zeW5JMQg2Zz5r0x76CDY2Q/view

한국만화영상진흥원. 2025. 「2025년 주요 업무계획」.

한국콘텐츠진흥원. 2022. 「2021 웹툰 작가 실태조사 보고서」. https://welcon.kocca.kr/ko/info/trend/1951093

_____. 2024. 「2024 웹툰산업 실태조사」. http://t.ly/dubeo

_____. 2025. 『2024년 만화·웹툰 유통 통계 자료집』.

함민정. 2023. 「웹툰 창작에서의 인공지능 활용 사례와 시사점」. 《미디어 이슈 & 트렌드》, 2023년 11·12월호, Vol.59. 한국방송통신전파진흥원.

BICOF. 2022.9.28. 〈대한민국 대표 만화가 이현세 작가와 함께하는 '이: 세계로의 출발'〉. https://www.bicof.com/board/bpress/113

Janine Heinrichs. 2024.9.12. "OpenArt AI Review: The Ultimate Free AI Art Generator?". Unite.ai. https://www.unite.ai/openart-ai-review/

Mozzda. 2023.10.22. "노벨 AI(Novel AI) 가입 및 Ai 그림 생성 방법 및 tip 모음!". https://yealo.tistory.com/entry/노벨-AI-Novel-AI-가입-및-Ai-그림-생성-방법-및-tip-모음

Music is my life. 2020.12.19. "웹툰 OST 모음 - 취향저격 그녀, 바른연애 길잡이, 바니와 오빠들 (산들, 규현, 정은지, 스탠딩 에그, 카더가든, 적재, 김준수, 양424섭, 승희, 노을)". https://www.youtube.com/watch?v=tITqqH5jM0Q

SK텔레콤 뉴스룸. 2024.6.19. "만화가 이현세에게 "AI 시대의 만화"를 묻다". https://news.sktelecom.com/204589

U.S. Copyright Office. 2023.02.21. "Zarya of the Dawn Letter". https://www.copyright.gov/docs/zarya-of-the-dawn.pdf

┃ 지은이

유건식

현재 KBS에 재직하고 있으며, KBS사회봉사단 단장, 성균관대 미디어문화융합대학원 초빙교수, 문화체육관광부 리더스포럼 위원, 한국OTT포럼 부회장, 《방송작가》, 《신문과 방송》 등에 기고 활동을 하고 있다.

주요 경력으로는 KBS America 대표, KBS 공영미디어연구소장, KBS 드라마국 팀장, KBSi 전략기획실장을 역임했다.

참여한 작품으로는 〈성균관 스캔들〉(KBS2, 2010), 〈학교 2013〉(KBS2, 2012), 〈드림하이 2〉(KBS, 2012) 등을 프로듀싱했고, 〈굿닥터〉를 미국 ABC에서 리메이크(〈The Good Doctor〉) 시켜 시즌7(2017~2025)까지 프로듀서로 참여했다.

2015년 광운대에서 언론학 박사 학위를 받았으며, 『미드와 한드, 무엇이 다른가』(2013, 세종도서 학술부분 선정), 『넷플릭소노믹스』(2019, 방송학회 학술상 저술 부문 수상), 『오징어 게임과 콘텐츠 혁명』(공저, 2022, 세종도서 학술부분 선정), 『한국 방송콘텐츠의 미래를 열다』(2018), 『넷플릭스 효과』(2020), 『넷플릭스, 한국 드라마 시장을 바꾸다』(2021), 『미디어 구독모델』(2021), 『OTT 서비스와 AI』(2024), 『남한산성을 걷다』(2022), 『여수, 마음껏 걸어보자』(2024), 『OTT 트렌드 2023~2025』(2022~2024), 『생성형 AI 시대, 리터러시와 시민성 증진 방안』(공저, 2025) 등의 저술이 있다.

한울아카데미 2606

이현세 AI로 영생하다

ⓒ 유건식 2025

지은이	유건식
펴낸이	김종수
펴낸곳	한울엠플러스(주)

초판1쇄 인쇄 2025년 9월 5일
초판1쇄 발행 2025년 9월 15일

주소	10881 경기도 파주시 광인사길 153 한울시소빌딩 3층
전화	031-955-0655
팩스	031-955-0656
홈페이지	www.hanulmplus.kr
등록번호	제406-2015-000143호

Printed in Korea.
ISBN 978-89-460-7606-8 03650 (양장)
     978-89-460-8397-4 03650 (무선)

※ 책값은 겉표지에 표시되어 있습니다.
※ 무선 제본 책을 교재로 사용하려면 본사로 연락해 주시기 바랍니다.
※ 이 책에는 KoPub 서체, KBIZ한마음 서체, G마켓산스 서체, 김정철 서체, 세종학당 서체, 이순신 서체가 사용되었습니다.